本书项目基金资助

2022年教育部人文社会科学研究规划基金项目：职业教育高考制度改革研究，项目编号：22YJA880094。

职业教育高考制度改革研究

朱葛俊　著

吉林大学出版社

·长　春·

图书在版编目(CIP)数据

职业教育高考制度改革研究 / 朱葛俊著. —长春：吉林大学出版社，2023.11

ISBN 978-7-5768-2626-5

Ⅰ.①职… Ⅱ.①朱… Ⅲ.①职业教育-高考-考试制度-教育体制改革-研究-中国 Ⅳ.①G632.474

中国国家版本馆 CIP 数据核字(2023)第 229892 号

书　　名：	职业教育高考制度改革研究 ZHIYE JIAOYU GAOKAO ZHIDU GAIGE YANJIU
作　　者：	朱葛俊
策划编辑：	黄国彬
责任编辑：	张维波
责任校对：	赫　瑶
装帧设计：	姜　文
出版发行：	吉林大学出版社
社　　址：	长春市人民大街 4059 号
邮政编码：	130021
发行电话：	0431-89580028/29/21
网　　址：	http://www.jlup.com.cn
电子邮箱：	jldxcbs@sina.com
印　　刷：	天津鑫恒彩印刷有限公司
开　　本：	787mm×1092mm　　1/16
印　　张：	14.5
字　　数：	220 千字
版　　次：	2024 年 3 月　第 1 版
印　　次：	2024 年 3 月　第 1 次
书　　号：	ISBN 978-7-5768-2626-5
定　　价：	78.00 元

版权所有　翻印必究

前　言

大力发展职业教育、优化职业教育类型地位是党的二十大报告明确的改革任务。教育部职业教育与成人教育司司长陈子季指出，"十四五"期间，我国将建立职业教育高考制度，从制度保障层面推动职业教育的高质量发展。同时，陈司长在2022年工作重点介绍时指出，要将"职业教育高考"作为高职招生的主渠道。职业教育高考制度作为职业教育一项重要的考试制度，也是我国高校考试招生制度体系构建的重要组成部分，其科学性与权威性直接关系着职业教育的发展质量。

我国高职教育发展历史是一个快速且审慎的历程，而高职招生政策作为自上而下的高考制度安排，正是高职教育发展沿革的鲜明体现。纵观高职招考历史变迁，其经历了由依附式发展到相对式独立、由自主招生到分类考试的发展历程。1985年《中共中央关于教育体制改革的决定》的发布，从政策层面肯定了高职教育存在的合理性与客观性，指明了高职教育的发展方向，为其发展提供了理论与政策支撑。随着21世纪初高等教育大众化发展，高职教育进入高速发展期，高职院校数量与学生规模都开始占据高等教育的半壁江山。与此同时，高职教育的招生政策也随之不断探索与调整。2019年《国家职业教育改革实施方案》提出"文化素质+职业技能"的考试招生办法，是基于各试点实践探索成果与经验的总结，是从顶层设计层面为职教高考制度指明了方向，更是对职业教育改革的重要部署。2021年10月，中共中央办公厅、国务院办公厅印发《关于推动现代职业教育高质量发展的意见》，提出"加快建立

'职教高考'制度，完善'文化素质+职业技能'考试招生办法，加强省级统筹"等具体措施。2022年5月，在教育部召开的"教育这十年""1+1"系列发布会上，教育部职业教育与成人教育司司长陈子季提到，加快建立"职教高考"制度，完善"文化素质+职业技能"考试招生办法，为中职学生和普通高中学生提供更适合的多样化发展机会。

职教高考制度是构建现代职教体系，促进职教高质量发展的一项重要制度设计，是纵向衔接、横向沟通的枢纽，职教高考既是当前经济发展对高素质技术技能型人才的迫切需求，也是高等教育与职业教育共同发展内在逻辑使然。国家旗帜鲜明地提出构建职教高考制度，体现了党和国家对职业教育的高度重视；为中职生打通了升学通道，满足了中职生自我提升的愿望与希冀；也是对我国职业教育发展的支持与回应。而国家一系列政策文件的出台，表明国家对高职院校考试招生制度改革的方向越来越明晰，评价方式越来越具体。高等职业教育入学招生制度的建立愈来愈引起教育界与社会的重视。江苏、浙江、山东等省都进行了自主招生试点改革，有学者归纳总结为"七种类十二方式"。

职教高考考试制度确立的初衷，是建立具有适应性的遴选机制，凸显职业教育的类型性，体现教育公平，成为职业教育人才升学与成长的通道。因而，职教高考考试制度的本质属性为公平性、选拔性与技能性，需要建立一种全国统一的、突出技能考核的考试制度。当前，"文化素质+职业技能"的办法已受到教育学者及社会的广泛认可，但由于受到基础设施等现实条件与环境的束缚，我国尚未形成统一的、独立、完善的高职入学制度，还存在一些瓶颈，如职教高考的测评内容与人才培养目标的匹配度不高、考试科目与考试内容难以满足技能型人才培养的需要、技能测试的开展条件还不成熟等。

而区块链技术以其去中心化、可追溯性、安全性等优势，能够为职教高考制度的构建提供技术供给，两者具有相切的耦合性。分布式账本技术，能够赋予职教高考多元利益相关主体（如政府、高校、企业行业专家等）平等记账权，对职教高考的标准制定、考试内容等相关事宜进行随时、随地的信息互通共享。同时，共识算法能够使链式节点之间形成有效的话语沟通机制，保障各利益相关者的平等话语权，实现多元参与职教高考组织管理的协商共治。依靠链式时间戳技术，能够构建职教高考文化考试信息共享机制，具有可验证、可查询、可追溯、无法篡改的特性，能够对文化考试的各环节溯源追责，使考试的整个流程透明化，从而保证考试过程中的公平性、权威性与可靠性。依照基于智能合约技术的技能成长学分转化与兑换规则，共识机制以"少数服从多数"的原则，判别学生发起的学习成果转化请求是否真实有效，从而完成职业技能学习成果的自动执行转化，彰显职教高考的技能性。

因此，本研究基于高职院校招生现状、立足我国招生制度的历史演进、综合国内外招生制度，着重围绕招生管理制度、招生测试制度、招生录取制度展开有针对性的研究，提出了以区块链技术助力于职教高考，将命题依据、考核过程等全过程上链，构建基于区块链技术的职教高考考试制度体系。本研究中涉及的学科领域与问题领域较多，既有教育学领域的人才培养理论，又有历史学领域的政策发展变化等问题，同时还有信息化领域的区块链技术问题，甚至涉及社会学等问题。本研究在视角与方法上，以《关于推动现代职业教育高质量发展的意见》为指导，从深入调研职业院校高考招生考试制度探索的现状出发，在梳理我国职业教育高考招生制度的演进历史的基础上，总结经验与方法；同时借鉴国外考试制度经验，改革职业教育高考的招生管理制度、招生测试制度与招生录取制度；最后以现代信息技术——区块链技术为支撑，提出职业教育高考制度体系构建的实施路径，为教育部和地方政府决策提供参考咨询。

在前人研究的基础上，本研究选取职业教育高考制度为研究对象，结合职业教育高考制度改革的现状，以"职业教育高考制度体系如何构建"为切入点，借助现代信息技术——区块链技术，构建职业教育高考招生管理制度、招生测试制度与招生录取制度，并试图探索职业教育高考体系构建的实施路径。

本研究重点回答职业教育高考的四个基本问题：一是职业教育高考制度改革的具体实践情况如何？二是如何借鉴国内外职业教育高考招生考试制度？三是职业教育高考制度体系如何构建？四是职业教育高考制度改革的实施路

径如何？围绕以上职业教育高考基本问题展开研究，形成相应的内容框架。

1. 我国职业教育高考招生制度改革现状研究。我国职业教育高考招生制度改革现状研究是本研究开展的前提。课题组基于问卷调查与实地走访，总结归纳了各省职业教育高考制度改革的探索情况；并以江苏省为重要的调查对象，调研了江苏职教高考组织的方式方法，了解到其中存在的困境；并对现有招生方式进行了经验总结与问题分析。

2. 我国职业教育高考招生制度的演进历史研究。系统梳理我国职业教育高考招生政策的演进是本研究的逻辑起点，对本研究有十分重要的引领作用。本研究将我国职业教育高考招生制度的演进历史划分为三个阶段，即萌生期（20世纪80年代职业教育高考政策的提出）、突破期（20世纪90年代职业教育高考政策的突破）、变革期（21世纪高职招生多样化生源的多样化探索）。梳理了江苏、山东、四川、福建及其他部分省份的职教高考招生现状，为职教高考制度的确立提供了实践经验。从三个阶段、多个省份现状研究高职招生政策，分析高职教育发展规律，发现了我国高职招生政策出台的现实因素，有利于科学合理地制定相关招生政策与制度。

3. 国外职业教育高考制度的分析借鉴研究。职业教育高考政策的国际经验研究为本研究提供借鉴与参考。梳理了美国、英国、日本、新加坡四个职业教育发达国家的职教高考制度，并对职教高考的历史演变、职责划分、招考对象、考试设置、录取机制、发展趋势等进行了对比研究，借鉴成功经验，对我国职业教育高考制度确立具有重要启示意义。

4. 职业教育高考招生管理制度研究。管理制度是职业教育高考制度体系构建的核心。管理主体上，需要教育部、省级教育（考试）主管部门、高等职业院校三位一体的管理与配合。管理对象上，构建区块链技术下，职业教育招、考、录全生命周期的高考信息化平台，将招生方式、命题依据、考核过程、录取过程等全过程上链，将职业教育高考过程中涉及的对象（主考者、应考者以及考试招生工作的参与者等）在区块链平台上留痕操作。管理机制上，采取由教育部统筹管理，负责考试招生过程的宏观调控，省级教育考试主管部门具体实施，负责考试招生过程的组织与管理，各级各类职业院校自主实施校测并完成自主招生。

5. 职业教育高考招生测试制度研究。测试制度是职业教育高考制度体系构建的重点。文化测试方面引入区块链技术，根据生源种类，实行"公共基础+专业理论"的方式，由高考委员会统一组织，在同一时间举行。根据普通高考与职教高考两种类型，设定必考科目与选考科目数，供考生进行科目的选择。技能测试方面，利用区块链的可追溯性特质，构建职教高考生源技能成长学分档案袋，记录考生"日常成长档案+个性化技能信息"综合性数据，作为技能考核的参考依据。

6. 职业教育高考招生录取制度研究。录取制度是职业教育高考制度体系构建的关键。依托区块链信息化平台，实行"平行志愿+统一投档+统一录取"的职教高考招录机制，录取尊重双向选择。招生体制上，研究建立"政府宏观调控+省级教育考试部门组织实施+招生单位自主录取+社会广泛监督"四位一体体制机制。录取方式上，采用择优录取、自主录取、推荐录取、定向录取、委培录取、提前录取、滚动录取等多元入学方式。录取技术上，利用区块链的分布式数据技术，实现招生信息同步共享；运用区块链的节点认证、数据永久存档机制，保障招生信息的可监督性；通过区块链技术构建具有细粒度的横向和纵向权限管理的联盟链，形成招办、专家、师生共建的"多元评价，所愿录取"招生录取联盟体系。

7. 职业教育高考制度建设的路径研究。路径研究是推动职业教育高考制度体系构建的重要支撑。路径主要包括：打造良好文化，促进制度形成；创建协同机制，提高整合能力；推进普职融通，拓宽生源进路；完善保障机制，推动制度实施。

总之，我国高职院校职教高考制度的逐步建立，既是高职教育发展的必然产物，也是考试招生制度变迁的必经阶段。职教高考制度体系的构建，迫切必要却又复杂艰巨，既要注重技能测试、凸显职业教育类型定位，又要对标普通高考、保证公允性；既要注重与普通高考的横向融通，又要体现职业教育体系内的层次选拔性。本研究提出基于区块链，来构建职教高考制度体系，是方法方式的创新，其中也有一些问题需要深入研究与解决，如在命题方面，如何保证职教高考与普通高考命题难度的一致性，使两种成绩实现等值；在志愿填报方面，如何加强职教高考应用结果，提升职业院校的吸引力等。职教高考制度的确立，需要政府、学校、企业行业、社会等多元参与、协同治理。诸如此类的现实问题虽然还比较多，但建立统一的职教高考制度已成为必然趋势。职教高考制度确立的未来，既符合高职教育的发展趋势，又能为更多人群提供更好的教育机会，成为提高职业教育贡献度、促进职业教育现代化的通道。

目 录

第一章 导论 …………………………………………………… (1)

    第一节 研究目的与意义 ……………………………………… (1)

    第二节 文献综述与理论框架 ………………………………… (7)

    第三节 核心概念界定 ………………………………………… (29)

第二章 我国职业教育高考招生制度现状 ……………………… (34)

    第一节 江苏省职业教育考试招生现状 ……………………… (34)

    第二节 山东省职业教育考试招生现状 ……………………… (41)

    第三节 四川省职业教育考试招生现状 ……………………… (43)

    第四节 福建省职业教育考试招生现状 ……………………… (48)

    第五节 其他省份职业教育考试招生现状 …………………… (49)

第三章 我国职业教育高考招生制度的演进历史 ……………… (55)

    第一节 考试制度相关的理论 ………………………………… (55)

    第二节 高等职业教育考试政策的演进 ……………………… (64)

    第三节 职业教育考试招生制度的变迁逻辑 ………………… (71)

第四章 国外职业教育高考制度的分析借鉴 …………………… (76)

    第一节 美国职业教育高考制度 ……………………………… (76)

第二节　英国职业教育高考制度 …………………………………（86）
　　第三节　日本职业教育高考制度 …………………………………（99）
　　第四节　新加坡职业教育高考制度 ………………………………（110）

第五章　职业教育考试招生制度构建 ………………………………（124）
　　第一节　职业教育考试招生制度及其运行方式 …………………（124）
　　第二节　职业教育考试招生录取制度及其运行方式 ……………（128）
　　第三节　职业教育考试招生管理制度及其运行方式 ……………（133）

第六章　区块链视域下职业教育高考制度的构建 …………………（138）
　　第一节　区块链简介 ………………………………………………（138）
　　第二节　区块链与职业教育 ………………………………………（164）
　　第三节　区块链与职业教育高考制度 ……………………………（168）
　　第四节　基于区块链的职业教育高考体系构建 …………………（173）
　　第五节　基于区块链的职业教育高考测试制度构建 ……………（179）
　　第六节　面向区块链职教高考制度应用的挑战与应对 …………（187）

第七章　职业教育高考制度的建设路径 ……………………………（192）
　　第一节　打造良好文化，促进制度形成 …………………………（192）
　　第二节　创建协同机制，提高整合能力 …………………………（195）
　　第三节　推进普职融通，拓宽生源进路 …………………………（201）
　　第四节　完善保障机制，推动制度实施 …………………………（205）

参考文献 ………………………………………………………………（210）

第一章　导论

第一节　研究目的与意义

一、问题提出

大力发展职业教育、优化职业教育类型地位是党的二十大报告明确的改革任务。2021年我国十三届全国人大四次会议通过的《中华人民共和国国民经济和社会发展第十四个五年规划和2035年远景目标纲要》明确指出，要从顶层设计、教学质量、办学模式等方面全方位部署，以增强职业教育适应性。高等职业教育作为现代职业教育极其重要的组成部分，将在"十四五"期间继续优化升级。

教育部职业教育与成人教育司司长陈子季指出，"十四五"期间，我国将建立职业教育高考制度，从制度保障层面推动职业教育的高质量发展。同时，陈司长在2022年工作重点介绍时指出，要将"职业教育高考"作为高职招生的主渠道。职业教育高考制度作为职业教育一项重要的考试制度，也是我国高校考试招生制度体系构建的重要组成部分，其科学性与权威性直接关系着职业教育的发展质量。

职业教育高考制度的构建是推进人才强国战略的时代发展之需。改革开放以来，经济社会持续发展，目前我国已由注重发展速度向注重发展质量改变。在传统产业转型升级加速，经济结构调整与发展动力转换的关键时期，对高素质技术技能型人才的需求数量不断扩大，对人才规格的质量要求不断提升。职业教育的高质量发展能够提高人才供给力，推动人才供给侧的调整与改革，为我国各行各业输送优质人力资源，优化人力资本存量，提高人力资本增量，为促进经济社会发展提供人才支撑与智力支持。职业教育高考制度的构建，能够优化人才的供给结构、把控人力资源质量，成为人才的"调节阀"。党的二十大报告明确指出，要坚持科技是第一生产力，人才是第一资源，创新是第一动力。科学完善的职业教育高考制度，是凸显职业教育类型教育地位的根本要求，也是发挥高职人才选拔培养作用的重要举措。因此，构建职业教育高考制度是促进人才兴国战略的时代需要。

职业教育高考制度的构建是高等职业教育人才甄选的客观诉求。高等职业教育是培养高素质技能人才、能工巧匠、大国工匠的重要途径，也能为技能强国提供强有力的人才支撑。2019年，国务院印发的《国家职业教育改革实施方案》将职业教育定位为类型教育。教育部部长怀进鹏指出，职业教育是与经济社会联系最为紧密的一类教育，要将深化现代职业教育体系建设改革的重大部署落实到位。[①] 目前，我国职业教育已经初步建成全世界数量规模最大、种类结构最丰富的职业教育体系，培育了大批高素质的技术技能型人才，有力推动了就业创业与技术更新。职业教育与普通教育的本质性区别，即类型性，这也成为职业教育高考制度构建的逻辑基础。职业教育高考作为一种重要的考试制度，其具备评价性与选拔性两个基本属性。习近平总书记指出，考试招生制度的指挥棒要改，真正实现学生成长、国家选才、社会公平的有机统一。[②] 相较于普通高等教育，高等职业教育对所培养的人才在知识结构与能力素养方面更具特殊性与指向性。在传统的高职院校考试招生体系中，与普通高等教育采取同样的考试制度，以普通高考作为选拔依据，而普通高考的考试内容、考试形式等都无法彰显职业教育的应用性与技能性，无法科学

---

① 中华人民共和国中央人民政府. 国务院关于印发《国家职业教育改革方案的通知》[EB/OL]. (2019-02-13) [2021-12-10]. http://www.gov.cn/zhengcelcontent/2019-02/13/content_5365341.htm.

② 《习近平在全国教育大会上强调：坚持中国特色社会主义教育发展道路，培养德智体美劳全面发展的社会主义建设者和接班人》，《人民日报》2018年9月11日第1版。

精准地满足高职教育对人才选拔的需求。因此，构建独立的职业教育高考制度，与普通高考制度并立而行，才能实现科学选才，满足不同类型教育选拔人才的需求。

职业教育高考制度的构建是建立现代职业教育体系的关键一环。我国职业教育体系的起点主要为中等职业教育。过去中职毕业生主要面向就业，升学深造的机会极少，升学渠道极为狭窄。随着社会发展，中职生的需求日渐由就业转向升学，而以往唯一的进入本科院校的机会主要靠中高、中本贯通模式等这种项目化运作。究其原因，根本在于我国尚未形成开放性、贯通式的升学制度体系。职业教育高考制度的构建，可使中职生通过职业教育高考进入职教本科院校学习深造，能为职业教育人才体系的构建搭建平台，也是拓宽中职生升学路径、赋予中职生升学自由选择权、营造公平教育环境、搭建纵向贯通的现代职业教育体系的重要举措。只有以科学合理的考试制度体系作为支撑，职业教育高考才能持续有效推动现代职业教育的建立与发展。

近年来，国家高密度地发布了中职生升学方面的政策与制度。2010年7月中共中央、国务院印发的《国家中长期教育改革和发展规划纲要（2010—2020年）》指出，要完善职业学校毕业生直接升学制度，拓宽毕业生继续学习通道。2019年5月，教育部等六部门印发《高职扩招专项工作实施方案》，指出"取消高职招收中职毕业生比例限制，允许符合高考报名条件的往届中职毕业生参加高职院校单独考试招生"。这一政策一方面扩大了中职毕业生进入高职院校的数量，另一方面也为往届毕业生提供了学习进修与学历提升的通道。2020年9月，教育部等九部门印发《职业教育提质培优行动计划（2020—2023年）》，鼓励中职毕业生通过高职分类考试报考高职学校。2022年颁布的《中华人民共和国职业教育法》规定，职业教育与普通教育学生享有平等机会。这一规定，从法律层面赋予了职业院校学生升学的平等权。由此可见，中职升学的政策逐步变得宽松，职业教育高考制度体系的构建势在必行。

与此同时，职业教育高考方面的指导性文件也在不断颁布。2019年，国务院印发的《国家职业教育改革实施方案》首次提出建立职业教育高考制度。2022年12月中共中央办公厅、国务院办公厅印发的《关于深化现代职业教育体系建设改革的意见》指出，继续完善职业教育高考制度，完善"文化素质+职业技能"的考试招生办法。这一意见，为职教生拓宽升学渠道、拓展进入本科院校提供了政策遵循。在职业教育高考制度体系下，职业院校学生可以实现进入任何职业院校，进行任何专业的学习，延伸了向上贯通之路。

从近年来我国职业教育与职业教育高考方面的政策历程及发布密度，可以看出职业教育高考制度确立的众多复杂性与困难程度。毋庸讳言，职业教育高考面临着诸多深层次的困境，且这些矛盾错综复杂，影响着改革的实施。例如，如何彰显职业教育高考的公平性。现有职业教育高考的生源呈现多样化的特征，不同类型身份的考生可能因考试类型的增加，使考试有失公平；职业教育高考在不同专业之间，命题内容缺乏可比性，命题难度系数难以统一化，专业之间的公平难以实现；我国区域经济的差异，使各地教育资源不均衡，因此考生的录取率与机会也有差距。再如，如何促进类型独立的同时保证横向融通性。普职融通是实现普通高等教育与职业教育同等重要的基础，而现有条件下，职业教育进行类型独立的条件尚不充分。主要表现为：一是普职融通的机制尚不健全。传统高考已稳步运行几十年时间，而职业教育高考作为新生的制度，其公信力还会受民众质疑。二是职业教育高考与普通高考对等的尺度还有所缺失。普通高考的升学宽度与晋升院校质量远远大于职业教育高考，考生与家长对参加普通高考后发展前途的肯定亦远远高于职业教育高考。因此，职业教育高考与普通高考难以实现等值转换，职业教育高考的吸引力亟须提升。

然而，纵观国家在职业教育方面的政策历程，每一次都对导向转变起着关键的引导与赋能作用。职业教育高考制度的确立，是自上而下政策导向的实践，也是政府、学校乃至全社会集体行动的一致探索。寻求高职招生制度改革的着力点与平衡点，构建具有中国特色的职业教育高考制度，进一步提升高职教育的办学质量与吸引力，促进现代职业教育体系形成，推动职业教育高质量发展，值得我们深入思考与探究。

因此，现代职业教育迫切需要从理论与实践上探索适合中国实际的职业教育高考制度，迫切需要形成一套能够应对众多复杂性挑战、更加重视"公平性、选拔性"的职业教育高考制度。

二、研究目标

从以上研究背景与对职业教育、职业教育高考制度的分析中可以看出，我国职业教育已进入提质培优的新的发展阶段，建立职业教育高考制度已迫在眉睫。职业教育高考制度的确立，既要从根本的体制上寻求突破，又要从模式上探究出路，尤其要通过体制机制、模式等多面结合的创新推进。职业教育高考制度的确立，既要遵循本身作为一种考试制度的本源规律，又要探索符合职业教育规律的独特形式，使其符合客观规律且有创新特色。职业教育高考制度的确立，既要自上而下从国家制度设计上进行科学布局，又要自下而上从职业院校层面进行实践摸索，在顶层设计与实践落地相结合的双向循环中，促进形成科学性高、操作性强的职业教育高考制度体系。

因此，本研究立足于我国职业教育高考制度改革的现状，主要聚焦于职业教育高考招生管理制度、招生测试制度、招生录取制度三个关键点，确定相应的研究对象、领域范围、研究问题及彼此之间的关系，进而凝练出以下三个方面的研究目标。

第一，通过对我国职业教育高考制度改革现状的研究，分析总结我国职业教育高考制度取得的经验与存在的问题，使我国职业教育高考制度探索有据可依。

第二，梳理我国职业教育招生制度的历史演进，分析借鉴国外招生制度，为教育政策制定与学术演进提供建议参考。

第三，通过我国职业教育招生管理制度、招生测试制度、招生录取制度的研究，构建职业教育高考制度体系，探索职业教育高考制度改革的实施路径，为职业院校高考制度的确立提供借鉴与参考。

三、研究意义

职业教育高考制度的构建，是一个综合性的复杂问题。本研究基于高职院校招生现状，立足我国招生制度的历史演进，借鉴国际招生制度，着重围绕招生管理制度、招生测试制度、招生录取制度的研究，提出基于区块链的职业教育高考制度体系。研究中涉及的学科领域与问题领域较多，既有教育学领域的人才培养理论，又有历史学领域的政策发展变化等问题，同时还有信息化领域的区块链技术问题，甚至涉及社会学等问题。本研究在视角与方法上，以《关于推动现代职业教育高质量发展的意见》为指导，从深入调研职业院校高考招生考试制度探索的现状出发，在梳理我国职业教育高考招生制度的演进历史的基础上，总结经验与方法；同时借鉴国外考试制度经验，改革职业教育高考的招生管理制度、招生测试制度与招生录取制度；最后以现代信息技术——区块链技术为支撑，提出职业教育高考制度体系构建的实施路径，为政府制定相关政策提供参考借鉴。

其理论意义与实际应用价值主要体现在以下方面。

1. 理论价值

（1）为职业教育招生考试改革提供理论参考。本研究拟梳理现行职业教育高考制度的现状，构建职业教育本职属性的高考制度体系，能够为职业教育招生考试改革提供理论参考，并提供一种切实可行的思路。

（2）丰富职业教育体系的理论研究。本研究拟构建包括招生管理、招生测试、招生录取等的新型职业教育高考体系，而职业教育考试制度作为高等教育改革中的一项重要内容，对其研究能丰富职业教育理论体系成果，拓展和延伸对职业教育研究的广度和深度。

2. 实践价值

（1）推进高职教育质量提升。在百万扩招背景下，高职生源结构、生源种类与数量都发生了变化。本研究拟依据不同群体的需求，构建不同的入学标准、考试内容与录取方式，构建多元、分类的职业教育高考制度体系，提升职业教育生源质量，提高职业教育的社会认可度。

（2）完善现代职教体系建设。本研究探索职业教育高考制度体系构建，深化考试招生制度改革，促进中等职业教育与高等职业教育、高职本科有机衔接，构建适合职业教育本质属性的现代"职业教育高考"制度，从而全面推动现代职教体系的建设。

（3）为政府政策的制定提供借鉴与参考。"十四五"期间我国将建立职业教育高考制度，而职业教育高考制度的研究，正是对职业教育高考制度建立的呼应，能够为政府制定相关政策提供借鉴与参考。

第二节 文献综述与理论框架

一、研究现状及文献评述

高等职业教育招生考试制度是中职阶段与中职后教育阶段之间衔接的关键性制度，不仅对中等职业教育的办学目标、课程设置等产生重大影响，而且关系到高职教育人才选拔、人才培养质量，以及高素质技术技能型人才的可持续培养发展等问题。因此，分析与梳理国内外关于高职教育招考制度的历史演进、发展趋势等，对职业教育高考制度的确立具有重要的参考价值。相关领域研究、现状梳理及现状评述如下。

(一)国外研究现状

国际上的短期高等教育(Short-Cycle Tertiary Education)在功能上类似于我国的高等职业教育，是高等教育从精英教育迈向大众化和普及化过程中兴起的一种新的教育类型。它不仅改变了现代高等教育的整体格局，推动了高等教育规模化和多样化发展，而且为社会培养了大批合格的中高层次技术技能人才，为各国经济社会发展提供了重要的人力资源支撑。

1. 国外短期高等教育招考概况

联合国教科文组织2011年修订的《国际教育标准分类》(International Standard Classification of Education，简称ISCED)把短期高等教育视作整个教育体系的第5级，并根据人才培养目标的不同，把第5级教育分为通识或学术导向、职业或专业导向以及无明确导向等三类并行的短期高等教育。

不同国家短期高等教育的实施主体不同，英国为多科技术学院(Polytechnic Institute)，德国为高等专科学校(Fachhochschule)，法国为短期技术学院(Institute Universitaire de Technologic，简称IUT)、高级技术人员培训部(Section de Tech-nicieno Superieurs，简称STS)和大学职业学院(Institut Universitaire de Professional，简称IUP)，日本为短期大学和高等专科学校(类似我国的五年制高职)，美国、加拿大为社区学院(Community College)，澳大利亚则是职业技术教育学院(Technical And Further Education，简称 TAFE)。按照经济合作与发展组织(OECD)1973年的定义，短期高等教育是指"具有强烈职业因素，一般在高等教育的非大学领域实施的持续时间比较短的中学后教育"。

世界发达国家在高等教育大众化进程中为确保短期高等教育生源具备文化和技术两方面的基础，在招生模式和入学标准上进行了许多有益的尝试，归纳起来主要有四种类型：统一考试制、证书考试制、申请注册制和综合选拔制。

统一考试制就是通过统一的考试进行择优录取的招生制度，包括高等学校组织的入学考试和中学毕业时的水平考试。德国高等专科学校入学资格主要是通过专科高中的毕业考试而获得，分笔试与口试两部分，笔试科目规定为四门：德语、数学、外语及一门其他学科，口试科目是笔试科目加一门与专业课有关的学科。

证书考试制指通过获取受认可的学历或资格证书录取而不进行入学考试的招生制度，以英、法两国为代表。在英国，只要拥有"国家资格证书框架"(National Vocational Qualifications，简称 NVQ)中第三级的证书(包括普通证书考试和职业证书考试两大类)，申请者就有机会进入多科技术学院学习高等职业技术教育课程。英国学生要进入高等教育学习，既可以选择普通教育的高级水平或高级辅助水平考试(GCE AS and A Level)学术型证书，也可以选择商业与技术教育委员会(Business and Technology Educa-tion Council，简称 BTEC)的职业型证书。法国在学历、资历上实行证书制，证书既代表了持有者所接受过的教育种类与级别，也代表了持有者接受更高层次继续教育或者获得某种就业机会的可能性。法国中等教育的高中阶段有学科和专业分类，因此通过高中毕业会考获得的"业士学位证书"也会依专业不同而各异，但都赋予持有者接受高等教育的资格。"技术业士学位证书"考试包括普通教育科目与职业教育科目两部分，职业教育部分考试除口、笔试外还有实操部分。

申请注册制指凡是符合基本入学条件的(通常是高中毕业或同等学力)申请者均可注册学习，美国和加拿大的社区学院主要采用这种制度。社区学院具有职业教育、转学教育、补习教育、特殊教育和闲暇生活教育等多种职能，其中以职业教育功能为主。不过,"开放式"招生并不是对考生毫无要求,社区学院在招生时需要审查学生的高中课程修读情况和高中学业成绩,还要了解申请者选择本校的原因、个人兴趣爱好特长以及自我评价等。

综合选拔制即考虑多种因素和多方面条件,综合衡量、择优选拔新生的招生制度,比如日本的专门学校就是实行这种考试制度,包括推荐入学、一般入学和 AO(Admissions Office)入学。AO 入学侧重于对学生的综合能力考查,是通过申请表和学校教师的直接面谈,对考生的入学欲望、能力和目标意识等进行评价的入学考试方式。

总之,世界发达国家在高等教育大众化进程中,为确保短期高等教育生源具备文化和技术两方面的基础,在招生模式和入学标准上进行了许多有益的尝试,其特点主要为考试形式多样化、考试内容个性化、考试安排人性化、评价标准多维化。

2. 国外短期高等教育招考制度的历史演变与发展趋势

短期高等教育兴起于 19 世纪末 20 世纪初美国的"初级学院运动"(Junior College Movement),最初只是为了解决中学与大学的衔接问题,满足当时民众日益增长的接受高等教育的渴望以及为谋生和就业接受一定职业教育机会的需要而改革设立的,实质上是高等教育的一种"补充"形式,所以当时的招考制度也是参照传统大学的做法和标准,只是适当降低了"门槛"。随着现代高等教育功能的拓展和细分,加上它在一定程度上满足了现代产业对实用技术人才的需求,到 20 世纪六七十年代,几乎所有西方国家都在本国高等教育体系内确立了短期高等教育的地位,形成了由短期高等教育和传统大学构成的高等教育双元结构。短期高等教育与普通高等教育之间存在入学标准、修业年限、专业导向、课程结构等诸多方面的差别,因此,区别于传统大学招考方式的多种入学方式应运而生。这一过程大致经历了大学预备学校毕业考试、高校单独举行入学考试、大学联合招考、统一高校入学考试等四个阶段。

高等教育大众化和普及化带来了生源的多样化,而生源的多样化必然要求高等教育招考方式从选拔性考试逐渐转向适应性评价录取。世界各国高校的招考方式一直以来都是伴随着高等教育体系的扩充、入学人数规模与群体的变化而不断变革,以适应社会经济发展的现实需求。有研究表明:现阶段发达国家职教考试更多采用"表现性评价"的方式，以考查考生在特定情境中运用获得的知识和技能完成某项任务的复杂能力的发展状况。

(二)国内研究现状

1. 学者们对职业教育高考的内涵、功能定位加以界定，对于建立职业教育高考制度的必要性与迫切性研究达成共识

在职业教育高考内涵界定方面：张鹏程等认为所谓职业教育高考就是指服务职业教育的专门性考试招生制度，其具体内涵可概括为以下三点：首先，职业教育高考和普通高考一样都属于国家教育考试制度，且两者之间是并列关系，具有同等重要的地位；其次，职业教育高考是高等职业教育招生的重要渠道，其是在传统技能型高考基础上的进一步改革，招生高校范围扩大，招生生源种类增多；最后，职业教育高考是专门为高等职业教育本、专科院校选拔优质生源的考试招生制度。① 李木洲认为，职业教育高考是指本、专科高等职业院校考试招生制度，按照职业教育高考制度的构成，又主要包括职业教育高考测试制度、职业教育高考录取制度以及职业教育高考管理制度三大子制度。② 陆苍海认为，职业教育高考制度应是符合职业教育类型属性、职业岗位特色、技术技能型人才培养目标，适合职业教育本质属性的考试招生制度。从考核内容上看，职业教育高考既包括文化素质的考核，也包括职业技能选拔评价体系；从招生对象上看，既面向中职生、高中生、社会人员，也面向贯通培养招生的初中毕业生；从招生院校上看，既包括高职专科、高职本科，也包括应用型本科院校；从招生流程上看，既包括考试考核环节，也包括招生录取环节；从培养方式上看，既包括传统的规定年限的培养，也包括分段培养和贯通培养。③ 张锋利等提出，职业教育高考是与普通高考具有同等地位和同等功能的职业教育专门性高考。通过采取"文化素质+职业技能"考试的招生办法，为高校培养选拔高素质应用型的技术技能型人才，是服务

---

① 张鹏程,吴加恩,吴文文,等. 职教高考制度的价值意蕴、理论定位及建设路向[J]. 机械职业教育,2023(03)：19-23.
② 李木洲. 职教高考的现实基础、理论定位与体系构建[J]. 职教论坛,2021,37(06)：44-48.
③ 陆苍海. 职教高考：概念内涵、江苏实践及提升路径[J]. 江苏高职教育,2022,22(05)：31-38.

第一章 导论

于职业教育的人才选拔和接续培养以及技能型社会形成的一种招生考试形式。[①] 姜蓓佳将"职业教育高考"的概念应界定为"中华人民共和国(不包括香港特别行政区、澳门特别行政区和台湾地区)职业高等学校的招生考试,是由中等职业教育毕业生和具有同等学力的考生参加的选拔性考试"。[②] 丁才成等指出,职业教育高考既然是一种考试制度,必然具备考试的基本属性,即选拔性。职业教育高考能够选拔优秀人才进入高层次本科院校接受教育,成为选拔人才的工具。[③] 王笙年认为,职业教育是类型教育,因而作为职业教育重要的招生考试制度,职业教育高考也是高考家族的重要分支。[④]

尽管不同学者对职业教育高考内涵界定的表述不尽相同,但是在主要内涵方面趋于一致。一是职业教育高考以中职应届毕业生为主要招生面向。职业教育高考是高等职业学校招生的制度,其生源主体为中职毕业生,这一招生对象定位已受到研究者的广泛认可。二是职业教育高考是具有选拔性的考试招生制度。三是职业教育高考作为国家教育考试制度,与普通高考地位同等重要。可见,关于"职业教育高考"的内涵愈来愈明晰,其生源面向、选拔功能、高考属性成为其最基本、最核心的内涵。

职业教育高考制度建立存在的困境方面:凌磊指出,当前职业教育高考在实施过程中仍存在普职界限不分明、选才效率提升不明显、技能考试实施方式不科学、动态跟踪不持续等问题。[⑤] 李君、卢朝佑指出,职业教育高考制度在试点过程中也存在一些不公平现象,表现为资源分配不均衡、考试地位不平衡、招生方式不统一、技能考核不合理、评价标准不完善等。[⑥] 谢鸿柔指

[①] 张锋利,张立锋.类型教育视域下职教高考制度内涵价值与实践策略[J].职教论坛,2022,38(10):15-21.

[②] 姜蓓佳.省级统筹高职分类考试改革:意蕴、问题与对策[J].高等工程教育研究,2022(04):176-181+200.

[③] 丁才成,丁敬敏,李东升.中高职衔接贯通培养拔尖创新人才研究[J].当代职业教育,2017(01):81-85.

[④] 王笙年.职教高考考试模式及其制度体系构建探讨[J].职教论坛,2020,36(07):20-26.

[⑤] 凌磊.我国职教高考制度的行动逻辑、面临问题与优化策略[J].大学教育科学,2023(04):119-127.

[⑥] 李君,卢朝佑."职教高考"制度的不公平性及其消解策略[J].机械职业教育,2023(06):5-10.

出，我国职业教育高考技能考试的组织工作呈现出中心化特征，其隐含的问题是：单个学校技能考试的组织工作压力较大；考题在专业大类与专业之间的公共性和专业性难以得到平衡；无论是国家统一还是省级统筹，院校招生自主权没有得到充分尊重。[1] 黄亮认为，职业教育高考存在招考体系难以契合"类型+层次"的职教发展战略、考试内容尚未满足"学历证书+技能证书"的人才规格需求、学业评价未能充分体现"文化素质+职业技能"的人才培养目标、组织模式无法突显"高职院校+企业行业"的多元主体办学特征、招录机制较难适应"社会需要+价值取向"的系统改革要求等问题。[2] 董春伶提出，当前职业教育高考制度在实施过程中仍存在区域发展不平衡、义务教育阶段"生涯教育"缺位、"职业教育高考"评价体系尚不完善等多重制约因素。[3] 徐靖智、蒋春洋认为，现有职业教育高考制度存在非体系化、职业学校非侧重化、社会接受度非大众化等问题，集中表现在区域经济社会发展不平衡，职业教育高考统筹层次难确定。[4] 陈虹羽、曾绍玮认为，职业技能考核的科学性难以保障，影响职业教育高考的权威性；普职融通尚不健全，制约职业教育高考的生源结构；本科层次职业教育规模有限，难以满足中职学生升学的需求。[5] 李鹏、石伟平认为，职业教育高考受到绝对公平与相对公平、类型独立与横向融通、灵活多样与高效易行、深度变革与成本控制等多重矛盾的交互影响。[6] 刘芳认为，职业教育高考面临着"自主"招生与招生"自主"相冲突、"文化+技能"与"技能+文化"相矛盾以及"传统生源"与"非传统生源"相差异等现实

---

[1] 谢鸿柔，姜蓓佳. 我国职教高考技能考试的组织实施问题研究[J]. 职教论坛，2023，39(03)：39-44.

[2] 黄亮. 国家职业教育改革背景下"职教高考"制度的困境与突破[J]. 浙江师范大学学报(社会科学版)，2023，48(02)：100-107.

[3] 董春伶. "职教高考"的价值意蕴、现实困境与路径探析[J]. 林区教学，2023(02)：52-55.

[4] 徐靖智，蒋春洋. 职业教育高考制度的现状、问题与对策研究[J]. 机械职业教育，2021(07)：17-20.

[5] 陈虹羽，曾绍玮. 类型教育视角下职教高考制度建设的逻辑要求、难点及对策[J]. 教育与职业，2021(10)：13-20.

[6] 李鹏，石伟平. 职业教育高考改革的政策逻辑、深层困境与实践路径[J]. 中国高教研究，2020(06)：98-103.

困境。①

职业教育高考的功能定位方面：张鹏程等认为，职业教育高考能满足对技能型人才的需求，在扩大技能型人才规模的同时进一步优化人才结构，为不断提升我国经济产业的国际竞争力提供扎实的人才基础；能够让考生根据自身个性特点、兴趣专长以及未来的职业规划选择适合自己的教育类型及升学途径，丰富教育选择的类型，提高升学通道的畅通度，才能从根本上缓解当前社会的教育矛盾；纵向上，有力推动中等职业教育、高职专科、职教本科等各层次职业教育之间的有效衔接，形成结构清晰、定位准确、层次分明的职业教育培养体系，畅通了技能人才在学业、职业等方面发展的上升通道；横向上，推动不同教育类型间的课程互选，修读课程所获学分也可以互认，推进学历教育与职业技能培训之间不同学习成果的互认、积累、转换，服务于全民终身学习体系构建，完善学习型社会建设。②黄亮认为，职业教育高考能够发挥枢纽作用，实现职业教育优质育人的目标，培养高素质技能型人才；有利于调动地方政府的积极性，让各地区有机会针对当地经济社会发展需求进行招考方式方法的特色化探索，进一步扩大高职院校人才选拔的自主权，提升职业技能考试、职业适应性测试的人才选拔效果；能够确保科学公正性。③李淑娟认为，职业教育高考能打通职业教育升学途径，可以有效缓解中考分流带来的压力和"教育焦虑"；能够服务职业技能人才的选拔和培养，使职业院校学生享有更多的教育选择，推动技能型社会建设；能够提升职业学校的生源质量，一体化培养地方产业发展急需的综合素质过硬、实战能力强的人才，为制造行业全方位提供技术技能人才，有利于促进产业转型升级。④

概括起来，研究者从政治、经济、教育等多维度、多角度阐释了职业教

---

① 刘芳. 百万扩招下的"职教高考"制度构建研究[J]. 中国职业技术教育，2019(31)：25-29，87.

② 张鹏程，吴加恩，吴文文等. 职教高考制度的价值意蕴、理论定位及建设路向[J]. 机械职业教育，2023(03)：19-23.

③ 黄亮. 国家职业教育改革背景下"职教高考"制度的困境与突破[J]. 浙江师范大学学报（社会科学版），2023，48(02)：100-107.

④ 李淑娟. 职教高考制度建设的区域实践——以江苏、山东、河南三省为例[J]. 职业技术教育，2023，44(06)：20-25.

育高考的功能定位。政治层面，职业教育高考的本质为政治制度，体现着国家意志，同时承担教育资源分配功能，这一制度的确立，能够使更大层面、更多底层的群众受益于教育，从而保障了社会稳定。经济层面，职业教育高考以职业技能水平为主要筛选依据，可控制人力资源的数量与质量、调节人才供给结构，提升国家人力资本。教育层面，职业教育高考具有教育资源分配功能，一是促进中职与高职纵向有效衔接。在高职教育规模化背景下，职业教育高考是将中职教育与高职教育进行衔接与联系的机制。二是成为中职教育教学质量监控的保障之一。职业教育高考能够评价学生的知识水平与技能水平，增强学习驱动力，提高培养质量，从而反哺教学与课程，成为提升中职教育教学质量的手段。三是为中职学生提供升学通道。中职毕业生的升学需求日益明确、就业需求日益淡化，职业教育高考能够赋予中职毕业生继续学习的权利，这既是职业教育现代化的要求，也是教育公平的体现。

2. 学者们梳理国内外高职教育考试制度，总结职业教育高考制度的经验

国内高职考试制度的梳理：屈璐、尹毅认为，四川省作为改革的"先行区"，经历了探索、调整、萎缩、发展四个重要的历史阶段，并形成了以单招为主渠道、对口升学考试为辅的分类考试招生制度。① 徐靖智、蒋春洋认为，浙江采取多元招生、多元培养制度，湖北将"高职统招"升级为"技能高考"，江苏实行春季"职业教育高考"，山东将"春考"升级为"职业教育高考"。② 凌磊总结了我国职业教育高考的"七种类十二方式"，即。"七种类"包括：统一高考、春季高考、单独招考、自主招生、中高职衔接、注册入学、免试入学；"十二方式"包括：统一录取、专项录取、五年一贯制、申请注册制等。③ 王明月、赵梦雷总结了山东省职业教育高考制度建设的经验，即构建了"职业教育高考"政策框架体系、拓宽了人才学业晋升的路径、探索了职普融通新举

---

① 屈璐，尹毅. 我国高职院校分类考试招生制度的演进、问题及改革路径——以四川省为例[J]. 职教通讯，2021(03)：41-47.

② 徐靖智，蒋春洋. 职业教育高考制度的现状、问题与对策研究[J]. 机械职业教育，2021(07)：17-20.

③ 凌磊. 被赋予的多样性：我国"职教高考"制度的困境与出路[J]. 中国高教研究，2022(01)：63-68.

措、完善了"文化素质+专业技能"的考核方式。① 林青、郭盈盈总结了湖北省职业教育高考类型选拔优势，即起步早，经验足；重技能，显特色；也指出了其存在的问题，即考试涉及的专业大类规划不够系统；考试制度下的考生升学通道相对受限；考试内容与专业教学标准内容存在脱节情况；考试组织形式和评分精度有待提升等。② 李淑娟从基本原则、招生对象、实施情况等方面总结了江苏、山东、河南等地职业教育高考建设的经验与实践。③ 朱秋寒解析日本职业教育体系及升学路径，归纳出一般入学、推荐入学、AO入学、特别入学四种入学考试模式，以此为基础，总结日本高等职业教育入学考试的四大核心特点，即考试形式多样化、考试内容个性化、考试安排人性化、评价标准多维化，为我国"职业教育高考"制度的建立提供借鉴。④ 鄢彩玲分析了德国"职业教育高考"制度关于职责划分、招考对象、考试设置、录取机制四方面的经验，认为德国职业教育高考制度解决了"谁主导、面向谁、怎么考、如何录取"的问题。⑤ 陈健从历史和国际比较两个维度对国内外有关高职招考制度的概况、历史演变、发展趋势和高职分类考试的改革探索与现实挑战等进行了较全面的分析和梳理，认为世界发达国家短期高等教育模式主要有统一考试制、证书考试制、申请注册制和综合选拔制四种类型。⑥ 贺艳芳、王彬认为，瑞士职业教育升学制度呈现出以职业教育为基础加强通识教育、以资格为驱动明确入学要求、以过程为导向优化考核机制和以标准为基础保障运行机制的特点。⑦ 任睿文、徐涵认为，新加坡加强普职融通，建立"H"型

---

① 王明月，赵梦雷.山东省"职教高考"制度建设的研究与实践[J].职业教育研究，2023(07)：39-44.
② 林青，郭盈盈.基于类型特色的职教高考湖北模式研究[J].武汉船舶职业技术学院学报，2023，22(03)：1-5.
③ 李淑娟.职教高考制度建设的区域实践——以江苏、山东、河南三省为例[J].职业技术教育，2023，44(06)：20-25.
④ 朱秋寒.日本高等职业教育入学考试的特点及启示[J].职教通讯，2021(03)：31-40.
⑤ 鄢彩玲.关于建设我国"职教高考"制度的建议与思考——德国经验借鉴[J].高教探索，2021(08)：98-102，116.
⑥ 陈健.职教高考的国际经验、现实困境与改革建议[J].高等职业教育探索，2020，19(06)：23-30.
⑦ 贺艳芳，王彬.职业教育考试升学制度的瑞士经验及借鉴[J].职教论坛，2022，38(03)：110-117.

立交桥式职业教育体系，使学生可以在应用型大学与研究型大学中自由选择。① 总之，研究者通过对先进国家与地区在职业教育升学制度方面的核心特征、升学路径、体制机制等方面进行了深入剖析，为我国职业教育高考制度的确立提供了经验借鉴。

3. 学者们提出了构建职业教育高考模式的建议

在职业教育高考研究中，模式构建成为研究者们最为聚焦的领域，主要从管理制度、测试制度、录取制度三个层面展开研究。管理制度上，研究者们认为职业教育高考制度与政府、企业、行业等息息相关，建议多主体不同程度参与制度建设，并统筹兼顾各方利益，建立协同工作机制。测试制度上，研究者们对"文化素质+职业技能"的测评方式达成一致，但是在文化基础具体科目选择上、职业技能测试方式上存在分歧。通过文献梳理发现，大多数研究者认为文化基础的考查应对标普通高考，语文、数学、外语等基础科目必不可少，另外倡导以专业大类为划分依据，考查专业基础。研究者们普遍认为职业技能测试的难度较大，甚至觉得目前还未形成职业技能测试的条件与环境，建议采用渐进性、替代性的方式进行。孙钰林、赵益枢认为，COMET能力测评成绩与工作绩效评估结果间的关系趋向强相关；COMET测评的三个能力层级中，过程性能力与工作绩效的关联度最高；COMET测评的八个一级指标中，除社会接受度外，其余指标均与工作绩效呈正相关。据此建议，在研究中应加强对X证书的能力模型和测评模型的分析；在实践中应以典型工作任务为依据，灵活运用多元化的评价方式，强化技能评价结果与学分银行制度的衔接。② 廖龙、王贝根据ASCOT职业能力评价模型，将职业教育能力评价分为一般认知能力、跨职业工作能力和职业核心能力三个维度，在坚持"文化素质+职业技能"理念指导下，对标职业教育核心能力要求，结合生源类型差异，建立以职业能力评价为主体、"考、评、荐"三位一体的分类考核评价模式，构建现代"职业教育高考"制度，为全面推进职业教育现代化体制机

---

① 任睿文，徐涵. 新加坡职业教育体系：嬗变、特点及启示[J]. 职教通讯，2022(03)：88-96.
② 孙钰林，赵益枢. 职教改革中的技能评价方式研究——以COMET技能评价方式对工作绩效的预测效度为例[J]. 职业技术教育，2022，43(13)：20-25.

制改革保驾护航。① 可见，考试模式作为职业教育高考制度体系中最核心的部分，其模式框架已逐步建立，对于技能测试的组织形式、考查内容等具体方面还需深入探究。

4. 学者们从各个不同角度提出了职业教育高考制度的实施路径

陈虹羽、曾绍玮认为，要加大职业教育区域协调发展力度，试行省级职业教育高考制度；加快建设国家资历框架制度，完善职业技能考核量化标准和执行办法；大力推进普职融通，丰富职业教育高考招生对象；加快发展本科层次职业教育建设步伐，促进高层次职业教育大众化。② 徐靖智、蒋春洋提出，职业教育高考制度体系化建设应由贫困地区向城市进行过度、加快双师型教师队伍的扩建，扩大中职高职招生宣传，跨地域校企联动联考。③ 凌磊提出要提升"职业教育高考"多样性理念的价值引领、构建"职业教育高考"多样性话语体系、完善"职业教育高考"政策机制、优化"职业教育高考"实施环节。④ 罗立祝建议实行职业教育高考统一考试制度、合理设置职业教育高考科目、试行专业大类"一档多投"录取模式。⑤ 柳靖、刘超提出，将高考综合改革的成功经验融入"职业教育高考"制度建设中，推进技能考试体系建设，拓宽高等职业教育入学途径，引导考生在中高等职业教育之间适配衔接发展，对于提升职业教育人才选拔分流的科学性、推进高等职业教育高质量发展、完善国家职业教育体系具有重要作用。⑥ 胡茂波等提出，职业教育高考制度应呈现出政府主导下的多元主体参与、多样的招考录取路径、以能获取职业能

---

① 廖龙，王贝. 基于职业能力评价模型的"职教高考"体系构建[J]. 职业技术教育，2020，41(31)：24-28.
② 陈虹羽，曾绍玮. 类型教育视角下职教高考制度建设的逻辑要求、难点及对策[J]. 教育与职业，2021(10)：13-20.
③ 徐靖智，蒋春洋. 职业教育高考制度的现状、问题与对策研究[J]. 机械职业教育，2021(07)：17-20.
④ 凌磊. 被赋予的多样性：我国"职教高考"制度的困境与出路[J]. 中国高教研究，2022(01)：63-68.
⑤ 罗立祝. 构建职教高考制度的三个着力点[J]. 职教论坛，2021，37(06)：53-56.
⑥ 柳靖，刘超. 高考综合改革对"职教高考"制度建设的启示与借鉴——基于选拔分流功能视角[J]. 职教论坛，2023，39(04)：14-20.

力为考核标准、考试录取过程公开透明的样态。① 陈礼业、李政提出，未来职业教育高考的招考关系改革，应处理好中央、地方和学校在招考分离制度中的权责关系，建立第三方评价机构和项目认证制度，把提升学生对职业院校的选择自由度作为招考制度改革的首要任务，以确保高职院校招考制度改革在正确而合理的方向上进行。② 黄亮指出，对新一轮改革下的"职业教育高考"制度提出"一探索、四推进"的策略思考，即探索以分类考试为主干的"职业教育高考"制度，推进以职业教育为特点的考试内容改革，推进以技能人才培养为核心的考试评价改革，推进政行校企协同的组织模式改革，推进以人本价值为导向的招录机制改革。③ 顾吟秋指出，建立职业教育高考背景下的招生公平制度对促进职业教育改革发展乃至社会公平都具有重要作用，实现公平的职业教育高考制度必须要加强支撑保障体系，优化职业教育高考招考制度；完善管理服务体系，规范职业教育高考评价标准；健全监管督查体系，严肃职业教育高考招考程序。④ 梁晨等提出，要促进"职业教育高考"的高质量创建应立足逻辑起点，凸显类型之"志"以保障各生源群体"考之有道"；坚持纵横相联，完善系统之"制"以确保利益主体"招之有径"；力行实践创新，更新理念之"治"以实现制度运行"行之有效"。⑤ 张晓超、邵建东提出需要从多元统一性、职教类型性、融通衔接性三个层面进行深入剖析，全面认识职业教育高考改革的应然取向。通过逐步完善顶层设计、坚持省级统筹发展、推动企业积极参与、完善技能考核体系，发挥横向融通作用、拓宽纵向衔接路径等措施推进我国职业教育高考改革完善。⑥ 冯小红提出建设中国特色职教

---

① 胡茂波，孟新杭，高芳. 职教高考制度的价值属性、功能定位及实践样态[J]. 职业技术教育，2023，44(06)：8-14.
② 陈礼业，李政. 招考一体还是招考分离：我国职教高考改革中的考试招生关系研究[J]. 职教论坛，2023，39(03)：45-52.
③ 黄亮. 国家职业教育改革背景下"职教高考"制度的困境与突破[J]. 浙江师范大学学报(社会科学版)，2023，48(02)：100-107.
④ 顾吟秋. 职教高考背景下的高职招生公平制度研究[J]. 湖北开放职业学院学报，2023，36(04)：89-92.
⑤ 梁晨，王屹，陈业森. 动因·逻辑·遵循："职教高考"制度创建的三维审思[J]. 中国职业技术教育，2023(04)：67-74.
⑥ 张晓超，邵建东. 职教高考改革的现实困境、应然取向与优化路径[J]. 教育与职业，2023(02)：41-46.

新高考制度应坚持顺应民心、实事求是、与时俱进的基本原则,将关注人心作为根本遵循,将分步推进作为基本方略,将加强研究作为不竭动力,引领人民对美好生活的向往,稳健职业教育高考改革步伐,提高理论水平指导实践。① 陆苍海提出,针对当前职业教育高考改革中的价值认同问题,需要通过完善顶层设计、克服功利思想、拓宽上升通道等来加以改进;针对高职院校提前招生中面向普通高中学生的技能考核如何有效实施的难点,探索引入高中阶段劳动素质评价结果加以优化。② 赵芳娜认为,职业教育高考制度建设亟须优化考试内容设置,构建能力本位的评价模式;推动招生录取制度改革,优化招生方式与专业结构;关注"弱势者"话语权,创新多主体协调联动机制;完善配套制度建设,助推职业教育高考持续改进。③ 李政认为,职业教育高考的内容设计可遵循"双扇形"模型,按照"基础性、关联性、思维性"的筛选机制,以及"体系化、定向化、结构化"的组织机制,选择和设计出科学合理,且平衡多方需求的考试内容。④

总而言之,职业教育高考制度的构建路径主要从内生动力、顶层设计与外部保障三个方面进行了研究。首先,激发内生动力,要把握技术技能这一类型教育的根本属性。从"面向谁"而言,职业教育高考的生源范围比普通高考更加广泛多元,为多元群体提供了学习技术技能的机会;从"怎么考"而言,在考试内容上注重技能应用与实操能力,凸显职业教育的特色;从"如何招"而言,职业教育高考招生院校既包含本科、专科职业院校,又涵盖应用型本科院校、综合型本科院校,赋予考生更广泛、更自由的选择权。其次,加强顶层设计,要从政策层面建立与完善相关制度。建章立制,从教育改革方案、财政制度、监督问责制度等方面加强法律保障;注重政策的包容性,建立多元化的协同工作机制,内外衔接,及时传导政策执行时遇到的痛点与难点,

---

① 冯小红. 职教新高考制度:本质、必然与选择[J]. 中国职业技术教育,2023(01):14-21.
② 陆苍海. 职教高考:概念内涵、江苏实践及提升路径[J]. 江苏高职教育,2022,22(05):31-38. DOI:10.15903/j.cnki.jniit.2022.05.005.
③ 赵芳娜. "职教高考"制度建设的逻辑要求、现实困境与实践路径[J]. 高等继续教育学报,2022,35(03):42-47.
④ 李政. 我国职业教育高考内容改革:分析框架与实施模型[J]. 职教论坛,2022,38(02):31-37.

及时纠错纠偏。最后，整合教育资源，加强外部保障。发展本科层次职业教育，能为职业教育高考制度建设提供有力支撑；加强普通教育与职业教育的互融互通互动，确定中职教育的基础性定位，能推动职业教育高考制度的有效实施；健全职业教育高考改革的财政保障机制，合理配置经费与资源，提高经费使用效率，能为职业教育高考改革提供财力支撑。

5. 对于职业教育高考体系的构建涉及较少

李木洲提出职业教育高考体系应从测试制度、录取制度、管理制度三个方面构建。[①] 王笙年从考试制度、招生制度、保障制度提出了职业教育高考的考试模式及其制度体系。[②]

(三) 文献评述

通过对近年来关于职业教育高考的研究文献进行梳理，发现研究成果主要有以下特征。

首先，研究主体主要为高职院校。职业教育高考是职业教育招生制度改革的重要内容，关乎高职生源质量与职业教育发展。职业教育高考制度的建立，一方面能够促进高职院校生源质量的提升。长期以来，高职院校以高考录取作为主要招生途径，考试科目与考试内容都与本科院校相同，无法体现职业性。且高职院校处于高考录取招生批次的末端层次，不仅造成社会对职业教育的歧视，而且影响高职院校的生源质量。另一方面，职业教育高考制度的建立，能够促进高职招生公信力的提升。近年来，各省、区、市对高职招生制度进行了多种有益探索，但尚未形成统一的考试制度，一些办学水平较低的高职院校为招揽生源，随意降低入学标准与条件，使高职招生的公信力降低。因而，职业教育高考是直接关系到高职院校生存与发展的关键制度，其确立与建设是亟须研究与解决的重要问题。

其次，研究主题从职业教育高考建立的必要性研究，深入至职业教育高考体系构建的探究。早期研究中，职业教育高考建立的迫切性与必要性主要作为解决某一职业教育问题的路径或方法被提及，如《高等职业院校招生制度

---

① 李木洲. 职教高考的现实基础、理论定位与体系构建[J]. 职教论坛，2021，37(06)：44-48.
② 王笙年. 职教高考考试模式及其制度体系构建探讨[J]. 职教论坛，2020，36(07)：20-26.

改革的有效途径分析》一文中将职业教育高考体系的建立作为高职招生制度改革的途径之一；《试论职业教育作为类型教育的基本特征》一文认为职业教育高考制度能够促进高考类型体系的分化，凸显职业教育类型特征。2019年以来，国家一系列职业教育高考制度的出台，明确了"文化素质+职业技能"的评价方式，研究主题逐渐转向对职业教育高考体系的探索，且逐渐细致与深入。对职业教育高考体系的研究，涉及了招生管理制度、测试制度与录取制度三个方面。研究者有对体系内某一个要素的深入探讨，也有对体系整体系统的把握。在研究维度方面呈现出多维度化，包括顶层设计层面、组织保障层面、实践总结归纳层面等。

再次，研究背景与国家职业教育政策密切相关。21世纪后，高职教育快速发展，国家也出台了一系列激励职业教育发展的政策文件。2002年国务院发布的《关于大力推进职业教育改革与发展的决定》提出"加强中等职业教育与高等职业教育，职业教育与普通教育、成人教育的衔接与沟通，建立人才成长'立交桥'"。《国家中长期教育改革和发展规划纲要（2010—2020年）》提出"改革招生和教学模式"，各省市开始探索高职院校"自主考试"与"注册入学"的招生模式。有研究者将目前我国职业教育高考归纳为"六模式十二类型"。2019年1月24日，国务院印发《国家职业教育改革实施方案》，首次提出"建立'职业教育高考'制度"，自此，关于职业教育高考的研究成果数量增长较快。2019年3月5日，时任总理李克强在《2019年国务院政府工作报告》中提出高职院校扩招100万人。研究者将百万扩招的人群也纳入职业教育高考的招生对象中进行讨论，如《百万扩招背景下的新型职业农民学历教育探析》一文认为，应构建百万扩招背景下的新型职业农民"职业教育高考"模式；《百万扩招下的"职业教育高考"制度构建研究》认为，百万扩招与职业教育高考在现实逻辑上形成耦合关系。因此，关于职业教育高考的研究，受到国家政策的影响。

最后，研究方法呈现出多元化的趋势。职业教育高考虽然是职业教育的改革制度，但是职业教育本身具有跨界属性，因而，对于职业教育高考，研究者们运用多种研究方法，展开了多维度、全面化的研究。其中，既有对职业教育高考的内涵特征、功能、目标定位、价值取向等本体的研究，又有对普职融通、国家资历框架建设、本科职业教育等外在保障的阐释；既有基于国外职业教育招生制度的引介与借鉴，又有对国内职业教育政策演进与理念形成的历史研究；既有对我国各省职业教育高考制度的经验总结，又有针对某一省的个案分析；既有关于职教招生制度的多种理论分析，又有对职教政策的回顾与展望。从整体而言，对职业教育高考制度的研究，既有对职业教育高考应然状态的理性展望，又有对实然困境的逻辑分析，对职业教育高考制度的确立提出了相应的对策建议。

现有研究为本书研究奠定了良好基础，但存在以下不足：①关于职业教育高考制度体系构建的研究较少。现有研究多探讨高等职业教育考试制度的某方面，或提出策略，或梳理现有考试制度，尚未有涉及从管理、招生、测试到录取一整套职业教育高考制度体系的研究。②在研究职业教育高考制度时，研究对象多为高职三年制专科层次的高考制度，几乎未有研究者将高职本科纳入职业教育高考制度体系进行系统考虑与研究。③关于运用区块链技术，创新职业教育高考测试制度的研究几近空白。上述研究的不足之处也是本研究领域的研究重点和未来趋势。

（四）职业教育高考的学术展望

随着我国职业教育的快速发展，职业教育方面的研究成果日渐丰富，职业教育高考方面的研究也逐步系统与深入，但也存在部分研究内容过于宏观、一些研究出现雷同化等若干问题。从已有研究成果而言，未来的研究应在更具有针对性、更加精细化方面拓展与深入。

一是进一步聚焦主题，创新微观对策的研究。现有研究多侧重于宏观理论，如《基于多源流理论的我国职业教育高考制度逻辑及其政策意蕴》一文运用多源流理论阐释职业教育高考的政策议程，剖析政策的机理性；《"职业教育高考"制度设计的多重逻辑》从系统论的视角，厘清职业教育高考制度设计的多重逻辑，而关于职业教育高考的微观对策尚需进一步研究。首先是职业教育高考测试科目的设置，研究者普遍认为文化成绩必不可少，但是对于具体考查哪几个科目，分值与比重如何，其依据为何，涉及较少。其次是在职业教育高考命题问题上，大部分研究者认为应采取高职院校与企业行业专家共同命题的方式，但是如何遴选校外专家形成命题组，如何调动企业行业专家命题积极性等方面的研究几近空白。最后是技能测试方面，如何基于我国地区差异(包括基础设施、微观经济等)、职业教育发展的生态环境差异,提出操作性强的技能测试方式方法。这些微观问题是职业教育高考的基本要素,也是影响职业教育高考公平公正性的重要问题。因此,只有加强对这些微观对策的研究,才能对我国职业教育高考制度建设作出精准的判断,从而提出有实效性的对策。

二是进一步拓宽视角,加强相关理论的探索。现有对于职业教育高考的研究已出现多元化的视角。研究者从历史学、考试学等不同角度,探析职业教育高考制度建设路径,丰富了职业教育高考模式与体系的研究内容。作为职业教育这一"跨界"教育的关键性考试制度,职业教育高考也需要跨界的、多学科交叉的视角来进行全面化、系统化的研究。职业教育高考体系的构建,不仅需要注重内部体系的平衡,而且需要综合考量多种外部因素,这就要求研究者不能仅限于本专业,还需要更开阔的视角、更丰厚的知识储备来进行思辨演绎。因此,职业教育高考制度的研究,需多元化发展、多学科参与,从而增强研究的科学性与前瞻性。

三是进一步总结经验,加强实证方面的研究。职业教育高考作为国家一项重要的考试制度,意义深远、牵涉面广,不仅关系到考生的切身利益、高职院校的办学质量,更是全社会关注的热点与焦点。而职业教育高考制度的建设,本质上是职业教育招生制度的改革。改革需要最大化规避风险,避免考生成为改革成败的试验品。因而,关于职业教育高考的研究不能局限于理论深度研究,而是要不断运用已有研究成果,进行局部或小范围的实践,让研究从理论到实践,再到更科学的理论,如此螺旋递进。目前各省都积累了一定的职业教育高考经验,应基于各地原始、客观的第一手资料,进行大量数据的定量研究,提出职业教育高考的完整模型,并结合区域发展特色,深入开展广泛的实证研究,定性与定量相结合,为职业教育高考体系构建奠定坚实基础。

二、研究的主要内容

在前人研究的基础上,本研究选取职业教育高考制度为研究对象,结合职业教育高考制度改革的现状,以"职业教育高考制度体系如何构建"为切入点,借助现代信息技术——区块链技术，构建职业教育高考招生管理制度、招生测试制度与招生录取制度，并试图探索职业教育高考体系构建的实施路径。

本研究重点回答了职业教育高考的四个基本问题：一是职业教育高考制度改革的具体实践情况如何？二是如何借鉴国内外职业教育高考招生考试制度？三是职业教育高考制度体系如何构建？四是职业教育高考制度改革的实施路径如何？围绕以上职业教育高考的基本问题展开研究，形成相应的内容框架。

1. 我国职业教育高考招生制度改革现状研究。

我国职业教育高考招生制度改革现状研究是本书研究开展的前提。首先对现有招生方法进行归纳，如由省级组织的高考文化成绩+技能测试成绩、每年4~5月的单独招生、"3+2"中高职贯通模式、对口单招、技能拔尖人才免试入学、注册入学等；其次梳理广西、江苏、浙江、湖南、广东、湖北等省职业教育高考制度改革的探索情况；最后是对现有招生方法的经验总结与问题分析。

2. 我国职业教育高考招生制度的演进历史研究。

系统梳理我国职业教育高考招生政策的演进是本研究的逻辑起点，对本研究有十分重要的引领作用。研究高职招生政策，分析高职教育发展规律，以发现我国高职招生政策出台的现实因素，有利于科学合理地制定相关招生政策与制度。我国职业教育高考招生制度的演进历史，可分为三个阶段。第一阶段为萌生期，时间段为20世纪80年代职业教育高考政策的提出。1985年中共中央发布的《关于教育体制改革的决定》中，虽将职业教育发展重点定位于中等职业教育，但确定了高等职业教育的发展方向。摸索时期的高等职业教育，尚无法探索其招生政策。第二阶段为突破期，时间段为20世纪90年代职业教育高考政策的突破。国务院发布《关于大力发展职业技术教育的决定》（国发〔1991〕55号）成为高职教育发展的突破口。中共中央、国务院印发的《关于深化教育改革全面推进素质教育的决定》中明确指出高职教育的定位与培养目标，并规定了招生政策，使高职教育进入快速发展时期。第三阶段为变革期，时间段为21世纪高职招生生源的多样化探索。2010年《关于2010年部分高等职业院校开展单独招生改革试点工作的通知》发布，标志着高职招生政策的全面铺开。之后一系列政策出台，从政策上与实践上保障了中国特色高等职业教育考试招生制度的诞生。

3. 国外职业教育高考制度的分析借鉴研究。

职业教育高考政策的国际经验研究为本研究提供借鉴与参考。德国职业教育体系起步早、发展快，一直为世界职业教育借鉴，对德国职业教育高考制度的职责划分、招考对象、考试设置、录取机制等进行比较研究，借鉴成功经验，对我国职业教育高考制度的确立具有重要启示意义。

日本经过职业教育改革与反复尝试后，形成了既统一化又多样化的高职职业教育招生考试模式，一方面保证了生源质量，一方面为产业发展输送了大量技术技能型人才。日本高等职业院校入学考试方式主要有一般入学、推荐入学、AO入学、社会人入学、留学生入学、归国学生入学、特待生入学等七种方式。了解七种入学考试的特点与发展，能够为我国职业教育高考制度的确立提供建设性意见。瑞士建立了"联邦职业教育证书+职业会考证书"制度，构建了灵活多样、普职融通的职业教育升学机制，对世界职业教育具有示范作用，也能对我国职业教育高考制度提供有益借鉴。

4. 职业教育高考招生管理制度研究。

管理制度是职业教育高考制度体系构建的核心。管理主体上，需要教育部、省级教育（考试）主管部门、高等职业院校三位一体的管理与配合。管理对象上，研究构建区块链技术下，职业教育招、考、录全生命周期的高考信息化平台，将招生方式、命题依据、考核过程、录取过程等全过程上链，将职业教育高考过程中涉及的对象（主考者、应考者以及考试招生工作的参与者等）在区块链平台上留痕操作。管理机制上，采取由教育部统筹管理，负责考试招生过程的宏观调控，省级教育考试主管部门具体实施，负责考试招生过程的组织与管理，各级各类职业院校自主实施校测并完成自主招生。依据"总量调控+证书注册+学业测评"的总体要求，通过区块链技术来构建"证书认证平台""学业测评平台"以及"高校招生信息管理平台"，由此共同来实现职业教育高考招生过程的公开、公平和择优。管理策略上，实施政府顶层设计、社会监督管理、高校自主管理、招生绩效动态管理等多种管理模式。管理保障上，要进行职业教育高考制度法制建设，建立基于区块链技术搭建证书认证平台、学生学业记录与测评平台、与高校招生综合管理服务平台等。

5. 职业教育高考招生测试制度研究。

测试制度是职业教育高考制度体系构建的重点。引入区块链技术，根据生源种类，探索"证书注册入学+分类测评"并用的测试制度。一是构建生源学信成长大数据档案袋。利用区块链的可追溯性特质，记录生源"日常成长档案+个性化技能信息+个人实践经历"综合性数据；构建基于区块链技术的学习成果认证平台，探索生源在"学校—教育机构—全社会"多方跨平台学习经历自动识别与转换。二是采用"分类测评"方式，构建技能评价模式。基于区块链档案袋，依据不同生源，采取"证书注册+分类测评"的方式，依据ASCOT测评模型建立起基于专业核心能力的技能评价模式，并将测评结果作为三年制高职高专与四年制高职本科录取入学的依据。

6. 职业教育高考招生录取制度研究。

录取制度是职业教育高考制度体系构建的关键。依托区块链信息化平台，实行"多元标准+平行志愿"的职业教育高考招录机制，录取尊重双向选择。招生体制上，研究建立"政府宏观调控+省级教育考试部门组织实施+招生单位自主录取+社会广泛监督"四位一体的体制机制。录取方式上，采用择优录取、自主录取、推荐录取、定向录取、委培录取、提前录取、滚动录取等多元入学方式。录取技术上，利用区块链的分布式数据技术，实现招生信息同步共享；运用区块链的节点认证、数据永久存档机制，保障招生信息的可监督性；通过区块链技术构建具有细粒度的横向和纵向权限管理的联盟链，形成招办、专家、师生共建的"多元评价，所愿录取"招生录取联盟体系。

7. 职业教育高考制度建设的路径研究。

路径研究是推动职业教育高考制度体系构建的重要支撑。路径主要包括：打造良好文化，促进制度形成；创建协同机制，提高整合能力；推进普职融通，拓宽生源进路；完善保障机制，推动制度实施。

三、研究方法与思路

(一)研究方法

1. 文献研究法

文献研究法主要指搜集、鉴别、整理文献，并通过对文献的研究形成对事实的科学认识的方法。文献研究法是本研究的基础性研究方法，已有相关文献是本研究的基础。围绕职业教育招生考试制度，通过文献搜集与整理，形成文献综述，梳理高职院校考试招生改革的研究现状，明细高职院校考试招生改革的演变历程，了解考试招生制度改革在高职院校层面的影响。

2. 调查研究法

采取问卷调查与个别访谈相结合的方式，调查当前职业教育高考制度的现状，为本研究奠定基础。访谈调查是访谈员根据调查的需要，以口头形式向被访者提出有关问题，通过被访者的答复来收集客观事实材料。访谈法主要是对考试研究专家与学者、高职院校考试招生机构管理者、企业行业代表及考生进行关于高职院校考试招生改革问题的相关访谈，了解处于不同立场的利益相关者对于高职院校考试招生制度改革的认识，以及对未来高职院校考试招生制度改革趋势的研判。

3. 分析综合法

一是分析我国职业教育高考招生制度的历史演进，总结职业教育高考制度体系改革的必要性；二是分析当前职业教育高考制度的现状，总结其成果与问题；三是分析建立招生管理制度、招生测试制度等，总结职业教育高考制度改革的实施路径。

(二) 研究思路与过程

沿着解答"职业教育高考制度改革现状如何？"→"如何借鉴国内外职业教育高考招生考试制度？"→"职业教育高考制度体系如何构建？"→"职业教育高考制度改革的实施路径如何？"四大问题展开研究。以《关于推动现代职业教育高质量发展的意见》为指导，调查职业院校高考招生考试制度探索的现状；梳理我国职业教育高考招生制度的演进历史，借鉴国外考试制度经验，改革职业教育高考的招生管理制度、招生测试制度与招生录取制度；提出职业教育高考制度体系构建的实施路径，为政府制定相关政策提供参考借鉴。

本研究的重点内容：第一，梳理我国职业教育高考招生制度改革现状，以及各省、区、市职业教育高考制度改革的探索情况，总结现有招生方式的成功经验与存在问题。第二，梳理我国职业教育高考招生制度的演进历史，探索职业教育发展与职业教育高考招生制度对职业教育高考制度确立的影响因素与作用。第三，构建基于类型的职业教育高考制度体系。该体系是一个复杂、庞大的体系，包含着招生管理制度、招生测试、招生录取制度等。只有确立重要且关键的要素，并相互联系，才能有机构成一个完整、科学的体系。第四，构建"证书注册+分类测评"并用的测试制度。

本研究的基本观点：目前，我国高职院校的数量与规模都占据了高等教育的半壁江山，办学成果显著，但是由于我国经济社会发展对人才的需求更加多样化，现行高职招生考试制度的缺陷日渐显现。如在高职招生考试内容上较为单一，无法彰显高职院校的办学特色；在考试结构上，文化理论部分与技能测试部分的权重比例失衡，职业技能测试开展的范围与效度不足；在考试科目设置上，无法兼顾各专业评分考核的公平性。因此，有必要构建全国统一性、科学性的职业教育高考制度，注重选拔性、公平性，以达到为高职教育选拔优秀、合适人才的目的。然而，由于职业技能考核的内容难以统一、职业技能考核的操作难以开展、职业技能考核的评价标准难以确立等客观原因的存在，职业教育高考制度的建立不能一蹴而就，而是一个渐进性的过程。在职业技能考核条件尚未成熟的情况下，可以采用形成性评价的方式，以电子档案的方式，注重日常技能的积累。由此，本研究提出"区块链+职业教育高考"的探索应用，以区块链技术构建职业教育高考制度体系，以"公共基础+专业理论""成长档案+技能信息"的设想，构建职业教育高考招生管理制度、测试制度、录取制度，以形成基于区块链的完善的职业教育高考制度体系。

本研究的主要创新之处：一是研究内容的创新。针对现行职业教育高考制度存在的问题与症结，以职业教育高考内涵与特征为逻辑起点，分析区块链技术与职业教育高考的耦合性，进而提出以区块链技术促进职业教育高考制度体系建立的路径。二是研究视角的创新。现有研究多涉及高职教育考试制度的某个方面，如提出整体建设策略或梳理现有考试制度的实践探索，或对某一国际经验进行分析总结，而本研究拟构建一套从管理、招生、测试到录取的完整的职业教育高考制度体系，且提出借助区块链技术这一新型技术，这也是研究的重要创新之处。

第三节 核心概念界定

一、制度

随着理论研究的推进,"制度"的内涵不断衍生与扩展。在中文语境里,大多数时候,制度表示"规则"。"制度"在《辞海》中解释为两种含义:一是办事规矩、行为准则;二是指政治、经济、文化等方面的规程或者准则以及在该准则、规程下构成的体系。而在西方国家,"制度"的含义更为宽泛,包括规则、秩序、体制等方面。关于制度内涵的界定,不同学科的界定有所差异,概括起来有如下几类:

一是认为制度为一种规则。代表学者有诺思、马克斯·韦伯、罗尔斯等,他们认为,制度是某种组织、群体的行为准则、也是一种公开性的规范体系,对人际相互关系具有约束、规范作用。二是认为制度为一种习俗或者一种习惯。代表学者有哈耶克、凡勃仑、康芒斯等,他们认为,制度形成了个体与社会的特定关系与特定习惯,以及社会秩序。三是认为制度为一种模式。代表学者为亨廷顿。他认为,制度是稳定发生与周期性发生的行为模式。四是以为制度为一种博弈系统。其代表学者青木昌彦认为,制度具有均衡博弈路径的显著性特征,这一特征能对实施的策略产生互动。

通过以上梳理与分析,我们发现,制度的内涵界定非常抽象,但都有一个共性,即制度能够对人们的行为产生约束。基于此,我们将制度的内涵界定为:制度是由政府正式规定的、具有权威性的规则体系,主要用以调整个体与个体之间、特定组织内部之间的关系。从研究对象角度,结合本书的研究实际,本研究对"制度"作出以下界定:"制度"主要指规则规定的制定,即政府所确定的章程、规则等规制方面的条例或者条款。

二、高考制度

高考制度即普通高等学校入学考试招生制度。考试招生制度包括三个环节：招生、考试、录取。1977年，我国重新恢复高考制度，至今一直处于改革与完善的进程中。在较长一段历史时期内，我国实行的是统一招生、统一录取的统考统招形式。随着自主招生考试的出现，我国高考制度开始进入统考统招主导、自主招生为补充的考试招生阶段。

高职院校考试招生制度，是高职院校的生源遴选机制，包括招生、考试、录取三个环节。在统一的高考制度环境中，高职院校考试招生制度等同于高考制度。随着高考制度改革及高职院校考试招生改革探索，高职院校考试招生制度在招生方式、考试内容及录取方式等方面已经具有了新内容。2010年，《国家中长期教育改革与发展规划纲要(2010—2020)》中提出了新时期我国高考制度的新模式，即分类考试、多元录取、综合评价的考试招生制度。教育部发布的《关于积极推进高等职业教育考试招生制度改革的指导意见》提出，高等职业教育考试招生制度改革，要立足适应经济社会发展需要，着眼优化教育结构和提高教育质量，遵循高等职业教育人才选拔和培养规律，促进普通高中和中等职业学校实施素质教育，为学生发挥个性潜能提供多样化选择。按照有利于科学选拔人才、促进学生健康发展和维护社会公平的原则，逐步与普通高校本科考试分离，重点探索"知识+技能"的考试评价办法，为学生接受高等职业教育提供多样化入学形式；逐步形成省级政府为主统筹管理，学生自主选择、学校多元录取、社会有效监督的中国特色高等职业教育考试招生制度。高职院校考试招生制度体系也逐步形成，本研究中的考试招生制度是指专科层次高职院校的考试招生制度体系。2014年国务院印发的《关于深化考试招生制度改革的实施意见》提出，加快推进高职院校分类考试。高职院校考试招生与普通高校相对分开，实行"文化素质+职业技能"评价方式。中职学校毕业生报考高职院校，参加文化基础与职业技能相结合的测试。普通高中毕业生报考高职院校，参加职业适应性测试，文化素质成绩使用高中学业水平考试成绩，参考综合素质评价。学生也可参加统一高考进入高职院校。高职院校考试招生制度也正式进入合法性的制度安排阶段。

三、高考公平

公平是社会科学中的一个基础概念，是社会科学研究中受关注度比较高的概念之一。英国法学家哈特较早提出了公平的原则。他提出："如果一些人根据某些规章从事某种共同事业，并由此而限制了他们的自由，那么那些根据要求服从了这种限制的人就有权利要求那些因他们的服从而受益的人作出同样的服从。"它提供了以公平的原则解决社会问题的理论框架。在其之后，罗尔斯提出的公平原则影响更为深远。罗尔斯提出了"作为公平的正义"的两个原则：第一个原则，每个人对于其他人所拥有的最广泛的基本自由体系相容的类似自由体系都应该有一种平等的权利；第二个原则，社会和经济的不平等应这样安排，使他们被合理地期望适合每一个个人的利益，并且依系于地位和职务向所有人开放。其包括三个方面：自由原则、机会平等原则与差异原则，反映了其"对最少受惠者的偏爱，一种尽力想通过某种再分配使良序社会的所有成员都处于一种平等地位的理想"，是基于机会绝对平等的绝对公平理念。在罗尔斯之后，诺齐克提出了基于权利为约束条件的公平原则。他首先假定："公平原则的前提是，一个人从他人行为中的得益要大于他履行他的职责时所付出的代价。"诺齐克对罗尔斯基于自由的公平原则进行了批判与建构，进而提出了基于权利的权利自由获取、权利转让、对权利持有中的不正义情形的矫正，即矫正的正义原则。权利的获取、转让与矫正都是存在于正义实现过程中的公平原则，据此他提出了程序性公平的原则。以上所述及的公平原则已经成为当前社会公平的理论根基，任何公平原则的批判与创新都需要述及以上提及的公平原则。

公平是高考改革的基本价值取向，是一切改革的底线，也是高考制度得以存续的合法性与合理性的根源所在。通常情况下，高考公平指向高等教育入学机会分配的平等性，其核心是基于考试成绩的公平，即"在分数面前人人平等"。它关注高等教育机会能否惠及每一个潜在生源，是对高考的目的与后果的价值判断，即高考能否提升了每一个社会个体流动的可能性。

高考公平来源于政府，是社会公平在教育中的体现。高考是政府以分配高等教育入学机会的方式来配置高等教育资源的一种制度安排。政府是整个高考制度的设计者，考生与普通高等学校是高考最直接的利益相关者。由于政府存在的合法性来源于其公共性，而公共性的价值伦理核心在于公平与正义。因此，公平成为政府公共性在高考制度设计与实施中的基本制度伦理。

在此制度约束下，高考就需要保障每个适龄入学人员（由于生源类型的多样化，能够获得入学资格的生源结构、类型将发生本质的变化）享受平等入学的机会，并能够得到公正对待。通过高考，维护公平的社会功能通过政府参与实现向教育系统的迁移。

同时，政府担负着维护高考公平的责任。作为制度设计的主体，政府承担着确立并维护高考制度价值准则的责任、协调不同主体利益的责任，以保障考生的基本权利，满足普通高等学校对生源规格的需求，促进高等教育的可持续发展。政府通过"公共政策的公共性"构建公平的实现机制。从这个层面来看，高考制度中的"公平"有与生俱来的特征。政府维护高考公平以提升高考制度设计的"公信度"为目的，只有在公平的基础上才能获得更大的公信力。政府之于高考制度的连带责任，将政府所代表的意志通过制度安排得以落实，并在其实施过程中予以实现。

我国高考制度从建立至今，一直将公平作为制度安排的核心内容。但是，高考公平不等于平均主义，差异化招生考试制度也是高考公平的重要内容。诚如顾明远提出的"教育公平绝不是平均主义，只有采取不同政策使弱势群体得到政策上的优惠，才能真正促进教育公平"。高考公平在不同的情境中以不同实践形式存在。

四、区块链

区块链起源于比特币，是比特币相关的重要概念。关于对区块链的认识，源于中本聪的文章《比特币：一种点对点的电子现金系统》，文中对区块链的特征与工作模式作了详细阐述。2016年，工信部发布的《中国区块链技术和应用发展白皮书》，详细阐释了区块链的概念。狭义上，区块链是按照时间顺序，将数据区块连接、组合的链式数据结构，以密码学技术保障其无法篡改与不可伪造。广义上，区块链是以块链式结构存储数据、以分布式节点共识算法生成与更新数据、以智能合约操作数据的一种计算机技术新型应用模式。2019年，中国信通院发布的《区块链白皮书（2019年）》对区块链的定义进行了更新，认为区块链是由多方共同维护、用密码学保证数据传输与访问安全，以实现数据存储、数据安全保护的分布式账本技术。

由此可见，区块链技术是对传统的数据存储、数据传输、数据验证等进行的一种改革创新，具有五种特征：一是去中心化。区块链在无中心管制前提之下，使数据以点对点的形式进行传输与交换，以有效提升数据信息传输效率，保证数据的真实性。二是开放性。区块链在数据实施交易整个过程中，除了交易者的隐私信息作了加密处理，其他信息都能被任何人通过查询端口进行查询，整个信息传输与交换体系开放且透明。三是独立性。区块链运用哈希算法等算法运作，在数据传送与交换过程中无须第三方参与，能够独立完成工作。四是安全性。区块链技术的去中心化与独立性特征，为系统的运作提供了安全保障，只有当掌控系统数据节点51%以上时，才能对系统内数据进行变更，这样就能够避免数据随意被篡改。五是匿名性。区块链在运行时，注重对交易双方隐私信息的保护，使交易信息安全性高。

第二章 我国职业教育高考招生制度现状

《国家职业教育改革实施方案》发布之后，各省、自治区、直辖市陆续出台职业教育高考相关实施方案，因为各省、自治区、直辖市的区域经济发展程度与职业教育发展水平不同，各地职业教育高考的实践方式也有所差别。本章以江苏、山东、四川与福建四省职业教育高考的实践探索为研究对象，梳理职业教育高考的实施情况，对我国整体职业教育高考制度的建立有着重要的参考价值。

第一节 江苏省职业教育考试招生现状

以《国务院关于深化考试招生制度改革的实施意见》等文件精神为指导，江苏省主动服务国家与地区经济发展新常态，基于高职教育人才选拔与培养规律，发布了《江苏省高等职业院校考试招生制度改革实施方案》《江苏省高等职业院校面向中等职业学校毕业生考试招生实施方案》《江苏省2023年中职职业教育高考实施办法》等一系列的政策文件。江苏省教育厅厅长葛道凯提出，"适合的教育"才是最好的教育。在"适合的教育"理念下，职业教育高考制度需对多样化的生源实行分类考试、分别选拔、分类录取的方式。江苏省不断进行职业教育高考考试招生的理论研究与实践探索，并构建中职、高职、职教本科乃至专业学位研究生纵向贯通式的职教人才培养体系，探索江苏模式的职业教育高考制度。

第二章 我国职业教育高考招生制度现状

一、江苏省职业教育考试招生制度

过去，高职院校的招生选拔考试与普通教育一样，依靠统一高考，考试内容上以理论知识为主，录取机制上处于层次末端，成为考生无法录取本科院校后的候补选择。因此，高职教育成为低层次的、补充式的教育。

1985年，我国中职、高职对口衔接招生工作启动。1985年中共中央颁布的《关于教育体制改革的决定》明确指出，高等职业技术学院要"优先对口招收中等职业学校毕业生以及有本专业实践经验、成绩合格的在职人员入学"。这一政策为中高职对口单招的招生制度提供了政策依据。在国家政策支持下，江苏省一直致力于对职业教育招生考试制度的探索。1987年，江苏省逐步开展普通高校对口单招工作，探索中职与高职相衔接的人才培养模式。此时，江苏省对口单招以推荐考试与推荐保送两种形式为主。推荐考试，即以招生计划的1∶3~5的比例进行推荐，经过考试而进行选拔；推荐保送，即某单位根据需要择优选派在职青年进入高校深造，而这两种形式在招生数量、招生专业、学校选择方面都较为受限。另外，高职教育的承办者多为本科院校或全国重点或省部级以上的中专学校，尚未有独立的高等职业技术学院。

1999年，随着普通高校的扩招，中职招生绝对数量首次出现下降，中职教育生源流失严重。同年，教育部出台了《试行按新的管理模式和运行机制举办高等职业教育实施意见》（以下简称《意见》）。《意见》明确在1999年普通高等教育年度招生计划中，安排10万人专门用于部分省（市）试行与现行办法有所不同的管理模式和运行机制举办高等职业技术教育，文件确定了高职教育在整个职教体系中的关键性、引领性地位。在强有力的政策支持下，江苏省对口单招步伐加快。到2002年底，江苏省对口单招人数多达三万人。同时，江苏省确立了"3+2"模式的对口单招考试办法，即语文、数学、外语三门课程，再加上两门专业基础课程。2007年，教育部批准在广东、湖南、浙江、江苏四个省份进行单独招生试点。四省共有深圳职业技术学院、湖南铁道职业技术学院、浙江金融职业技术学院等八个国家示范性高职院校参与。江苏的南京工业职业技术学院、无锡职业技术学院承担了试点任务，两所学校运用"笔试+面试"相结合的方式于高考前录取新生。以此为基础，江苏省形成了提前招生的高职招生模式，招生数量逐年增加。

2011年，江苏省教育厅发布了《关于印发2011年江苏省高职(专科)院校注册入学试点方案的通知》，开始了省内高职院校注册入学试点的探索与实践。注册入学以中职毕业生为面向，采用一档多投、计算机双边匹配的方式进行录取，做到尊重学校与考生双方的选择。

2019年，国务院发布《国家职业教育改革实施方案》，提出了七个方面的二十项政策举措，以促进职业教育高质量发展。同年，教育部办公厅印发了《关于做好2019年高职扩招专项考试招生工作的通知》，将退役军人和下岗失业人员、农民工、新型职业农民等社会人员纳入高职教育的生源范围。2020年，江苏省制定了《江苏省高等职业院校面向社会人员开展全日制学历教育实施办法》，认真贯彻落实了高职扩招的任务。

经过多年的实践与探索，江苏省已形成了对口单招、高职提前招生、中职职业教育高考等多种模式的高职招生考试制度。概括起来，可分为"三类型八模式"，即图2-1所示。

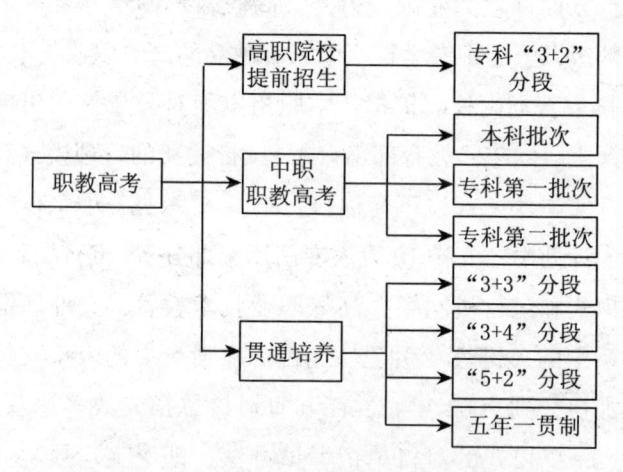

图 2-1 江苏职业教育高考模式图

二、江苏省职业教育考试招生制度实践

面对不断扩大的招生规模与多样化的生源群体，江苏省先行先试、边试边改，进行职教考试考核改革，完善招生考试制度。2022年，江苏省共投放

招生计划29万余名。其中，中职学生升学人数比例高达40%左右，成为江苏省高等职业教育乃至高等教育的重要生力军。本书以国家高职教育发展综合改革实验区——常州科教城中的五所高职院校为调研对象，梳理职业技能测试存在的问题，以期为职业教育高考制度的建立提供借鉴与参考。

(一) 常州科教城职业教育高考概况

常州科教城始建于2002年，由省教育厅、省科技厅与常州市人民政府共同建设。经过二十几年的发展，常州科教城已形成技术技能型人才培育的高职教育常州模式，也成为常州十大名片之一。科教城内共有常州信息职业技术学院、常州机电职业技术学院、常州工程职业技术学院、常州工业职业技术学院、常州纺织服装职业技术学院五所高职学院(为便于统计分析，以下出现数据以此学校顺序排列)。截止2023年5月，五所高职院校共有全日制在校生60000余人。依据招考考生面向，常州科教城高职院校主要采取四种类型的招生方式，即面向普通高中毕业生的提前招生、面向中职毕业生的中职职业教育高考、面向社会人员开展全日制学历教育的招生(2023年起暂停招生)，以及普高招考。2022年，社会人员全日制学历教育招生的高职院校在江苏省仅有21所，常州科教城的五所高职院校均未招生。2022年，常州科教城高职院校职业教育高考招生情况如下(见表2-1)：

表2-1 常州科教城2022年招生情况数据统计

序号	学校	春季职业教育高考——提前招生人数	中职职业教育高考招生人数	普高招考人数	合计
1	常州信息职业技术学院	1 504	834	2 342	4 680
2	常州机电职业技术学院	2 059	633	1 313	4 005
3	常州工程职业技术学院	2 504	1 250	1 565	5 319
4	常州工业职业技术学院	1 974	1 350	1 740	5 064
5	常州纺织服装职业技术学院	1 900	2 200	1 300	5 400
	合计	9 941	6 267	8 260	24 468

（二）职业教育高考专业技能考试存在的问题

1. 技能考试覆盖率低，高职人才培养难度大

职业教育相较于普通教育，更注重实践性，以培养高素质技术技能型人才为目标，因而其考试制度也应将专业技能考试纳入其中。而常州科教城高职院校的四种招生方式中，唯有中职职业教育高考采用了"专业技能考试+文化统考"的方式，其他均采用文化测试的方式。由表2-1可以看出，2022年五所高职院校中，通过参加中职职业教育高考进入学校的百分比仅为17.82%（834/4680）、15.80%（633/4005）、23.50%（1250/5319）、26.70%（1350/5064）、40.70%（2200/5400）。2022年10月，江苏省教育厅发布《江苏省2023年中职职业教育高考实施办法》（以下简称《办法》），要求从2023年开始执行。这一《办法》是专门针对中职生源的，对于提前招生、普高招考的技能考试尚未涉及。多元化的生源结构，有着不同的理论与实践基础，如何对各类生源的知识、能力与素质进行准确定位，如何满足不同基础生源的不同需求，成为高职院校较为棘手的问题。高职院校一般按照新生的专业划分班级，当某专业人数较多时，能够考虑依据新生的能力水平分班教学，而当某一专业人数只够一个班人数时，就只能进行混合教学，如此也就无法因材施教，无法满足学生的学习需求，还会影响学校的人才培养质量。

2. 考点数量相对较少，考生考试成本比较高

《办法》中明确指出，参加中职职业教育高考本科和专科第一批次录取的考生必须参加专业技能考试和文化统考；仅参加专科第二批次录取的考生不参加专业技能考试，可以根据意向院校的要求决定是否参加文化统考。关于专业技能考试，规定由各专业联考委组织实施。根据《江苏省2023年中职职业教育高考专业技能考试考点和时间安排表》，江苏省2023年中职职业教育高考专业技能考试分为建筑、机械、机电一体化、电子电工等科目组共16个，考点有江苏建筑职业技术学院、常州市高级职业技术学校、江苏省惠山中等专业学校等共22个，覆盖了南京、苏州、无锡、常州、淮安等共11个市。每一考点分配了相对应的生源地，如常州信息职业技术学院作为电子电工考点，对应的是常州、南通、扬州三市的生源地。建筑、农业、财会、市场营销、旅游管理、烹饪、汽车、纺织服装、体育这9个科目组各仅有一个

考点，全省所有的这几个科目组的考生都只能到对应的这一考点考试，报到时间至少得提前一天。而盐城市与连云港市，没有一个考点分布，所有考生都得出市赴考。截至目前，常州科教城已经发布了 2023 年中职职业教育高考专科第一批次招生计划，五所学校分别为 610 人、740 人、850 人、710 人、1161 人。在此以招生计划数最少的常州信息职业技术学院为例，分析考生成本情况。2023 年，常州信息职业技术学院第一批次招生计划数为 610 人，其中涉及机械、机电一体化等 7 个科目组（见表 2-2）。以常州生源地的考生为例，按照就近原则，选择合适考点可知，常州信息职业技术学院的考生中，机械、机电一体化、电子电工等专业能够在本市参加技能考试，占比为 42.62%（260/610）；其余的计算机应用市场营销、旅游管理与艺术等专业都要到无锡或南京赴考，占比为 57.38%（350/610）。由此可见，中职职业教育高考考点总体数量并不充足，考生的时间成本、经济成本都会比较高。

表 2-2　常州信息职业技术学院 2023 年中职职业教育高考招生计划

科目组代码	科目组名称	专业名称	2023 计划招生数	就近考点
12	机械	模具设计与制造	45	常州市高级职业技术学校
13	机电一体化	机械设计与制造	45	常州机电职业技术学院
		机电一体化技术	45	
14	电子电工	应用电子技术	45	常州信息职业技术学院
		电子信息工程技术	80	
15	计算机应用	计算机应用技术	90	江苏理工学院
		计算机网络技术	45	
		物联网应用技术	45	
19	市场营销	工商企业管理	45	无锡商业职业技术学院
20	旅游管理	工商企业管理	45	南京旅游职业学院
21	艺术	视觉传达设计	20	南京艺术学院
		数字媒体艺术设计	20	
		环境艺术设计	20	
		影视动画	20	

3. 考场环境要求高，考点组织考试压力大

以常州机电职业技术学院为例，该校 2023 年作为机电一体化科目组的考点，专业技能方向分为车工+电工、钳工+电工两类，对应的是常州与无锡生源地的考生。考试时间是 3 月 4 日到 7 日，考生共计 964 人，其中车工+电工 176 人，钳工+电工 788 人。学校共设置 4 个考场，其中电工考场 2 个，车工与钳工各 1 个。电工每个考场人数在 14 到 48 人之间，钳工每个考场人数在 30 到 57 人之间，而车工每个考场最多仅有 9 人。从江苏省 2023 年中职职业教育高考机电类专业联考办下发的考场设备配置要求可知，电工考场要求有三相四线交流电源 1 个、空气开关 1 个、交流接触器 3 个等；钳工考场要求有与考生数量比例为 1∶1 的钳工操作台及至少 5 个备用钳工台，与考生数量比例为 1∶4 的台钻与四工位划线平台等；车工考试设备必须配备与考生数量比例为 1∶1 的车床，且至少备用 2 台车床。从设备配置方面看，常州机电职业技术学院都有丰富的考场资源，但是为了保持科目组考官评判分数的公正性，尽量设置同一考场由同一组考官进行监考。这就给学校组织考试带来了很大的压力，车工考试从早上 8∶00 到晚上 21∶00，每场考试 2 个小时，中间间隔 40 分钟，而专业联考办对监考教师的配比也有要求，要求钳工、车工、电工考试的监考教师与考生数比例分别为 2∶20、2∶15、1∶15，同时还应保证每个考场不得少于 2 名监考教师。高强度的监考工作，长时间的考务工作，让教师精神高度紧张、体力消耗很大，非常疲惫，也给学校考试的组织工作带来了较大的压力。

由此可见，江苏省以公平公正、分类考试为原则，进行总体统筹、分步推进、分批实施，采用综合评价、多元录取的方式，探索"适合的教育"理念下凸显职业教育特点的招生考试制度。总体而言，江苏省职业教育高考的考试体系逐步完善，并受到较多认可，在多个省份被借鉴实施。然而，由于职业教育高考的技能考试考生数量较大、对考场设备环境要求高，目前实施的难度较大。江苏作为 2022 年 GDP 位列全国第二的省份，尚不能做到省内考点的全覆盖，考试组织者与考生的压力都比较大，更何况我国区域经济发展不平衡，短时间内无法实现全国统一的技能考试模式。目前，职业教育高考面临的难点与堵点众多，如何解决技能测试这一难题，成为职业教育高考的突破口。

第二节 山东省职业教育考试招生现状

在习近平新时代中国特色社会主义思想指引下，山东省抓住机遇、率先突破、锐意进取，加快构建现代职业教育体系，成为职业教育"大有作为"的生动实践。党的十八大以来，山东省先后出台《山东省人民政府关于加快建设适应经济社会发展的现代职业教育体系的意见》《山东省人民政府办公厅关于贯彻落实鲁政发〔2012〕49号文件推进现代职业教育体系建设的实施意见》《山东省人民政府关于贯彻国发〔2014〕19号文件进一步完善现代职业教育政策体系的意见》《山东省教育厅等11部门关于办好新时代职业教育的十条意见》和《教育部 山东省人民政府关于整省推进提质培优建设职业教育创新发展高地的意见》等一系列综合改革文件，同时制定多项配套实施政策，形成了凸显职业教育作为类型教育的改革发展政策保障体系，成为职业教育发展走在全国前列的省份。职业教育历史性、格局性的变化，推动着山东省职业教育高考制度的确立。

一、山东省职业教育考试招生制度

纵观山东省职业教育考试招生制度的历史演进，主要有以下几个过程：

1. 单独招生

山东省启动单独招生始于2009年，以中职学校毕业生与往届高中毕业生为主要招生对象。单独招生采用"文化素质+专业技能"的考试方式。文化素质考试由招考院校自行组织，考试科目为语文和数学，或者语文、数学、英语。专业技能考试由山东省统一组织，根据不同专业考查不同技能。考生在考试前填报志愿，且只能报考一所院校，根据考试总成绩择优录取。

2. 综合评价招生

综合评价招生，即按照高校人才培养目标确定人才选拔标准，综合考生高职学业水平测试成绩、高校考核成绩两种类型成绩，进行择优录取的多元评价招录方式。高职综合评价招生以省内应届普高毕业生为招生对象，以"综合素质评价+高校素质面试或测试"为考核方式，进行综合评价与录取。该招生模式一般集中在每年二月至四月期间，被综合评价招生录取的考生，不可参加春季高考与夏季高考的招生与录取。

3. 春季高考

2012 年，山东省面向普高毕业生与中职毕业生，实行春季高考制度。春季高考由省级考试部门统一组织，对三十个专业类别进行统一命题。春季高考由文化知识与技能考核两部分构成，技能考核内容因专业不同而不同。2012 年的春季高考本科招生计划为 2600 人，两年后迅速增加至 10000 余人。

4. 面向社会生源的全日制学历教育

自 2019 年国家实施百万扩招计划以后，山东集中招收符合基本条件、有学习需求的企业在职职工、农民工、退役军人、建筑工人等。百万扩招计划实施三年以来，山东省均超额完成国家下达的任务，累积招收社会生源达 10.43 万人。在社会生源人才培养上，山东省高职院校对学生之前的工作经历、培训经历、职业技能等级证书等进行评估认定，实行学分换算或课程免修。在学制上，实行 3~6 年的弹性学制，在社会生源完成规定教学计划内容、取得规定学分后，达到各高职院校毕业要求后，由学校颁发毕业证书。毕业证与全日制在校生的证书相同，在就业、落户、职称评审等方面与普通高校毕业生待遇相同。

二、山东省职业教育考试招生制度实践

2020 年 1 月，教育部与山东省共同提出共建职业教育创新发展高地，首次提出在山东推广实施职业教育高考制度。2022 年，山东省开始实行职业教育高考制度，采用"文化素质+职业技能"的考试方式，文化课考试难度与占比降低，职业技能考试在录取中的权重不低于 50%。职业教育高考总分共计 750 分，其中文化素质考试科目包括语文(120 分)、数学(120 分)、英语(80 分)；职业技能考试科目包括专业基础知识(200 分)与技能测试(230 分)。

至此，山东省顺利实现了由春季高考向职业教育高考的升级转换。山东省职业教育高考有如下特点：一是在数量上，省内应用型本科院校数量提升至三成。职业教育高考的本科招生计划从春季高考首年实施时的 2600 人，迅

速增加至2022年的18000人。二是在招生对象上，普通高中毕业生不可参加，只有中职毕业生和社会人员(需具有高职毕业证书或同等学历)可以参加考试，提高了中职毕业生升入本科的概率。三是中职毕业生通过职业教育高考实现升学的考生数量逐年增加。职业教育高考报名人数从2012年的不足4万人增加至21万多人。四是山东省着力于构建从中职到高职或职教本科，乃至专业学位研究生的贯通式人才培养体系。山东省建立健全高职与本科"3+2"、中职与本科"3+4"对口贯通培养，开展长学制的人才培养模式，目前试点专业点达到133个，年均招生规模数达到6390人。职业院校学生能够升学至高职专科或本科，或应用型大学，初步形成了纵向贯通、横向衔接的职业教育人才成长框架。五是职业技能考试实施统一命题、统一考试、统一阅卷、统一录取，彰显了考试的公平性与公正性。

职业教育高考制度实施以来，职业院校学生发展空间更加扩大、职业教育吸引力明显增强。2022年，山东省中职招生中，共2.67万人分数线超过普高线，共1.29万普高在校生转学至中职学校。由此可见，学生、家长、社会对职业教育的认可度越来越高，越来越多的学生通过职业教育提高技能，实现梦想。

第三节　四川省职业教育考试招生现状

一、四川省职业教育考试招生制度

四川省职业教育招考制度已形成以高职单招为主、对口升学为辅的模式。纵观四川省职业教育考试招生制度的变化历史，主要分为以下四个阶段。

(一)探索期(1980年—1996年)：定向培养

20世纪80年代初，我国中等职业教育发展迅速，国家发布的《关于中等教育结构改革的报告》中明确指出，职业(技术)学校、职业中学、农业中学的毕业生，可以报考高等院校；报考对口专业的考生，考试成绩在同一分段数内，优先录取。在这一政策的引领下，四川省开始实施"普通高校职教师资班和高职班对口招生统一考试"(即"对口升学考试")。这一制度为中职毕业生升入对口高等院校提供了政策支持。对口升学考试分为两类：一类是大学本科的职教师资班，主要为中职学校培养教师；另一类是大学专科的高职班，主要为培养高级技术工人。考试主要考查学生的基础知识与基本能力，同时侧重于对专业能力的考查，以适应中职教师素质要求与高校招生需求。

1985年，中共中央发布《关于教育体制改革的决定》，要求"积极发展高等职业技术院校，优先对口招收中等职业技术学校毕业生以及有本专业实践经验、成绩合格的在职人员入学，逐步建立起一个从初级到高级、行业配套、结构合理又能与普通教育相互沟通的职业技术教育体系。"四川省积极相应政策要求，每年在招生计划中安排部分定向招收中职毕业生的数量指标。定向招生上除了高等职业技术师范院校，一些普通高校也承担了招生任务。对口升学考试使中职教育与高等教育有效结合，促进了职业教育的积极发展。

(二)调整期(1997年—2004年)：扩大招收

1997年，国家教委(现教育部)发布《关于招收应届中等职业学校毕业生举办高等职业教育试点工作的通知》。文件决定，从1997年起在上海、北京等十个省、直辖市开展招收应届中职毕业生举办高等职业教育试点工作，并规定了招生计划、学制、推荐、考试考核与录取等方面的具体办法，中职毕业生的升学渠道进一步拓宽。

20世纪90年代后期，四川省对对口升学考试的职教师资班与高职班进行了调整。在培养面向方面，由培养职教专业教师扩展为培养教师与高级技术人才；在招生对象方面，由职高生扩展为职高、中职、技工学校、中师等多种类型的毕业生；在招生院校方面，一些名牌大学也开始招收对口升学考试的考生，如四川师范大学、四川农业大学等。对口升学考试制度使中职毕业生的出路进一步扩展，满足了学生升学与就业两个方面的需求。

(三)萎缩期(2005年—2012年)：规模缩减

2005年，国务院发布《关于大力发展职业教育的决定》，提出引导职业教育"从传统的升学导向向就业导向转变"。这一政策影响了中职生升学的自由选择性，也表明了国家对高职教育招生规模的严格控制。此后，四川省教育主管部门将职业教育重点置于"就业"之上，部分本科院校停止职教师资班的招生与培养。这一阶段，四川省对口升学考试规模数量大幅缩减。

（四）发展期（2013年至今）：两考并行

2013年，教育部发布《关于积极推进高等职业教育考试招生制度改革的指导意见》，提出高职院校探索多样化考试招生办法。2014年，国务院发布《关于加快发展现代职业教育的决定》，指出要"以服务发展为宗旨，以促进就业为导向"。同年，国务院发布《关于深化考试招生制度改革的实施意见》，指出要实施"文化素质+职业技能"的招考模式。这一规定为高职院校招生脱离普通教育高考、建立独立考试体系提供了政策支持。

2008年，教育部、财政部发布《关于实施国家示范性高等职业院校建设计划加快高等职业教育改革与发展的意见》，四川省启动高职单招试点工作，在成都航空职业技术学院与四川建筑职业技术学院两所院校进行试点。2013年，四川省参与高职单招的高职院校数量不断增加。2019年，国家启动高职百万扩招政策后，参加对口升学考试与高职单招的报名数为100158人，四川省招生院校从试点的两所增加到2020年的90所。

四川省高职院校对口单招采用"文化考试+职业技能测试"的考核模式。文化课由省考试院统一命题，考试科目有语文（100分）、数学（100分）、英语（100分）。在录取过程中，各高职院校对三门文化课进行了折算，按照不同比例计入总分进行录取。专业课的考试内容与考核方式由各高职院校自行决定。

四川省的对口升学考试实行"3+X"的考试形式。"3"指三门文化课，即语文（150分）、数学（150分）、英语（100分），共400分。"X"指专业综合测试，包含理论基础与实际操作两个部分，满分350分。《四川省普通高校职教师资班和高职班对口招生考试各学科（专业）考试大纲》根据需要不断进行修订，大纲规定了考试科目、考试内容、考试题型等具体内容，也对考试试题的难易程度进行了框定。

至此，四川省形成对口升学考试与高职单招两种考试并行的模式。2020年，报名参加对口升学考试和高职单招的总人数达153 102人。同时，四川省的本科高校与高职院校均有对口高考招生计划。2021年四川省对口招生本科和专科批次共计划招生53 979人，其中本科2 985人，专科50 994人，共有

15所院校在本科批次有招生计划。

二、四川省职业教育考试招生实践

按照2014年国务院发布的《关于深化考试招生制度改革的实施意见》的主要任务以及教育部总体安排，四川省于2016年出台了《四川省深化考试招生制度改革实施方案》，以探索职教高考改革。四川省提出将高等职业教育考试招生与普通本科教育考试招生相对分开，将"文化素质测试+技术科目测试/职业技能测试"的考试方式作为高等职业教育考试招生的主渠道，且扩大专业技能考试比重，推动职教高考专业技能考试与中职学业水平考试相衔接，从而完善职教高考考试制度与标准建设。同时，四川省不断扩大通过职教高考录取至高职院校人数的比例，不断增加职业本科招生录取的规模，职业教育升学通道不断畅通。

目前，四川省职教高考取得一定成效，高职分类考试招生逐渐被社会所接受，通过分类考试进入高职院校的考生比例逐步增长。但是，职教高考改革并非一蹴而就，还存在许多困境亟须突破。

一是考试的科学性有待进一步提高。目前，四川省高职单招的文化考试命题工作由省教育考试院统一命题，阅卷由高职院校自行组织；职业技能测试以高职院校为主导，同时报备省高等学校招生委员会。虽然四川省发布了《四川省普通高校职教师资班和高职班对口招生考试各学科(专业)考试大纲》，但是在实操过程中存在较多问题，如考试内容随意性大、考试标准难以统一等问题。尤其在考试类别方面，四川中职专业设置共有19个专业类别，然而当前对口单招技能考试涵盖的类别无法覆盖所有专业，例如2020年，四川省对口单招的考试类别有加工制造类、农林牧渔类、公共管理与服务类等共计15个类别，而轻纺食品类并未涉及，导致中职食品类专业考生学非所考。此外，高职单招与对口升学考试中，专业技能考试对于考试院校与考生均为一种挑战。目前，专业技能考试主要按照专业大类进行组织，其中的考试命题、判分、录取等诸多环节的组织较为复杂，需要强大的成本投入进行支撑。另外，由于专业技能考试考点分布问题，各地考生须长途跋涉奔赴考场，一方面考生担负着经济、精力等方面的压力，另一方面对高职院校及周

第二章 我国职业教育高考招生制度现状

边的服务承载力也是一种负荷。

二是考试的类型性特征不够明显。高等职业教育的培养目标是服务于区域经济发展，培养高素质技术技能型人才。分类考试招生改革是"知识+技能"考试内容的变革，彰显了人才选拔的需要。然而，四川省无论是高职单招还是对口升学考试，都存在文化课（语文、数学、外语）分值过高，专业技能测试分值偏低的情况。这种重文化、轻技能的导向，导致了中职学校过度倾向于文化课、轻视专业课的情况。在技能测试组织方面，部分高职院校的技能考试流于形式，或以面试取代技能考试，背离了高职教育的培养目标，无法彰显职业教育"类型"的特点。另外，四川省高职院校分类考试招生制度未能充分体现企业行业的办学主体地位。2014年，国务院发布《关于加快发展现代职业教育的决定》，明确提出企业的重要办学主体地位，要求构建双元办学主体的格局。而在高职分类考试招生中，出现了企业行业组织为代表的产业主体定位模糊甚至缺位的现象。高职院校考试招生改革在政府指导、院校主导下进行，企业行业的参与机制缺乏，与产教融合逻辑相背离。

三是职教高考人才上升通道不够畅通。虽然四川省已建立职业教育人才培养体系，但是存在通而不畅的情况。总体而言，中职与高职升入本科的人数比例相对较低。四川作为职教大省，2020年中职对口招生本科计划仅为2 975人，这与庞大的中职毕业生数量难以匹配。而应用型本科高校难以转型，职业教育本科计划、专业硕博计划难以落实等问题，影响着职教高考升学通道的打通。另外，参照高职阶段职普比大体相当的政策比例，目前四川省在高等职业教育人才培养升学通道方面明显过于狭窄。在目前中职生升学愿望迫切的情况下，如果无法满足其愿望，中职教育将难以发展。因而，保障职业教育升学通道的畅通性，不仅是满足家长与考生的受教育权利，而且是保障中等职业教育良性发展的重要路径。

第四节　福建省职业教育考试招生现状

随着国家深化考试招生制度改革的力度加大，以及中职生升学意愿逐渐增强，福建省教育主管部门发布了一系列政策文件，以逐步推进、稳步发展的节奏，构建职业教育高考制度。下面通过梳理福建省教育系统发布的相关政策文件，厘清政策发布的脉络，来分析福建省职业教育高考的特点。

一、福建省职业教育考试招生制度

2016年5月12日，福建省政府出台了具有特色性、创新性的《福建省深化考试招生制度改革实施方案》。该方案包括改进升学考试制度、建立毕业考试制度与完善素质教育体系。2016年7月28日，福建省教育厅发布《关于印发福建省中等职业学校学生学业水平考试实施办法（试行）》与《福建省中等职业学校学生综合素质评价实施办法（试行）的通知》，规定了具体的实施办法。2018年3月13日，福建省教育厅办公室发布《关于做好2018年福建省职业学校学业水平考试试点工作的通知》，规定开展学业水平考试试点。2019年1月28日，福建省教育厅发布《关于做好2019年中等职业学校学生学业水平考试工作的通知》，正式开展学业水平考试。2019年4月18日，福建省教育厅发布《关于印发福建省中等职业学校学生学业水平考试大纲的通知》，规定了学业水平考试的考试大纲。2019年10月28日，福建省教育厅发布《关于印发福建省高职院校分类考试招生改革实施办法的通知》，制定了高职分类招生的实施方案。2020年1月16日，福建省教育厅发布《关于公布福建省高职院校分类考试招生职业技能测试考试大纲（试行）》中，规定了职业技能测试的考试大纲。2021年2月3日，福建省教育厅发布《关于印发福建省中等职业学校学业水平考试大纲（修订）的通知》，对考试大纲进行了进一步修订与完善。在一系列顶层设计之下，福建省以政策文件为指导，研制各个专业各个科目的考试大纲，开发管理系统，部署考务组织与管理工作，为职业教育高考制度的改革提供了保障。

二、福建省职业教育考试招生制度的特征

一是考试对象。福建省高职考试招生制度包含高职院校分类考试制度、中等职业学校学业水平考试制度与中等职业学校学生综合素质评价制度三类。第一类对象主要为高中毕业生、中职应届毕业生或具有同等学力者。第二类与第三类对象主要包含除"三二分段制"五专生的全体中职全日制学历教育在籍生。

二是考试组织方面。高职分类招考分为文化考试与职业技能测试。文化成绩部分直接使用中等职业学校学生学业水平考试成绩，其中计算机应用基础考试在一年级下学期举行，公共基础与专业基础知识合格性考试与等级性考试在二年级下学期举行，专业技能合格性考试在三年级上学期举行。职业技能测试由福建省教育考试院统一命题、统一考试，时间定于每年3~4月份。

三是考试科目与分值方面。高职分类招生考试成绩由中职学业水平考试成绩与职业技能测试成绩两部分构成，共计750分。中职学业水平考试分为公共基础知识（德育60，语文90，数学90，英语60，共计300分）与专业基础知识（250分），职业技能测试共200分。

第五节 其他省份职业教育考试招生现状

一、浙江省职业教育考试招生制度

浙江省在职业教育高考制度改革中，一直走在前列，发挥了带头示范的作用。2007年，浙江省作为教育部批准的四个省份之一，开展自主招生试点改革，以有效推动职业教育高考的功能实现，为中职毕业生、普高毕业生与社会人员提供多种入学渠道。总体而言，浙江省采用多元化招生、多元化培养的模式。招生体制机制方面，浙江省高职院校除了使用传统的高考方式招考普高毕业生以外，还采用自主招生、技能优异中职毕业生免试入学等多种招生途径，以教学并进、学以致用为原则，有效实现中职与高职的纵向贯通。

在拓宽职业教育升学渠道方面，浙江省实施了五年一贯制、"3+2"、长学制等培养模式，培养了一大批兼具丰厚理论基础与精湛专业技能的人才。在本科层次职业教育方面，浙江省采用以下两种模式：一是四年制高职本科的探索。2015年，浙江省教育厅发布《浙江省关于开展四年制高等职业教育人才培养试点工作的通知》，确定金华职业技术学院、浙江机电职业技术学院、温州职业技术学院等五所高职院校与浙江理工大学、温州大学等本科高校合作招收物流管理、金融工程等6个专业的学生，进行四年制高职人才培养试点，首批招生计划为300人。二是积极探索中职与本科贯通，实施一体化应用型人才培养。2018年，浙江省教育厅发布《关于开展中职与应用型本科一体化培养试点工作的通知》，启动"3+4"培养模式的试点工作，十五所中职学校的共计563名中职学生，成为中职与本科院校一体化培养的首批学生。

二、河南省职业教育考试招生制度

2020年3月，河南省在《中共河南省委高校工委 河南省教育厅2020年工作要点》中明确提出，要逐步建立"职业教育高考"制度，完善"文化素质+职业技能"招生考试办法。2021年教育部、河南省人民政府联合发布的《关于深化职业教育改革推进技能社会建设的意见》提出要建立春季职业教育高考制度。2021年12月，河南省人民政府印发《河南省"十四五"教育事业发展规划》，将职业教育高考作为全省三十一个重点专项规划之一进行探索。河南省职业教育高考的实施主要有以下方面。

1. 单独招生

河南省自2010年开始实行单独招生试点，以普高毕业生与中职毕业生为招生对象，采用"文化+职业技能测试"的考核方式。参与单独招生的高职院校采用单独组织或联合组织文化考试的方式，也可以以高中学业水平考试成绩为参考依据。技能测试由各招考院校进行组织实施。

2. 对口招生

对口招生以中职应届毕业生为招生对象。2022年，河南省开展对口招生的本科院校共12所，高职院校共98所；招生范围共计21个专业大类。考试科目共750分，其中三门公共必修课共300分，即语文（100分）、数学（100

分)、英语(100分);专业基础课共250分;专业课共200分。在录取方面,考生可填报四个平行的本科院校志愿、五个平行的专科志愿。

3. 高职扩招单独考试招生

河南省将面向社会生源开展全日制学历教育称为高职扩招单招。高职扩招单招主要采用"文化素质+职业技能"的招考方式。按照招考面向人群,共分为三类可报考专业:A类专业面向退役军人,B类专业面向村"两委"干部、新型农业经营主体带头人等高素质农民,C类面向往届高中毕业生或中职毕业生、农民工、企业在职员工等其他人群。参与高职扩招单招的招生院校包含三所本科院校与54所高职院校。在培养模式方面,河南省招考院校采用全日制与弹性学制两种形式,分类单列招生计划,培养模式较为灵活。2019—2021三年时间,河南省高职院校共录取51.6万人。2022年,高职扩招单招模式结束。

三、湖北省职业教育考试招生制度

2011年,湖北省教育厅发布《关于开展高等学校招收中职毕业生招生考试改革试点工作的通知》,提出面向中职学校毕业生,建立"专业技能考试+文化综合考试"的升学考核制度。2012年,湖北省教育厅发布《关于2012年继续开展高等学校招收中职毕业生考试改革试点工作的通知》,在5所优质高校首先试点,在机械类、电子类、计算机类专业开展以技能操作考试为主、文化考试为辅的统一招生考试试点工作。考试采取全省统一单独命题、单独考试、单独录取的方式。考试分文化综合考试(语文、数学、常识共200分)和专业技能操作考试(200分)两部分。2015年,湖北省开始在全省范围内全面实施技能高考。技能高考以技能考核为重点,以中职毕业生为招生对象,其目的是通过组织符合高职教育特点的考试选拔学生,为学生提供多种接受教育的机会。

湖北省的技能高考在考试内容上注重职业实践,搭建了中职与高职有效衔接的桥梁,是符合职业教育发展规律的职业教育高考制度创新。

四、广西壮族自治区职业教育考试招生制度

2023年7月31日，广西壮族自治区教育厅发布《广西壮族自治区高等职业教育考试招生办法》征求意见稿，计划从2025年起，广西统一实施高等职业教育"文化素质+职业技能"考试招生。其中，高职单招的考生职业适应性测试将分为19个专业大类，各专业大类采用两门或三门专业基础课合卷的方式进行。

1. 统一实施高等职业教育考试招生

拟实施的广西壮族自治区高等职业教育考试包括对口招收中等职业学校毕业生统一考试(简称对口考试)、单独招收普通高中毕业生及社会人员统一考试(简称单招考试)两种类型。实施高等职业教育考试后，一大变化就是对口考试和单招考试从现行的各院校组织命题和测试，调整为由自治区招生考试院统一组织，全区统一命题、考试。

广西经过十多年分类考试的探索，目前区内公办高职院校组成了大联盟，统一组织对口考试和单招考试的命题和测试，但民办高职院校并没有纳入进来。根据征求意见稿，从2025年起，公办院校和民办院校将采用"一把尺子"衡量，考生参加一次考试就能报考所有招生院校。

该考试制度将面向中等职业学校毕业生、普通高中毕业生、社会人员(包含退役军人、下岗职工、农民工和高素质农民等)三个类型，分为专科、本科两个层次招生。

2. 招生院校名单以当年公布为准

对于广西的高等职业教育考试招生院校包括哪些，征求意见稿中并没有明确说明，只解释为包括高等职业学校和普通高等学校，具体名单以当年公布为准。

目前，广西的对口考试和单招考试，招生院校基本上是区内的高职高专院校，但去年招生院校中新增了一所长沙的高职院校，今年又增加了一所重庆的职校。从短期来看，广西的高等职业教育考试招生院校范围应该还是区内的高职高专院校，但也不排除会逐步扩大到全国高校。

3. 单招考试分为 19 类职业适应性测试

根据征求意见稿，广西的对口考试科目包括语文、数学、英语三门公共基础课和一门专业基础综合课。其中，考生根据所选择录取层次、方式要求参加相应科目的考试；专业基础综合课根据专业大类采用两门或三门专业基础课合卷。

单招考试科目分为公共基础课和职业适应性测试。公共基础课使用普通高中学业水平考试（简称学业考试）中的语文、数学、外语（一般为英语，其他语种参照实施）三门科目分数。职业适应性测试按照职业教育专业目录分为 19 个专业大类，根据专业大类采用两门或三门专业基础课合卷。这意味着，报考不同的专业大类，考题会不一样，考生在报考高职院校时就要明确专业倾向。当然，单招考试的考生也不用过于担心，职业适应性测试主要为常识内容。

4. 每个层次可填 10 个院校志愿

报考本科层次的对口考试考生可同时填报本科层次志愿和专科层次志愿，其中本科层次志愿优先录取；报考专科层次的对口考试考生仅可填报专科层次志愿。单招考试考生仅能填报专科层次志愿。

对考生来说，一大利好是过去的高职单招考试实行顺序志愿，考生最多可填报 4 个院校志愿，高职对口中职自主招生中，直升批次实行单志愿模式，只能填报 1 个院校志愿，普通批次实行顺序志愿，最多可填报 4 个院校志愿，而高等职业教育考试实行平行志愿模式，每个层次可填报 10 个院校志愿。

五、海南省职业教育考试招生制度

2023 年 8 月 1 日，海南省人民政府办公厅印发《"技能自贸港"三年行动方案（2023—2025 年）》（以下简称《行动方案》）的通知。根据《行动方案》，海南将加快完善技能人才培养体系、健全高技能人才引进机制、完善技能导向的使用制度、深化技能人才评价制度改革、健全技能人才表彰激励机制。通过三年时间，全省新增技能人才 15 万人以上，技能人才总量达到 80 万人以上，其中高技能人才总量达到 12 万人以上。

1. 鼓励重点园区和企业创办职业学校

根据《行动方案》，国有资产管理部门将高技能人才培养计划的制定和实施情况纳入国有企业考核评价体系。支持建设高技能人才培训基地、技能大师工作室、劳模和工匠人才创新工作室，通过职工培训中心、产业学院、网络学习平台等开展技能人才培养，承担中小微企业和社会培训任务。鼓励重点园区和企业依托园区设施、企业场地和设备创办职业学校（含技工院校）。海南将实施中等职业学校和普通高中同批次并行招生，稳定中等职业学校招生规模。到2025年，全省高级技工学校、技师学院学制教育高级工班在校生占比不少于50%。支持校企合作开设校中厂、厂中校。支持建设海南西部技师学院和中国（海南）技能人才综合发展基地。大力推进高技能人才培训基地和技能大师工作室项目建设，视其承担社会化培训和技能人才培养等方面的贡献，按照国家级高技能人才培训基地补助300~700万元、省级基地补助100~300万元、国家级技能大师工作室补助10~30万元、省级工作室补助10~20万元的标准，从就业补助资金中给予支持。在健全高技能人才引进机制上，海南将从简化高技能人才引进程序、强化高技能人才引进服务保障、加强技能领域对外交流合作等方面开展。

2. 推行"八级工"职业技能等级（岗位）制度

《行动方案》中提道，实施"南海新星"技能人才平台项目，支持技能人才参与技术推广、专利申请、标准制定、传技带徒以及承担企业技能人才培养任务。鼓励企业在工资结构中设置体现技术技能价值的工资单元，实现技高者多得，多劳者多得，激发技能人才的创造潜能。推动实现高技能人才与专业技术人才职业发展贯通，对两类人才贯通的职称系列，具备高级工以上职业资格或职业技能等级的技能人才，均可参加职称评审，不将学历、论文、外语、计算机等作为高技能人才参加职称评审的限制性条件。推行"八级工"职业技能等级（岗位）制度，鼓励企业增加技能等级层次，试点开展特级技师、首席技师评聘工作，培育高技能领军人才。获得国家级二类以上技能大赛、省级一类综合性技能大赛优胜奖（含）以上或全省职业学校技能大赛三等奖（含）以上的获奖选手，可通过省内对口单招方式申请免试进入省内高职专科学校就读相关专业。

第三章 我国职业教育高考招生制度的演进历史

第一节 考试制度相关的理论

结合研究主题与现实需要，本研究以以下几个理论为理论基础。

一、多元智能理论

多元智能理论(简称 MI 理论)是由美国教育学家与心理学家加德纳提出的。多元智能理论，是针对智商(IQ)测验观而提出的。多元智能理论认为，不能仅用智商来简单评价人，每个人的智力都是由不同种类的多种智能而构成的系统结构。在教育上，该理论反对以语言表达(语文)与逻辑思考(数学)为依据，通过测试学生解答问题的迅敏度而判断人的智商高低，因为这两种测试所反映的只是人类智能的一部分，而并非全部。基于该理论，我们不能简单通过中考或高考成绩而判断考生的能力水平。这一理论为职业教育招生考试制度的问题解决提供了有益的理论指导。

多元智能理论是加德纳于 1983 年在其专著《智能的结构》中提出，之后风行全球的一种国际教育新理念。多元智能理论认为，智能即为解决某一问题或创造某种产品的能力，智能的基本结构是多元的，每个人至少具有七个智能，即语言智能(认识、掌握语言的能力)、数理逻辑智能(数学运算、逻辑推理能力)、音乐智能(欣赏、演奏、歌唱、创作音乐的能力)、空间智能(在大脑中形成外部空间世界模式，并运用与操作这一模式的能力)、身体运动智能(运用身体的部分进行运动方面的能力)、人际交往智能(与他人沟通、合作的能力)、自我认识智能(深入了解自我、指导自我的能力)。随着研究的深入，1996年，加德纳提出了第八种智能——自然观察智能，即对自然界中各种物体进行辨别、分类、洞察的能力。加德纳认为，每种智能都具有同等重要性，以彼此独立的方式存在。同时，多元智能理论提倡积极平等的学生观，认为每个学生至少具有八种智力，只是其优势智力领域不同、各种智力发挥程度不同，并不存在所谓的"差生"，只是其某个方面的发挥程度较低。多元智能理论提倡个性化因材施教的教学观，认为每个学生都具有某些方面的发展潜力，教育要为他们创设合适的训练与发展条件，使不同智力领域具有独特的发展过程，使每个人都能成才。多元智能理论提倡全面的、多样化的人才观，认为社会发展需要多样化、结构化与层次化的人才，每个学生的优势智能，都能在合适的教育下发挥出来，成为某方面的人才。多元智能理论提倡多样化、以评价促发展的评价观，主张形成一种在多渠道、多形式、多情景下考查学生解决问题能力的评估方式。多元智能理论的这些理念，要求教育工作者在教育活动中依据学生的智力特点与发展特点，结合实际、因材施教、扬长避短，有针对性地运用适合学生特点、促进学生成长的教学方法，采用多元化评价方式，对不同群体的学生的能力进行分类考查。

2010年5月31日，多元智能教育国际研讨会在北京召开。会议以"多元智能与全球教育转型"为主题，共有来自中国、美国、日本等国家和地区的500多位教育专家与教师参会，参会者就多元智能理论在高等教育、职业教育、基础教育等各阶段不同教育中的应用进行了探讨与交流。与会专家认为，多元智能理论在教育领域中的最优实践路径就是开展个性化、多样化的教育，这对在职业教育中对多样化生源开展多样化的教育具有较强的指导意义。加德纳认为，多元智能理论能够有助于某些教育目标的实现：一是增强学生对学科的认识与理解，如对数学、历史、科学等学科的理解；二是促进人与人之间的和睦共处，促进社会稳定；三是使学生能够独立生存，学会经济上的竞争手段；四是培养学生的创造性思维与批判性思维；五是对学生进行艺术教育；六是使人们对传统的知识与价值观予以关注。从职业教育的角度看，

第三章 我国职业教育高考招生制度的演进历史

多元智能理论对促进文化基础学科在职业教育中的重要性的理解、促进不同职业与专业人才之间的理解、提升学生的生存与竞争技能、培养学生的创造力与思维力、开展艺术类职业教育、促进职业精神培育等方面，均有重要的理论指导意义。

二、考试运行机理

考试系统是为实现考试目的而构建的社会子系统。考试运行是指考试具有规律性的变化与发展的过程，主要表现为考试系统内部要素与外部要素之间的关联与互动。考试运行机理认为，考试运行既需要依赖自身结构的调整，有效发挥自身功能，又要依赖外部环境的支持，从而实现内部系统与外部系统的协调互动，促进自身运行与社会整体融合互动。这种融合的过程，即考试螺旋式循环上升运行的过程。随着社会发展的需求变化，考试不断在已有的基础上，设置新的目标，进行新的运行状态，而这种螺旋式上升就体现了考试由低级向高级演变的历史运行轨迹。考试运行机理，强调考试内部要素与外部环境的协调适应，也强调了每一次考试的信息反馈都对下一次考试的运行具有重要的启示作用。

考试运行机理对本研究而言，能够根据考生对职业教育高考的评价反馈，发现职业教育高考改革中的问题，改善职业教育高考运行的状态，为职业教育高考制度的构建与发展提供理论支撑和思路引导。

首先，考试运行是考试内部系统与外部环境之间互动的结果，不同历史时期下考试的运行与发展状态不同。这一思想在理论上支撑职业教育高考制度构建是社会需求发展的产物，是符合历史发展规律的产物，具有历史必然性；在思路上引导通过总结不同时期职业教育高考的共同规律，为后续科学完善的职业教育高考制度的构建提供借鉴。其次，考试运行是考试的各种要素相互关联、相互运动的结果，每一轮考试的反馈与评价都会影响和作用于下一轮考试。这明确了本研究后续的研究思路，即在职业教育高考改革现状的基础上，分析现存的问题及成因，以促进职业教育高考制度的修正与完善。最后，考试运行机理不仅阐释了考试发展演变的形态，也说明考试系统内部与环境和外部的互融互通对考试运行具有重要意义，为职业教育高考制度的问题分析和对策提出提供了思路。

三、高等教育分类理论

高等学校分类是指依据高等学校的共性与差异性，采用一定标准、运用一定方法、依据一定原则，对其进行全面系统的划分与归类。高等学校分类须在一定理论指导下、在合适的原则下，采用恰当的方法，以获得多样化的结果。

高等学校已有近千年历史，在漫长的历史演进中，有些高等学校从崛起到繁荣，再到衰败与消亡，有些高等学校的类型得到不断发展。目前存在的高等学校的类型，正是长时间积淀的结果，同时也是不以人类意志为转移的，因而高等学校类型具有一定的自然属性。对高等学校的分类，一方面能够反映高等学校的发展状况；另一方面也反映了人类的认识与思维活动。而随着高等学校的不断发展与演进，其数量渐渐增多、规模日益扩大、职能逐渐多元、结构日渐复杂，人们对高等学校的认识难度也渐渐增加。因此，对高等学校的分类是一个复杂的过程，必须循序渐进地进行，才能从现象分类深入至本质分类。

对高等教育进行分类，因依据不同而不同。例如，高等教育按照教育性质可分为学历教育与非学历教育；按照学历层次可分为专科教育、本科教育与研究生教育；按照教育形式可分为校内教育、远程教育与其他形式的教育等。高等学校的分类须在理论的指导下进行，当前关于高等教育分类的理论主要介绍以下两种。

为便于统计世界各国教育情况、反映世界大多数国家教育体系的共同特性，1997年，联合国教科文组织颁布了《国际教育标准分类法》，提出了"国际教育标准分类"（ISCED 1997）。这一分类法依照发展阶梯，将教育体系划分为7个层次。其中，普通高等教育为第五层次，对应专科、本科与硕士研究生；同时把第五层次划分为5A与5B两种平行的类型。5A指面向理论基础、研究准备、进入高技术专业的课程；5B指实际的、技术的、职业的特殊专业的课程。普通高等教育对应5A，学习年限多为四年以上，目的是使学生从事高级研究项目或从事高技术要求的专业。高等职业教育对应5B，学习年限较

第三章 我国职业教育高考招生制度的演进历史

短,多为 2~3 年,也有 4 年及以上的,学习上以职业内容为主,目的是使学生具备从事某一职业或行业所需的知识与技能。根据该国际教育标准分类,高等职业教育是与普通高等教育并列的一种教育类型,两者是并列关系,具有不同的培养目标。普通高等教育承担培养学术性与工程型人才;高等职业教育承担培养为生产与管理一线服务的技术技能型人才。不同的培养目标决定了普通高等教育与高等职业教育在人才选拔方式、培养方式等方面存在差异。

卡内基高等教育机构分类(The Carnegie Classification of Institutions of Higher Education)简称卡内基分类,是卡内基教学促进基金会于 1970 年建立推动的周期性更新、持续性迭代的高等学校体系多维检视工具。该分类详尽描述了美国高等学校体系结构,是美国高等教育系统动态变动的风向标。1973 年,卡内基教学促进基金会首次公开出版了《高等教育机构分类》。之后,卡内基教学促进基金会分别于 1976 年、1987 年、1994 年、2000 年、2005 年、2010 年、2015 年、2018 年和 2021 年对其高等学校分类法进行了多次修订,建构了 10 个分类框架版本。总体而言,卡内基高等教育机构分类将美国高校划分为六种基本类型,即副学士学位授予学院、博士学位授予大学、硕士学位授予学院或大学、学士学位授予学院、专业主导机构、部落学院。依照这种分类法,我国高等职业院校属于副学士学位授予学院这一层次。该层次主要对应四年制大学下属的二年制学院、社区学院、以副学士为主的四年制学院等类型。这类院校的培养定位具有职业导向性,以注册入学为主要入学方式,考生的选择性较低。

综上所述,高等教育分类发展理论为"高职教育为一种与普通高等教育并立而行的类型教育"提供了理论依据,也为分类考试改革提供了实践基础。高等职业教育作为一种类型教育,其组织属性、人才培养模式等都体现出与普通高等教育相区别的类属差异,其考试招生制度作为人才培养质量的关键性环节,也要形成与普通高考不同的制度内容。因此,高等教育分类理论也为职教高考制度的合理合法性提供了理论依据。

四、历史制度主义理论

历史制度主义源于行为主义、元主义、理性选择理论基础，于 20 世纪 80 年代开始流行，是新制度主义政治学的一个重要思想流派与制度分析范式。

历史制度主义对制度的定义倾向于一种组织制定的规则，认为制度是嵌入政体或者政治经济组织中的正式或非正式的规则、程序。历史制度主义认为制度具有持续性与延续性，是历史的产物，能对后续社会发展产生深远的影响。只有了解脉络，才能理解社会现象或政策制度。因此，历史制度主义在解释制度的形成与变迁时，强调对长期历史的研究，强调制度生成的历史发展过程与宏观脉络。历史制度主义的核心在于"历史"与"脉络"。在分析制度生成时，不可避免会涉及制度与行动者的关系、行动者偏好因素等方面的问题。

历史制度主义理论分为时间理论与制度理论。制度理论又包含制度效能理论与制度变迁理论。制度变迁理论以制度为因变量，研究制度如何依靠社会、政治、经济、思想等因素而发生变化。历史制度主义聚焦制度变迁理论，探讨制度变迁的必备条件、动力机制与变化过程，拓展了变迁作用机制研究的广度与深度。制度变迁理论中最有影响力的是路径依赖理论、间断均衡理论与渐进转变理论。

路径依赖是制度变迁最具典型性的特征。"路径依赖"的雏形，应追溯到阿瑟（Brian Arthur）时期，他提出了技术的自我强化、自我累积的现象，以解释技术演变过程。1993 年，著名制度经济学家道格拉斯·诺斯将技术的自我强化与自我积累迁移到制度变迁演进，用路径依赖理论阐释了经济制度的演进。他认为，路径依赖具有广义和狭义之分。广义的"路径依赖"指历史上某一时间点发生的事件会影响后期发生的一系列事件；狭义的"路径依赖"指某一国家或地区按照某种轨迹发展，如果改变发展道路，其成本会极高，既存制度会竭力阻碍改革。学术界对路径依赖存在多种理解，一般认为，路径依赖是包含正反馈的动态化过程或自我强化的过程。对于路径依赖的成因，原初事件的作用不言而喻，触发路径依赖进程的原初事件是意外的，而不是预期或故意的。此外，历史制度主义认为是行动者对制度成本中的预期收益进

第三章 我国职业教育高考招生制度的演进历史

行权衡后作出的理性制度选择的结果。诺斯认为，制度确立之后，同时该制度会为行动者提供相应的激励结构，在已形成的结构中，当行动者面临继续遵守或改变既定制度的选择时，行动者之间的博弈，导致了结果的均衡性，从而促进制度结构进行自我强化。皮尔逊在论文《回报递增、路径依赖和政治科学研究》中沿用诺斯的定义，借鉴经济学的"回报递增"这一概念，阐释了"路径依赖"的形成机理。"路径依赖"在制度形成初期可能较为低效，在制度制定者的维护下会进行"锁定"。"路径依赖"是制度的自我强化机制，能够阐释制度如何维系与持续的问题。

间断均衡理论由弗兰克·鲍姆加特纳(Frank R. Baumgartner)和布赖恩·琼斯(Bryan D. Jones)于1990年代提出。间断均衡理论主要研究政策制度与政策形象之间的互动，同时阐释政策的稳定与变迁问题。他们认为，政策制度与政策形象是激励与约束机制，两者的摩擦能够推动或者阻止政策议程的设置与政策变迁。同时，政治、经济与社会是政策环境的最关键要素，能够共同作用于政策变迁，而领导更替、政治周期转换等要素也能够影响政策变迁。因此，总体而言，政策变迁是多种社会因素共同作用的结果，难以详尽解释政策变迁的原因。制度变迁可分为两个阶段，即制度危机阶段与稳定阶段。制度一般是持续性、稳定性的，但突然性的危机会导致周期性的间歇性波动，随后恢复稳定。

渐进转变理论指变迁过程较为平稳，新旧制度的接轨平滑、衔接较为顺畅的变迁方式。马洪尼与西伦将旧制度向新制度的渐进变迁概括为四种模式，分别是替代(新制度直接取代旧制度)，层叠(新制度附加于旧制度之上)，漂移(新制度受到旧制度影响而发生改变)，转换(旧制度因新的价值目标与执行策略而发生的转换)。路易斯(Orion Lewis)与斯坦默认为渐进制度变迁类似于生物进化的迭代过程，包含认知与偏好的变异、多层选择、有意识的复制三个主要环节。

历史制度主义丰富了制度生成性、渐进性变迁的证据，为制度变迁研究提供微观的考察方式。利用历史制度主义理论分析职业教育高考的历史演进过程，具有一定的适切性。一是，历史制度主义将历史过程与制度研究有机结合，以对历史过程的追踪，将职业教育高考置于每个阶段的社会背景之下进行考察。二是，历史制度主义认为制度是一个复杂的组合体，包含组织结构、社会环境等各种要素，这些要素共同作用、共同影响行动者的行为。这与职业教育改革相吻合、职业教育改革也是一个复杂的组合体，受到社会发展背景、教育发展情况、社会观念等多种因素的作用与影响。

五、利益相关者理论

1959年，彭罗斯（Penrose）出版了《企业成长理论》，书中提出了"企业是人力资产与人际关系的集合"的理念，为利益相关者理论的诞生奠定了理论基础。1963年，斯坦福大学研究所的一份报告中，首次出现"利益相关者"这一概念，认为利益相关者是一些团体，没有其支持，组织就不能生存。可见，该报告中，对利益相关者的内涵并未作出定义性的解释。一方面，它让人们意识到，除了股东以外，还存在其他一些周围群体会影响企业的生存。另一方面，它只考虑利益相关者对组织单方面的影响。之后，瑞安曼（Eric Rhenman）提出，利益相关者依赖企业实现其个人目标，而企业依赖他们得以生存。瑞安曼对利益相关者的定义，使该理论成为独立的理论分支。随后三十年间，学者们从不同角度对利益相关者进行界定，出现了三十余种定义，其中以弗里曼（Freeman）最具有代表性。1984年，弗里曼出版了《战略管理：利益相关者管理的分析方法》一书，书中对利益相关者理论作出了内涵解释，即利益相关者是既受组织目标实现过程的影响，同时又能影响组织目标实现的团体或者个人。这一阐释丰富了利益相关者的内涵，受到广泛的认同，但这一界定将所有利益相关者置于同一层面加以整体研究，较为广义与宽泛。克拉克森对利益相关者的定义中引入了专用性投资的概念，即为"利益相关者以及在企业中投入了一些人力资本、实物资本等，并由此承担了某些风险"，使其内涵更为具体。

之后，学术界对于利益相关者理论的研究，主要焦点转为利益相关者的分类问题。利益相关者之间是既相互冲突又互为依赖的关系，对其清晰的划分能够更加明晰地研究政策中的利益博弈关系。根据不同的分类标准，利益相关者有不同类型的划分。最直接的划分是将利益相关者分为一级与二级，一级利益相关者，即直接影响组织目标实现的人；二级利益相关者，即间接

第三章 我国职业教育高考招生制度的演进历史

影响者。弗里曼从理性、程序性与交易性三个层面搭建了利益相关者管理模型。理性层面主要解决三个问题，即"谁是组织的利益相关者""利益相关者拿什么与其他人交换而获取利益""所有利益相关者是否有共同优先的事项"；程序层面指围绕利益相关者，组织制定了何种组织战略；交易层面指组织与利益相关者为实现目标而形成的最优合作模式。总体而言，组织必须投入各种所需资源与利益相关者搭建合作关系，利益相关者必须尽力在组织中发挥有益作用。1997年，米切尔(Mitchell)提出了"米切尔评分法"，该评分法既对利益相关者进行内涵界定，又同时兼顾其分类，是受到最为广泛认可与运用的利益相关者划分法。他认为，企业所有利益相关者必然具备合法性、权利性与紧迫性三种属性中的至少一种属性。合法性指某一群体是否被赋予法律与道义上的利益索取权；影响性指某一群体是否具有决策性与影响力的地位与能力；紧迫性指某一群体的要求是否很快受到决策者的关注。从这三个方面对利益相关者进行评分，根据评分分为三种类型：第一种为确定型利益相关者，即具备合法性、影响性、紧迫性三种属性的人；第二种为预期型利益相关者，即具备三种属性中任意两种的人；第三种为潜在型利益相关者，即具备三种属性中某一属性的人。这三类利益相关者并不是一成不变的，而是随着时间与利益格局的变化而发生转换。米切尔评分法对利益相关者的划分清晰且明确，能够帮助本研究梳理职业教育高考制度中复杂的利益博弈关系，成为本研究中重要的参考工具。

职业教育高考制度的构建，不只受某一要素或者单一主体左右，而是多种因素共同发挥作用、多种利益相关者主体互相博弈的结果。因此，必须梳理职业教育高考制度实践下多种利益相关者的地位与关系，才能在更为具体的情境中，更有深度地把握职业教育高考的难点、痛点与堵点，进而对症下药，有的放矢地将职业教育高考制度的改革朝着更为正确的方向进行。

职业教育高考制度的构建，是一项中央顶层设计、地方进行统筹的自上而下的复杂的系统性改革。近年来，中央政府密集颁布了一系列探索职业教育高考制度的政策，这些政策是基于高职院校、中职生等利益主体的利益诉求引起政府的关注，从而出台了相关政策，并要求各地制定实施。依据米切尔评分法，国家政策出台前，确定型利益相关者为政府、高职院校、中职学校与中职生，兼具合法性、影响性与紧迫性三个属性。政策实施阶段，预期型与潜在型利益相关者为省级政府、普通高中毕业生、普通高中、企业用人单位等，这些利益相关者与前一阶段的确定型利益相关者进行关联互动。在招生考试改革过程中，相关利益主体以何种方式运行、与主体之间如何互动，是值得分析与研究的。因此，本研究在后续章节中，将运用利益相关者理论，聚焦职业教育高考制度的构建，分析各利益相关主体的需求、权责划分等问题，构建公平、合理的教育考试制度。

第二节 高等职业教育考试政策的演进

招生考试制度是国家教育制度的重要组成部分，职业教育招生考试制度是职业教育管理和制度建设的重要内容，是职业教育可持续发展的有力保障。中国高等职业教育考试招生制度经历了从逐步开放到分类考试的发展历程。目前，高等职业教育分类考试是中国职业教育改革的重点和难点。

一、摸索与萌芽(20世纪80年代)

1985年，中共中央颁布的《关于教育体制改革的决定》提出，发展职业技术教育要以中等职业技术教育为重点，发挥中等专业学校的骨干作用。同时积极发展高等职业技术院校优先对口招收中等职业技术学校毕业生，以及有本专业实践经验、成绩合格的在职人员入学，逐步建立起一个从初级到高级、行业配套结构合理、能与普通教育相互沟通的职业技术教育体系。这一政策的颁布，从理论与政策上确立了高等职业教育存在的合理性与客观性，明确了高职教育的发展方向。但这一阶段职业教育发展的重点仍为中等职业教育，高等职业教育处于谨慎准备中。

1987年，原国家教委(现教育部)印发了《普通高等学校招收少数职业技术学校应届毕业生的暂行规定》，指出为适应职业技术教育迅速发展的需要，加速培养中等职业技术学校专业课和实习指导教师，在国家核定培养职业技术师资的招生计划中，安排中等职业技术学校招收少数优秀实习应届毕业生

第三章　我国职业教育高考招生制度的演进历史

升入普通高等学校学习，毕业后分配到中等职业技术学校任教。该文件规定，高职统考由省、自治区、直辖市普通高校招生委员会组织命题考试和阅卷。考试科目分为文化课和专业课两部分，文化课考政治、语文、数学，专业课考试由招生学校根据专业要求确定一门专业课和一门专业基础课考试科目。这一时期的高等职业教育处于摸索状态，高职招生的相关政策与实践还未实质性开展。

二、发展与突破(20世纪90年代)

1991年，国务院颁布了《关于大力发展职业技术教育的决定》，提出"积极推进现有职业大学的改革，努力办好一批培养技艺性强的高级操作人员的高等职业学校。"这一文件的颁布，标志着高职教育在办学实践上取得突破，高职院校发展进入实质性阶段。同年，国家教育委员会下发《关于推荐应届职业高中毕业生参加高考有关问题的通知》，允许推荐部分应届职业高中毕业生报考普通高等学校。

1994年，全国教育工作会议上提出了"三改一补"，同年，国务院发布的《关于〈中国教育改革和发展纲要〉的实施意见》中明确规定"积极发展多样化的高中后职业教育和培训。通过改革现有高等专科学校、职业大学和成人高校以及举办灵活多样的高等职业班等途径，积极发展高等职业教育"。这一实施意见使高职教育的发展路径得以落实，高职教育以高职院校为载体，取得突破性进展。同年，浙江省作为试点省，开始面向中职对口招生，组建"高职班"，采用"推荐+考试"的方法单独招录，当年共有9所学校总共招录了640名高职生。

1995年，原国家教委(现教育部)发布《关于推动职业大学改革与建设的几点意见》，提出扩大招生对象并放宽入学年龄限制。围绕"普通"和"成人"，教育系统构建了以普通高校、成人高校为主体，全国统一高考、成人高考为主要入学方式，普招计划、成教计划为主要管理手段的两套管理体系。

1996年，《中华人民共和国职业教育法》的颁布使高职教育的地位在法律上予以承认，明确了高职教育的实施主体，即高职职业学校或普通高等学校。

1997年，《关于招收应届中等职业学校毕业生举办高等职业教育试点工作的通知》下发，决定从 1997 年开始，在北京、上海、河北等 10 个省（区、市）开展高等高职招收中等职业学校应届毕业生的试点，标志着高职教育已经正式全面铺开。

1998 年，教育部发布的《面向 21 世纪教育振兴行动计划》，明确要求扩大高等教育规模，其中扩招增量主要用于高职；文件要求中职毕业生"有一定比例（近3%左右）"进入高职，而普通高中毕业生"除进入普通高等学校外，多数应接受多种形式的高等职业教育"。这一行动计划，明确了高职生源的来源为普通高中与中等职业学校，并要求"探索多种招生方法"。

1999 年中共中央、国务院发布的《发布的关于深化教育改革全面推进素质教育的决定》中，为巩固之前的高职教育改革成果，将高职教育确定为高等教育的组成部分之一，通过"三改一补"等多种方式建立的高等职业学校被定名为职业技术学院（或职业学院），高职院校可以采用"多种方式招收普通高中毕业生和中等职业学校毕业生"，高职招生计划"由省级人民政府制定"，扩大了高职院校招生的自主权。

1999 年，教育部、原国家计委出台《试行按新的管理模式和运行机制举办高等职业技术教育的实施意见》指出，新高职可招收少量的中等职业学校应届毕业生。对招收相关或相近专业的少量的中等职业学校应届毕业生，其文化课和职业技能水平应由省级招生部门单独组织考试，并确定具体的录取标准。同年 6 月，中共中央、国务院颁布的《关于深化教育改革全面推进素质教育的决定》，再次强调，职业技术学校（或职业学院）可采取多种方式招收普通高等毕业生和中等职业学校毕业生。

"三改一补"确立了高等职业技术教育的承担者；《中华人民共和国职业教育法》确立了高职教育的法律地位，为高职教育的发展提供了法律保障，赋予了实施主体的法律责任；《关于深化教育改革全面推进素质教育的决定》对招生政策进行了明确规定，指出了高职教育的培养对象和目标定位。至此，高职教育迈入了发展的快车道。而这一阶段，高等职业教育的考试模式不尽相同，但大体上都是采取"文化课、语数外+专业综合课"的形式，主要是理论考试，很少甚至完全没有涉及对学生实际操作能力、职业技能和思想道德水平的考核。

三、初步探索期(2002—2012年)

近年来,高等职业教育院校的招生制度不断变革,高职的招生考试制度在实行统考统招的基础上,更是进行了多样化、多元化的尝试。

2002年国务院颁布的《关于大力推进职业教育改革与发展的决定》指出,高等职业学校可单独组织对口招生考试,优先招收中等职业学校优秀毕业生;注重专业知识、职业技能的考核,对取得相应中级职业资格证书的中等职业学校毕业生,可以免除技能考核。该决定旨在建立中高职之间的衔接,打通人才培养"立交桥",包括扩大中职毕业生进入高职的比例、五年一贯制、高职单独对口招生等。高职教育进入整体扩张后,开始出现部分高职院校生源不足,中、高职"立交桥"时通时阻的现象。这一时期,教育部又出台了专门规范招生管理的政策,"严格限制普通专升本、五年制高职和高校对口招收中职毕业生的招生计划"。

2005年,上海市教委决定在教育部批准的"上海市教育综合改革试验"的框架内,实行高职高专层次普通高等学校依法自主招生改革试验。改革的基本思路是,参与改革试点的高校依法自主进行入学考试,自主确定入学标准,自主实施招生录取。

2006年11月,教育部、财政部颁发的《关于实施国家示范性高等职业学院校建设计划加快高等职业教育改革与发展的意见》提出鼓励示范校、骨干高职院校开展单独招生考试改革试点,"鼓励开展单独招生试点"和"逐步扩大跨省招生规模",赋予了办学水平较高的高职院校一定的招生自主权。文件要求各地要制定相关政策,优先安排招生录取批次,鼓励开展单独招生试点,保证生源质量。

2007年,教育部允许部分示范性高职开展单独招生试点,江苏、福建等地探索不通过高考而是校招入学,这一探索成为分类考试的开端;河南从2010年开始探索建立高职院校注册入学制度。示范院校试点的成效,推动各地高职院校相继加入单独招生试点行列,试点院校数、录取学生数快速扩张,生源面由普通高中毕业生扩展至中专、职高、技校等"三校生",打破了高职招生普高一家独大、高度统一的模式。然而,这些试点并未从根本上改变统一高考作为主要招生考试方式的局面，高职院校在招生录取时作为普通高校末端层次招生的局面没有改变，与职业教育日益得到重视的发展程度不相匹配。

2010年，教育部出台《关于2010年部分高等职业院校开展单独招生改革试点工作的通知》，提出试点生源主要面向普通高中，但同时许可"试点招收部分中职毕业生"。以此为标志，招生改革逐渐全面铺开。同年，《国家中长期教育改革和发展规划纲要（2010—2020年）》（以下简称《纲要》）提出要推进考试制度、考试招生制度改革。文件提出，要探索招生与考试相分离的办法，政府宏观管理专业机构组织实施学校依法自主招生，学生多次选择，逐步形成分类考试、综合评价、多元录取的考试招生制度。《纲要》中明确提出"改革招生和教学模式"，高校招生要实行"分类入学考试"，高职"自主考试"和"注册入学"被作为招生考试制度试点提了出来。分类入学考试的提出，为高职回归职教本色，尊重职教规律提供了条件，也为招生生源政策的多样化打开了大门。2011年，江苏率先推出高职注册入学政策。高职考试招生制度全面改革总体模式为"分类考试、综合评价、多元录取"。

2011年教育部出台的《关于推动中等和高等职业教育协调发展的指导意见》指出，改革招生考试制度，拓宽人才成长路径，明确高职招生为"省级政府为主统筹管理，学生自主选择、学校多元录取、社会有效监督"。根据社会人才需要、需求和技能型人才的成长规律，完善职业学校毕业生直接升学和继续学习制度，推广"知识+技能"的考试考查办法。通过改革，建立"两类、多样"考试招生录取方式：一类是延续选拔模式的考试招生，包括面向普通高中的招考（有三种形式："文化素质+职业技能"、单独招生、综合评价招生），面向中职的技能考试招生（中职对口升高职），技能拔尖人才免试招录（技能优选）；另一类是非选拔性的招生办法，即中高职贯通、考核达标入学（包括三二分段制、五年一贯制），这一类正是由于缺乏选拔性，被反复强调要求规范。注册入学不能归入上述两类，《纲要》中将学业水平作为前置条件，生源显然是指向普通高中。陕西省的"注册入学试点方案"将生源扩大到中职范围，表明当生源不足时，"两类"的要求也就难以执行，调整招生比例应运而生。

四、扩张与变革(2013—2016年)

随着职业教育体系不断完善,国家进一步提出对职业教育实行分类考试的政策要求,并强调在报考时间、考试内容、招生录取等方面独立进行,为职业教育高考提供政策保障。各地开始启动分类考试,但是进展情况不一。

2013年,教育部印发的《关于积极推进高等职业教育考试招生制度改革的指导意见》明确要求,改革高等职业教育考生招生制度,逐步与普通高校本科考试分离,重点探索"知识+技能"的考试评价办法,为学生接受高等职业教育提供多样化入学形式,逐步形成省级政府统筹管理、学生自主选择、学校多元录取、社会有效监督的高等职业教育考试招生制度。文件新增了两种招生考试入学渠道,一是技能拔尖人才免试入学。对于获得由教育部举办或联办的全国职业院校技能大赛三等奖及以上奖项,或由省级教育行政部门主办或联办的省级职业院校技能大赛一等奖的中等职业学校应届毕业生,以及其他技能拔尖人才,可由相关高等职业学校免试录学。二是综合评价招生办法。即注册入学,主要依据考生普通高等学业水平考试成绩和综合素质评价结果,综合评价择优录取。注册入学不是全面放开,主要是对于那些社会确有需求,但是实际招生困难的专业。

2014年,国务院印发的《关于加快发展现代职业教育的决定》明确指出,完善职业教育人才多样化成才渠道,健全"文化素质+职业技能"、单独招生、综合评价招生和拔尖技能人才免试等招生管理、招生考试招生办法,为学生接受不同层次高等职业教育提供多种机会。同时,该决定明确提高了三个比例:高职招收中职生比例、本科招收职校生比例、高职招收"有实践经历人员"比例。正是这三个比例,使得高职招生政策从生源范围到生源数量都获得了根本性突破。

2014年9月,国务院印发《关于深化考试招生制度改革的实施意见》,正式启动了高考恢复以来最全面、最系统的一次考试招生制度改革。文件明确提出,加快推进高职院校分类招考,主要有三项举措,一是明确高职院校的考试招生在考试方式、内容、时间上与普通本科院校相对分开,实行"文化素质+职业技能"的考试评价方式。二是明确普通高中毕业生和中职学校毕业生参加考试的方式。中职学校毕业生报考高职，参加由省（区、市）或者学校组织的文化素质与职业技能相结合的测试，并注重对职业技能的考查。普通高等毕业生报考高职院校，要参加职业适应性测试，文化素质方面使用其高中学业考试的成绩参考综合素质评价。三是明确继续保留考生通过参加统一高考进入高职院校的通道，将高职院校的考试招生与普通高校相对分开，既有利于适应高职院校的办学定位，选拔和培养技术技能型人才，同时也有利于一部分学生尽早地选择适合自己的教育，减轻高考的备考负担。这一实施意见的颁布，标志着我国高职院校分类招生考试改革的开启。山东等省开始探索春季高考，福建省出台分类招生考试改革的实施办法，高职院校在考试招生制度方面获得了更多的自主权。

2015年10月颁布的《高等职业教育创新发展行动计划（2015—2018年）》明确提出，根据不同生源特点和培养需要，规范实施专科高等职业学院校以高考为基础的考试招生、单独考试招生、综合评价招生、面向中职毕业生的技能考试招生、中高职贯通招生、技能拔尖人才免试招生，推进分类考试招生。"2016年通过分类考试录取的学生占高等职业院校招生总人数的一半左右，2017年成为主渠道"。

高职招生制度改革已初步建立起多样化的技术、技能人才招生方式，对于推动现代职业教育体系建设产生了一定的积极作用。

五、确立与完善期（2017—至今）

2019年，国务院发布《国家职业教育改革实施方案》，明确提出建立"职业教育高考"制度，并提出高职扩招100万人，将招生对象进一步扩大到退役军人、下岗失业人员、农民工和新型职业农民等群体，并且提出招收有工作经验的学生时将其工作实绩和能力作为录取依据。这一实施方案，标志着中国特色的高职考试招生制度在政策与执行上得到保障，招生对象进一步扩大，招生群体进一步拓展，招生考试制度面向各类社会生源群体的公共服务功能更加强大，专业技能测试的比重得以提高，考试更具科学性。例如：调整考试科目，引入高中学业水平考试；丰富技能测试类型，形成技能测试、职业适应性测试等多种考试形式。各地积极探索，进行了在春季高考中安排本科招生计划、在英语考试中引入社会化考试等尝试，并对中职学业水平考试进行统一安排，在招生计划中提高中职生的升学比率。然而，技能测试在考试中所占比重仍然较低。如有的省份规定，高中生生源录取时，投档分数为文化素质考试分数加上固定加分；中职生生源录取时，投档分数为文化素质考试分数与固定加分总和的70%，再加上技能测试成绩的30%。与文化课相比，技能考核的占比还是较低，仅作为录取的次要依据。

第三节 职业教育考试招生制度的变迁逻辑

一、职业教育考试招生改革的动力源泉

高等教育发展转型对高考制度提出了改革诉求。高考制度是为适应高等教育发展诉求而产生的评价制度安排。当高等教育转型发展时，改革高考制度必然发生。新中国成立至20世纪末，高等教育处于精英型高等教育发展阶段。20世纪末之后，受高校扩招政策影响，高等教育规模不断扩张，高等教育毛入学率迅速增长。2002年，我国高等教育进入大众化发展阶段，高等教育供给越来越满足高等教育机会需求，高等教育机会数量的供需差距愈来愈小。截至2018年，我国高等教育毛入学率达到48.1%，高等教育迈入普及化阶段。依据马丁·特罗的高等教育大众化理论，在高等教育大众化阶段，量的增长与质的变化存在不同的相关性，适龄青年入学率越高，关于教育机会均等的民主与平等主义意识也就越集中于重要性日益增加的第三级教育部门了。随着每年进入大学或职业学院人数的增多，入学观念由特权转变为一种权利甚至义务。在高等教育发展转型背景下，高考改革势在必行。

高职教育类型的凸显对高考制度提出了改革诉求。随着我国高等教育的转型与发展，高职院校在此进程中经历了萌芽、发展与壮大等阶段更迭，具有强烈的生存与发展诉求，而生源质量成为关系高职院校发展的重要命脉。如何具有充足的生源可供选择、如何选拔优秀的生源，成为招生考试制度改革的关键所在，也是顺应高等教育发展的重要诉求。在从精英向大众化转型

的过程中，专科层次的普通高等学校是高等教育规模扩张的主要力量，但其与本科普通高校采用相同的生源选拔规则。由于两种高等学校资源禀赋分配极其不均衡，高职院校生源出现短缺情况。虽然部分"双高计划"建设院校或具有区位优势的高职院校尚未出现生源危机，但高职院校对传统生源的吸引力不足已然成为事实。生源作为高职院校生存与发展的生命线，生源危机对高职院校考试招生制度提出了极其迫切的要求。因此，凸显高职教育的职业性成为考试招生制度改革的中心问题。

二、职业教育考试招生制度体系逐步成型

国家示范性高职院校建设计划推动了高职院校自上而下考试招生制度的变革。2007年，教育部办公厅确定南京工业职业技术学院、浙江金融职业技术学院等8所高职院校为首批开展单独招生改革试点院校，标志着高等职业院校考试招生制度进入基于类属特征的制度安排阶段。然而，单独招生并未改变统一高考的主导地位，高职院校依然依附于普通高校的统一考试招生制度。随着高职教育作为职业教育的类型属性的不断彰显，高职院校考试招生制度进行了不断的探索与实践。2001年，东南大学、南京理工大学、南京航空航天大学的破冰之举，开启了我国高校自主招生考试改革之路。2003年教育部办公厅发布《关于做好普通高等学校自主选拔录取改革试点工作的通知》，对自主招生考试试点院校的改革进行了针对性、科学性的引导与规范。《国家中长期教育改革和发展规划纲要（2010-2020年）》的颁布，标志着我国教育发展进入系统谋划、有序推进的新阶段。高职院校也进入"入学考试由省、自治区、直辖市组织"的阶段。各级政府以"分类考试、综合素质评价、多元录取"为原则，对高职院校考试招生制度进行了较为完善的制度设计。总体而言，高职院校考试招生改革以"文化素质+职业技能"为原则，探索了具有地域高职教育特色的招生模式。

总体来看，这一阶段的改革基本形成了高职院校考试招生的制度体系与实践模式。高职院校考试招生制度变迁的快速推进得益于自上而下的制度安排，国家主导统一高考转变为国家推动高职院校分类考试改革，高职院校考试招生制度成为国家制度供给的主要内容之一。

第三章　我国职业教育高考招生制度的演进历史

当前我国高职院校考试招生主要分为三种基本模式。这三种模式不仅反映了高职院校考试招生制度由依附到逐渐独立的进程，也体现了高职院校类型身份不断凸显的过程。

一是以统一高考为基础模式。自1977年普通高等学校统一考试招生制度恢复以来，普通高等学校一直沿用该模式进行招生录取。高职院校的考试招生也沿袭这一制度进行选拔。二是以自主招生为主导模式。高职院校通过不断探索，形成了单独招生、自主招生、提前招生等多种考试招生形式。这些多元化考试招生模式具有自主性，但仍然未能改变统一高考的主导性。三是分类考试的政策模式。分类考试将考试招生制度与生源类型、高职院校类型三者相联系，实行"文化素质+职业技能"的考试模式。这三种模式表明，弱化统一高考、实施分类考试，已然成为高职院校考试招生的改革与实践趋势。

三、职业教育考试招生制度逻辑理论逐步生成

高职院校考试招生制度属于社会制度之一，具有社会性，需以其教育制度与社会制度相统一为基础。从根本上来说，教育公平问题的根源在于社会公平，高考公平也是社会公平价值诉求在教育领域的体现。因此，高职院校考试招生制度实际是对社会公平诉求与实际产出效率期待的回应。2013年，教育部出台《关于积极推进高等职业教育考试招生制度改革的指导意见》，确定了多元招生录取的考试招生制度改革的方向，也是高职院校考试招生制度公平与效率均衡状态的突破。

（一）坚持凸显公平与注重效率

作为高考制度设计的主导者与制度实施的主要参与者，政府的介入能够保障高考制度从生成到实施整个过程中公平的实现。但是，效率也是高考制度改革中不可忽视的重要问题。生源质量关系着高职院校的生存与发展，也是考察高考制度效率的关键因素。随着现代职业教育体系的建设推进，相关政策安排逐渐发布，选择合适合理的生源成为政策安排的重点关注内容，公平与效率是高职院校考试招生制度改革的核心问题。

第一，公平是高考制度改革的底线，也是高考制度安排的价值取向。国家的顶层设计，立足于统筹全局，且兼顾公众利益，坚持公平、公正与正义。

近年来，随着"管办评分离"等管理体制改革的推进，国家从权力控制逐步向教育自主管理转变，国家主导的考试招生制度也渐渐转变为主导与引导并重，这一转变是对公平与正义的基础性、根本性地位的肯定，是对形成适应现阶段教育特征与社会需求的伦理价值方式的推动。各省、自治区、直辖市在国家的制度安排下，制定了具体的适合本地实际的考试招生改革方案，这是对公平基本价值取向的进一步强化。只有以公平为基础的国家制度安排才能彰显公信力，才能保障高考的公平公正性。因此，高考制度是社会价值制度化的产物，也是社会公平诉求在教育领域的体现。

第二，高职院校考试招生制度的效率逐步凸显。高考是一项评价制度，其实施效果主要在于选拔合适的人才。因此，高考改革的目的是基于公平底线，适应人才选拔的诉求。该诉求主要决定于选拔的供给方（生源）与需求方（普通高等学校）。一是生源供给结构呈现出了新变化，生源分化亟须招生考试制度改革。以往高职院校的生源主要以普通高中毕业生为主。同时，高职院校招收的普通高中毕业生通过普通高考选拔，且处于录取批次的末端层次，生源整体质量难以保障。近年来甚至出现了零投档现象，体现了生源供需矛盾的恶化。在此背景下，采用差异化原则，拓宽生源选拔路径成为招生考试制度的功能实现的要求。二是高校的分类发展对人才培养规格提出了新要求。普通高等学校的分类由社会分工决定，而社会分工遵循不断变化的历史规律。社会分工的变化，对人才培养规格提出了新要求，而人才培养目标的分化影响着普通高等学校的发展定位。在分类发展的背景下，高职院校与普通本科院校在目标定位上不同，主要以培养技术技能型人才为目标，因而在人才培养方式、选拔方式等方面有着明显的差异性。

总体而言，高职院校考试招生制度从自主招生改革探索到分类考试实施，都是由高职院校的特殊性所决定的。而高考的改革必然由相关政策安排决定。高职院校招生考试制度是一项国家教育制度，是适应中国教育系统转型、经济结构转型的一项重要策略。职教高考不仅是高职院校生源路径的全新建构，更是对考生选择权的尊重。高等教育进入大众化阶段后，比起教育起点公平，更注重追求教育过程与结果的公平。因此，高考制度是基于供给与需求逻辑、协调生源供需的制度。

(二) 重视评价功能与社会认同

公平是高考制度必须坚持的原则与内容，也是高考获得社会认同的关注点。个体与组织均具有社会性，获得社会认同是个人或组织存在与发展的基础。公众往往把高考制度作为社会阶层流动的一种机制，因而高考必然承担着社会公平的责任。公平是高考改革需考虑的首要因素。

高考改革存在认同危机，一是高考的方式方法对高考公平的呈现方式与保障情况；二是高考改革方向中利益相关者之间的冲突表现。高考利益相关者众多且影响广泛，高考制度的改革往往成为公共舆论的聚焦点，其中所出现的问题往往会成为教育的社会性问题，这不仅反映了高考重要的社会影响与地位，也体现了高考改革的价值内涵与公众认知之间的不统一性。当前，在社会改革领域，公众除了关注效率，也对公平有很高的期待。通过制度改革，彰显高考的选拔功能，是对公平期待的回应，也是高考改革的必然发展趋势。

高考制度认同中的公平危机，主要源于优质高等教育资源的稀缺性，造成资源分配的不足与拥挤。例如2022年，全国高考录取率为84%，但本科平均录取率为50.64%，一本平均录取率约23%。这种高选择性造成的外部压力与利益相关者之间存在严重的冲突，必然造成公众对遴选制度的认同危机，而认同危机则是对制度的合理性与科学性的拷问，这也成为高考改革争议中的主要议题。随着本科院校招生规模的扩大，高职院校进行生源遴选的选择面越来越小、选择性越来越低。越来越多的高职院校出现了零投档、报到率低等现象，都源于生源不足问题。高职院校的生源分配矛盾，逐渐向生源获得矛盾转变。在低选择性背景下，构建职教高考制度，主张相关利益主体的多方参与、多元选择，体现出效率目标，同时也是高考评价功能的回归。

高职院校考试招生制度的构建，是我国高考制度变革的重要内容，是传统考试招生模式的重大变革。作为高考制度系统的子系统，高职院校考试招生制度的构建，使普通高校与高职院校两类人才选拔方式并立而行、齐头并进，更符合两种不同类型的教育需求。

第四章 国外职业教育高考制度的分析借鉴

我国职业教育发展起步较晚,在高职院校考试招生方面缺乏改革经验和创新动力,导致我国高等职业教育考试招生制度目前处于探索阶段。本章通过研究美国、英国、日本和新加坡职业教育考试招生制度的发展,试图从考试招生政策、生源结构、考试内容、录取办法和管理机构等方面剖析职业教育考试招生制度,以期为我国高职院校考试招生制度的发展提供借鉴。

第一节 美国职业教育高考制度

美国职业院校是美国大学体系的重要组成部分,其在美国教育发展史中对美国经济社会的发展提供了大量职业人才。美国阶段性的职业教育立法保障了美国职业院校考试招生制度的社会适应性;美国职业院校的生源呈现出多元化特征;美国职业院校的招生考试内容涉及标准化测试和其他补偿评价方式;美国职业院校考试招生的录取办法具有灵活性和低门槛特点;美国职业院校的管理机构具有地方性和多方参与管理的特色。可以说,美国职业院校在满足社会经济发展的客观要求和拓展高等教育机会方面起到了重要作用,而其考试招生制度为适应社会和个人发展方面提供了可能的实践通道。

一、美国职业教育考试招生制度

不同类型与发展定位的高等教育,会基于自身优势、依据学生个体成长

第四章 国外职业教育高考制度的分析借鉴

与社会人才需求,承担不同的教育职能。美国构建了完整的高等教育体系,为其人才培养与国际竞争力提供了强大的支撑。美国的高等院校有公立与私立之分,包括大学、文科学院、理科学院、四年制学院、社区学院或者技术学院等。职业教育方面,美国建设了多所社区学院或技术学院,以满足民众提升职业技能、接受高等教育的需要。美国职业院校的入学,需要强有力的考试制度加以保障。

(一)美国职业教育考试招生制度的立法保障

美国的教育政策以法律形式出现,指导规范着具体的教育实践活动。美国职业教育相关法律确保了职业人才培养与职业教育发展,实现同向同行。美国第一部职业教育法律为1862年美国国会通过的教育法案《莫里尔法案》,旨在通过经费支持等手段兴办工、农学院,以促进高等职业技术教育发展、满足高等教育切合工商业发展的需要。梳理美国职业教育的历史演进,不同时代背景下,不同社会条件下,美国都会出台相关法律法案推动职业教育的发展。

1917年2月,美国联邦议会通过《史密斯—休士法》,又称《国家职业教育法案》,是根据乔治亚州参议院教育委员会主席史密斯和众议院教育委员会主席休士的提议而签署颁布。该法案明确规定,普通中学可开设职业教育,学生可自主选择职业课程。这一法案的颁布,使美国建立了较为完整的中等职业教育系统,为公立职业教育提供了财政基础,标志着美国已形成特色职业教育制度。《史密斯-休士法》颁布后,美国职业教育稳步发展。从1917年至1921年,受到联邦政府资助的职业院校学生人数从164 186人增至323 028人。受到联邦政府自主的师资课程培训的人数从1918年的6 589人增至13 358人。在1929年《乔治—里德法案》、1936年《乔治迪—恩法案》相继颁布后,联邦政府对职业教育的拨款持续上升至2900万美元,推动了职业教育的飞速发展。1958年8月,美国颁布《国防教育法》,规定要采取多种形式,对地方与个人提供经济支持,培养更多国防人才。这一法案是美国第一个重大的资助教育法案,在增强了美国国防竞争力的同时,进一步改善了美国的教育制度。1963年,美国二战后职业教育方面最重要的法案《职业教育法》颁布。该法案突破了年龄、阶层、职业的局限,使所有社区、各个年龄段、各种职业的公民都具有接受高质量职业教育的平等机会，拓展了职业教育的受众群体，扩大了美国职业教育的范畴。1968年，美国国会通过了《1968年职业教育法修正案》，重新定义了职业教育，规定职业教育包括所有职业以及学士以下水平的职业准备。同时，成立了全国职业教育咨询委员会，各州也建立了咨询委员会，为各地职业教育发展提供五年计划咨询。《1968年职业教育法修正案》进一步扩大了职业教育投入，为更多人提供了更多接受职业教育的机会。1976年，美国召开全国首届生源教育委员大会，通过了《1976年职业教育法修正案》。该修正案强调机会与平等、计划改进等，确保教育与市场的关联性，同时详细规定了试验科目、职业教育投入，以立法形式提出了职业教育规划、评价、数据统计等一整套要求，如建立国家教育统计中心、开展职业教育评价等。1974年，美国联邦议会颁布《生涯教育法》，要求将普通教育与职业教育相结合，并贯穿于小学、中学乃至高等学校的各个年级。此法案提出以劳动与职业为主的教育模式，规划了全国范围的推广生涯教育工作，表明美国职业教育思想的重大转变，成为其职业教育发展的高峰。1982年颁布的《职业训练合作法》，规定成立职业训练协调委员会，负责提出咨询意见，协调地方工作。该法案强调职业教育的有效性与合作性，强调提高劳动者的收入、各种职业训练均要按照企业需求进行、扩大企业的支配地位，体现了职业教育立法基础的转变。1988年，《美国经济竞争力强化教育、训练法》颁布，提出职业教育改革的焦点在于发展经济。该法案强调职业教育与普通教育一体化设计，将职业教育对象扩大至社会各阶层。1990年，美国政府颁布《柏金斯职业教育法修正案》，强调劳动力教育训练，将学术与职业能力作为一个整体。该法案是美国职业教育史上的重大改革与创新。1994年，时任美国总统克林顿签署《2000年目标：美国教育法案》，提出全国性的教育改革计划，包括国家教育目标，全国教育的领导、标准与评价，州与地方教育体系改革，国家技能标准委员会及成员等。该法案为美国教育改革提供了组织保障与经费保障，强化了联邦政府在教育改革中的主导作用。其目标是要通过五到十年的努力，建立评估与证书制度，全面开展职业技能标准的开发与推广。

迄今为止，美国颁布了150余部职业教育相关法律，且一直不断进行修订与完善。美国职业教育的立法具有连贯性，在完备法律的支持下，美国不断加大职业教育的经费投入，积极推动职业教育的发展，不断为社会培养人才。

(二) 美国职业教育考试招生制度的实施机构

美国多数城市都有一个或多个社区学院。社区学院在地方税收支持下，通过教育部门的认证，旨在使每个人获得上大学等接受继续教育的机会。社区学院教育以高等职业教育为主，通过构建面向与服务地区的教育新模式，培养适应地区经济与社会发展需求的人才。社区学院的人才培养模式主要为普通高校、职业教育与成人教育三种教育互相渗透、学历与非学历教育并举。美国社区学院已有100多年历史，规模较为庞大，一般每个社区学院的在校生数量多达1~2万。以前，社区学院学制为两年，毕业生能够获得副学士学位。如今的社区学院一般为公立院校，能够提供补习教育、一般教育发展测试、高中学位、技术学位与证书，还有数量较为有限的四年制学位。社区学院的毕业生中，部分可转学至大学或文理学院接受2~3年教育，获得学士学位；其他直接就业。大多数社区学院由兼职教师担任授课教师。

除了社区学院，美国技术高等院校也承担了职业培训与学术课程相结合的高等教育任务，大多数课程在两年之内完成，少部分需要2~4年时间。技术学院进行特定专业领域的培训，如工商管理、电子、法律协助、计算机技术等。技术学院的毕业生能够获得修学证书、文凭，或者副学士学位。副学士学位课程又包括文学副学士、理学副学士、应用科学副学士等课程。

总之，美国大学入学方式多元化，入学机会较多。美国社区学院主要采用开放招生的形式，不需要标准化的考试分数。但是，这些高等职业院校会要求考生完成相应的预修课程并取得相应成绩。美国高等职业院校也会采用灵活招生的形式，如果考生获取较好的SAT或ACT成绩，可免除预科考试。如考生要进入某个特殊专业，如护理、执法等，则要求考生取得相应的标准化考试成绩。另外，若有学生想从社区学院转入大学或其他学校，也须有相应的考试成绩。因此，美国高等职业院校的考试招生政策具有多元化、灵活性等特征。

(三)美国职业教育培养人才成长的贯通渠道

美国高等职业院校的考试招生政策不仅灵活多样,而且互相贯通。社区学院的录取门槛低,录取的时间点多,课程学分可以与美国高中阶段学分和大学学分衔接互认,社区学院的学制与四年制大学学制贯通,生源广泛,包含高中毕业生、成年人乃至退休后的老年人,以及特别的群体如退伍的士兵、低收入水平家庭的学生等。美国职业学校强调学制关联、学分互认,同等课程社区学院的学分与高中阶段和四年制大学的学分可以互认,人才培养学历畅通,体现了美国职业学校与四年制大学相互贯通的灵活性和实用性特点。美国高等教育体系中将技术类专业作为职业教育的重要升学渠道,形成了横向与纵向通路,职业院校的学生根据职教高考的分数、通过学校加试后,有机会进入技术性高水平大学学习。美国将职业教育、继续教育、社区服务等融为一体,采用扩大生源、不断丰富教育立法和考试种类、与时俱进改进招生方式,同时调研社会对职业院校的期待和要求,满足了社会对多样化职业人才的需求,使职业院校的改革与发展有力促进了美国经济发展。

(四)美国职业教育考试招生制度的生源情况

美国高等职业院校的生源来源较为广泛,以高中毕业生为主,也有就业后想接受高等教育的成年人,以及退休的老年人。此外,还有一些特殊群体,如退伍士兵、失业人员、低收入家庭的学生等。这些生源通过在高等职业院校接受教育,提升学历或能力,从而获得更高等次学校的就读机会或更好的就业机会。美国高等职业院校招生条件主要有:年龄至少满18周岁;高中毕业生或普通教育文凭获得者或者持有美国军事人员证明;从美国教育系统转入者且持有中学证书;已获得美国提前批次录取者。在以上基本条件下,各类学校依据本校要求进行生源条件的补充。

(五)美国职业教育考试招生制度的考试内容

依据社区学院与技术高等学校的人才选拔要求,美国职业院校考试招生的内容逐步完善。多数美国大学将标准化考试成绩作为申请入学资格的重要组成部分,标准化考试为大学评估考生提供了一致的评价方法。美国大多数大学以学术评估测试(SAT)与美国大学测试(ACT)为依据。SAT侧重对考生能力的考查,主要分为写作、数学与批判性阅读,考试时长近四个小时。部分大学也会要求考生参加 SAT 科目考试，主要从语言、数学、英语、历史和科学等科目中测试考生的知识掌握情况。SAT 科目考试题型为多项选择题，考试时长一小时。SAT 和 SAT 科目考试每年会举办几次。大学董事会负责提供 SAT 和 SAT 科目考试的相关详细信息，如考试准备、考试所需物品、发布成绩信息等。ACT 考试侧重于考查考生在学校所学，题型也为多项选择题，包括四套测试卷：阅读、英语、数学与科学。ACT 考试每年在全美国的高中与大学内举办若干次。

除了 SAT 和 ACT 之外，美国还有其他一些关于入学资格的考试形式。一是预备 SAT 和国家优秀奖学金资格考试（PSAT）。预备 SAT 是练习 SAT 考试的好方法。PSAT 主要在高中三年级进行学习，通过写作、批判性阅读与数学考查考生技能。该考试也作为学生获得国家奖学金项目的资格考试。二是预科考试（AP）。考生在完成高中科目的 AP 课程后参加 AP 考试。优秀的 AP 考试成绩可使考生获得大学学分，或大学该科目的提前修习。例如，如果考生在 AP 英语文学考试中获得好成绩，可获得大学一年级英语课程的免修。大多数 AP 考试时长为两到三个小时，题型为作文与多项选择题。三是大学水平考试（CLEP）。CLEP 使考生通过考试获得不同科目的大学学分。但并非所有大学都依据 CLEP 考试提供学分，因此，考生需根据报考学校进行安排。四是国际学士文凭课程（IB）。IB 专为大学生设计，课程一般为两年，能够帮助考生获取大学学分。

总之，美国高等职业院校的考试类别与内容较为丰富，为考生提供了多样化选择，考生依据自身情况学习与参加考试，获取相应分数与资格，从而提高入学机率。

（六）美国职业教育考试招生制度的录取办法

以社区学院为例，美国高等职业院校的招生录取具有以下特点：一是入学门槛低、开放式。考生提供资格证明或考试分数即可入学。二是录取时间点很多。美国大学一般只在秋季进行招生入学，但是社区学院的每个学期均可入学，为考生提供了极大便利。三是社区学院学费相对较低，为更多的学生提供了入学机会。美国私立大学一年的学费一般为 3 万美元左右，公立大学为 1.5 万美元左右，而社区学院学费一般在 7000 美元以内。四是美国社区学院的就业与实践课程较多。社区学院开设很多实用课程，如护理、学前教育、会计等，学生修完社区学院课程，即可上岗工作。五是社区学院的录取办法体现了学制的关联性。社区学院的课程学分可在高中阶段获取，以帮助考生进入社区学院学习。学生也可在社区学院选择四年制大学学分课程，为进入更高层次大学做准备。在社区学院学习两年，可相当于完成四年制大学的一年级、二年级课程，待两年后进入四年制公立大学继续三年级与四年级课程，从而取得学士学位。另外，社区学院一般设有转学中心，帮助学生转学。六是其他录取办法。美国高等职业院校一直不断创新考试录取办法，以适应招生要求。例如，2005年南卡罗来纳州颁布了《教育和经济发展法》，规定实现双重注册招生。

总之，美国高等职业院校的录取办法呈现出门槛低、灵活性、多元化的特点，这些特点体现了美国职业院校为适应经济社会发展作出的改革与探索，推动了美国高等教育体系的发展。

（七）美国职业教育考试招生制度的管理机构

美国职业院校主要有两类，一是独立高等职业技术学院或社区学院，二是在四年制高校里的职业学院。前者主要由州教育行政部门主管，后者由所附设大学的管理部门主管。以社区学院为例，美国各州的社区学院委员会负责本州社区学院的建设、管理与监督工作。州社区学院委员会主要负责对社区学院控制财政、统筹协调教学计划、服务学生、提供设备支持等。州社区学院委员会的理事长对委员会负责，并由法律顾问、副董事、社区学院校长咨询委员会等协助开展工作。副理事长负责行政与金融机构的项目、学生服务等，研究与促进学院发展。社区学院的行政结构主要有校长，以及教学、财务、行政等分管各类事务的副院长。关于社区学院的招生工作，州社区学院委员会、董事会与相关行政管理机构具有管理、监督、问责等职能。

总之，美国职业院校考试招生工作的管理机构为地方性管理、外部相关方干预。地方性管理使职业院校的人才培养更加适应社会对人才规格的要求；外部相关方干预使社会发展更好地导向于职业院校。因此，这种管理机构的设置，体现了职业院校与社会发展的紧密对接，使考试招生工作更加符合社会经济发展的需求。

二、美国职业院校考试招生制度的启示

美国职业教育作为美国高等教育重要的组成部分，已形成了较为完备的职业教育考试招生体系。美国职业教育以教育立法为保障，采用灵活的招生方式、多样化的考试方式，以地方管理为依托，满足了社会发展对多样化人才的需求，也满足了社会公民重获学习机会的诉求，从而进一步完善美国高等教育人才培养体系，推动美国高等教育的大众化进程。美国职业教育考试招生体系的构建，在政策上给予良好保障，在生源上扩大规模，在录取办法上加以拓展，满足了社会对职业教育的期待与要求，对我国现阶段职业教育招生考试制度的构建具有重要的启示作用。

第一，教育立法是促进职业院校高质量发展的重要保障，能够保证职业院校的发展方向。美国在社会经济发展的不同时期，出台了阶段性的法律文件，满足社会培养需求与公民的受教育诉求，做到以法治教、以法促教，为美国职业教育提供了重要支撑。从《莫里尔法案》为高职教育提供经费保障，到《国家职业教育法案》对美国职业教育制度的塑造；从《生涯教育法》促进美国职业教育思想的重大转变，到《柏金斯职业教育法案》使美国职业教育有了全新的创新与改革等，都是科学教育立法赋能美国职业教育发展的体现。

因此，我国高等职业教育的发展，必须从法律层面予以保障。教育立法需依据社会经济与职业教育发展需求进行调整，需具有阶段性、适切性与针对性。如2019年2月13日颁布的《国家职业教育改革实施方案》，对职业教育实施的方向与办法加以明确，将职业教育地位提高至与普通高等教育并立而行的类型教育，保障了我国职业教育的稳步发展。以此为指导，我国高职院校深入贯彻执行法律规章，促进社会对职业人才的需求与公民职业技能成长的双向发展目标。2022年5月1日颁布的《中华人民共和国职业教育法》是职业教育规范发展的引领性、根本性指导的立法。该法律规定国家要建立符合职业教育特点的考试招生制度，鼓励相关行业、企业、社会组织积极参与共建职业学校招生就业机制，完善考试招生体系，建立体系稳定运行机制。因此，我国应进一步加强职业教育法制化建设，完善国家职业教育立法，以提升职业教育法律法规对职业教育的规范与促进作用。

第二，多元化的招生入学方式确保职业院校有充足的教育生源。美国职业院校具有招生政策互相贯通衔接、门槛低、学费低、考试时间与机会多、不将成绩作为唯一选拔手段等特点。这些特点的形成，源自美国依据社会发展不同阶段快速作出招生政策与程序等方面的调整。如进入21世纪后，学生群体出现新变化，一是高中最后两年想修大学课程的学生；二是未完成高级学院学业、想转回社区学院的学生；三是需要重新接受职业培训的学生。为满足这三类生源的需求，社区学院开始采用录取双学分学生与双录取学生的方式，满足了各类学生的学习需求。这种灵活的招生办法，一方面保障不同生源的学习机会、保障了职业院校的充足生源；另一方面也彰显了美国社区学院招生制度对社会发展的适应性。因此，我国高等职业教育招生制度可借鉴这种基本思路，以满足学生个体的学习需求与社会经济发展的客观需求。

第三，丰富多元的考试种类保障了职业院校科学的评价方式。美国职业院校教育的根本目的是满足当地经济发展与学生学习的需要，其认可的考试方式决定了学生进入大学学习的机会。例如，社区学院为保障生源质量与生源对专业的适切度，规定部分专业与课程在入学前需进行评估测试。通过评估测试者，将不论中等教育的表现，只要体现对大学教育计划的适应性能力，即可进入社区学院学习。这种开放式的招生政策体现了职业院校对多类型考试种类的认可，也赋予了学生通过多样化考试途径转变曾经学业不佳的劣势。因此，美国职业院校这种丰富多元的考试种类，为考生提供了广阔的学习机会。我国职业院校也可加以借鉴，依据不同时期的社会发展要求与学生学习需求，调整考试招生方式。随着我国社会发展与经济结构的转型升级，职业人才需求日渐多元化，考试招生方式也应创新与多元。一是基于专业群，构建人才招生培养模式。以专业大类为基础进行招生，进行宽口径人才培养，使学生跨考更具多元性。二是依据区域经济发展的不平衡性，探索适应区域经济特色的考试招生方式。三是建立国家层面的职业教育统一招生录取名额分配制度。在社会发展的不同阶段，依据学生个体发展的不同需求，不断优化职业教育考试招生制度，使高等职业院校能够录取合适的学生，使学生能够进入适合自身实际的高等职业院校学习。职业教育肩负着培养职业人才的功能，职业教育招生制度的设计与实施，只有与社会职业人才需求形成良好

第四章　国外职业教育高考制度的分析借鉴

的互动与反馈机制，才能构建现代化、高质量的高等职业教育体系，从而进一步彰显职业教育的类型教育地位。

第四，地方管理倾向能够满足社会对职业院校人才培养的需求。美国职业院校招生考试工作的管理机构以地方化为主，辅之以外部干预。这种方式既能够因地制宜、兼顾协调多方利益，又能够推动职业院校人才输出对社会的适应性。因此，职业院校在招生考试的人才选拔过程中，应关注考生对未来区域经济发展所需人才的职业素养形成的可能性，使人才准入与人才输出保持一致性与畅通性。

2015年7月27日，教育部印发《关于深化职业教育教学改革全面提高人才培养质量的若干意见》，强调职业教育要适应经济发展新常态，要创新校企合作育人的途径与方式，加强行业指导评价和服务，推动校企共同进行人才培养，实现校企协同育人。这一文件强调了企业行业在职业教育人才培养中的重要作用，而职业院校的招生考试制度也应与企业行业建立密切的联系，多方共同参与实施。一是职业教育考试招生改革与地方人才需求相对接，使职业院校的人才选拔能够促进地方经济发展。依据区域经济发展对职业人才规格与标准的需求，职业教育人才培养在专业设置与招生环节进行及时调整，建立与经济发展相适应的职业教育体制。二是吸引社会各界关注、参与职业教育的考试招生工作。实施双元制培训模式，使学生获得适应企业需求的职业技能。同时，邀请企业行业的专家骨干到学校举办讲座，提高学生对的未来岗位的认知感与专业选择的认同感，使学生了解未来就业方向，坚定学习信心。

总之，全球经济竞争日趋激烈，为具有教育程度高、就业竞争力强的劳动力，美国政府不断以政策驱动高等职业技术教育的发展。纵观美国职业教育在经济发展进程中的作用，发现其在高等教育体系构建中具有不可或缺的重要地位。美国社区学院激活了企业、行业、家庭、学生、社会等多方利益主体之间的关系，而其配套的考试招生制度成为协调多方关系的激活码。因此，我国职业教育的发展，需要采用灵活多样的招生考试办法来扩大公民受教育的机会。

第二节 英国职业教育高考制度

英国职业教育通过现代学徒制改革，实现了教育体系重构，形成了较为人性化的学业评价与招生模式。英国职业教育利用资格证书框架体系突破普职教育壁垒，实现普职教育双向流动，构建纵横相交的教育体系；利用多样化课程选择机制，兼具学生个人能力及兴趣特长，实施差异化的培养模式；利用科学评价模式，强化职业教育技能训练，培养知识与技能并重的技能型人才；利用严格统一的终身教育体系，促进技能人才专业知识及专业技能的不断提升，从而适应社会发展的需要。因此，英国职业院校考试招生制度对我国职业教育改革及发展具有借鉴意义。

一、英国职业教育考试招生制度

随着经济全球化的不断深入，英国一改过去"重学术轻技能"的教育思想，逐渐认识到发展职业教育的重要性。随着职业教育的不断改革与完善，英国职业教育形成了丰富而独特的教育模式。英国教育分为几个阶段，即3~5岁学前教育，5~11岁小学教育，11~16岁中学教育及18岁开始接受大学教育。英国的中学生在接受5年的中学教育后，要接受国家强制的英国普通中等教育证书(General Certificate of Secondary Education，GCSE)课程，课程时间在1~2年，最终通过全国统一标准的GCSE考试。之后，学生可以选择参加工作，或者上技术学校等，而那些希望继续深造也就是上大学的学生可以接着进行两年的免费学习。在这两年中，学校提供给学生报考院校及报考专业所要求的相应课程。

在英国，中学高级班或大学预备班大多是针对16~18岁的青少年，通过学习专业课程为其进入高等学校学习或者就业打下基础，该教育阶段也称延续教育阶段(Further Education)。英国延续教育分为两种体系：学业路线(Academic Route)和职业路线(Vocational Route)。学业路线着重培养学术研究方面的人才，职业路线则结合社会各层面的职业需要，培养在各种行业中具有专门技能和知识的人才。在职业教育方面，继续教育学院的教育任务跨度比较大，承担从中级到高级的职业资格培训，即相当于我国的中职和高职。完成预科的学生主要参加普通教育高级考试（General Certificate of Education, Advanced level, GCE-A level），而职业技校的学生除了要参加 GCE-A level 考试外，还要参加普通国家职业资格考试（General National Vocational Qualification, GNVQ）。

(一) 英国职业教育考试招生的相关制度

1. 英国普通中等教育证书（General Certificate of Secondary Education, GCSE）。英国 GCSE 考试是检验学生中学学业成绩的毕业考试，同时也是学生进入第六学级及高校的重要参考依据。GCSE 考试相当于我国的中考，是英国面向全体学生的全国统一标准考试。通过 GCSE 考试实现义务教育阶段学生的分流，学业成绩较高的学生进入普通教育第六学级阶段，成绩较低的学生进入职业教育阶段或直接进入职场工作。因此，英国 GCSE 等级考试具有升学和就业双重功能。

自 2017 年英国资格与考试监督办公室（OFQUAL）对普通中等教育证书 GCSE 分级制度改革后，新的 GCSE 分为 9-1 级，而不是以往的 A-G，在 9-1 级中每个等级内会有分等级的设置。新的 9-1 分级系统，目的是帮助提供更加分化的评价，尤其是高成就的学生，让学生层次更加清晰，更加细化地区，分出各种层次比例的学生，让学校、家长和雇主更清楚该学生的水平。

新普通中等教育证书的主要特点如下：

(1) 等级划分：新的评分标准为 9 至 1，9 为最高等级。这将允许学生之间形成更大的差异，并将有助于区分新的 GCSE 与以前的版本。

(2) 评估方式：主要通过考试进行评估，其他评估方式仅用于测试基本技能学科。

(3) 考试内容：政府和考试委员会已经制定了新的、要求更高的考试内容。

(4) 课程要求：GCSE 课程为期两年，取消模块考试。学生将在课程结束后的一个时间段内参加所有的考试。在一份试卷不能让所有的学生都有机会展示自己的知识和能力的情况下，考试可以分为"基础课"和"高级课"。

(5)补考制度：GCES 考试只有英语和数学科目有一次补考机会，于每年11月进行。

新的普通中等教育证书正在逐步实施。截至2018年，英国大约有90%的GCSE考生参加了改革后的GCSE考试。预计到2020年，英国所有的普通中等教育证书(GCSE)都将符合这一政策，并将被评为9至1级。通过该考试，学生将根据自己的考试成绩申报学校，不同学校的申报要求有所不同。成绩优异的学生可以继续走普通教育路线，成绩欠佳的学生可以选择进入英国延续教育中的职业路线。

2. 国家职业资格证书(National Vocational Qualifications，NVQ)。国家职业资格标准是在职业资格委员会 National Council Vocational Qualifications，NCVQ)的指导下，由产业指导机构制定。产业指导机构以产业界人士代表为主，由来自企业、工会及教育培训部门的专业人士组成，它是代表企业利益的非政府民间机构，目前已在150个行业和专业设置了数千个职业标准。英国国家职业资格分为1~5共五个等级，分别对应职称为半熟练工、熟练工、技术员；技工、初级管理人员、工程师；高级技术员、高级技工、中级管理人员；高级工程师和工程师，中、高级管理人员。根据该等级职业资格能力标准，职业院校及培训机构设置了对应的NVQ课程内容。

英国大多数职业资格培训是非全日制的，除面向全日制学生外，还针对社会人士开设职业培训课程，一般每周只需要在学校学习两个小时，其余时间都在工厂和企业进行技能培训。学生完成规定课程和培训，通过考核取得国家职业资格(National Vocational Qualifications，NVQ)三级证书者，可获得免试进入大学攻读学士学位的机会，也可选择就业，还可以选择继续接受职业教育以获取NVQ四级、五级证书。学生在取得学士学位之后，还可以再攻读硕士学位、博士学位，从而使职业教育最终依然可以并入普通教育，只是在升学过程中为学生提供了更多选择，以适应学生的不同学业要求。

3. 英国普通国家职业资格标准(General National Vocational Qualifications，GNVQ)。英国普通国家职业资格标准主要面向16~19岁的全日制学生，侧重于培养通用的职业能力和方法，为个人职业发展和继续升学打下基础。GNVQ职业资格分为初级、中级和高级三个等级，分别对应三个层次的GNVQ课程，课程具有普通教育和职业教育的双重功能，学生在 GNVQ 课程结束后既可以就业，也可以升学。初级 GNVQ 课程一般学制为一年，学生在一年中须完成 9 个单元的学习，包括 3 个必修职业单元、3 个选修职业单元、3 个一级核心能力单元。中级 GNVQ 课程学制一般为一年，学生须完成 10 个能力单元的学习，包括 4 个必修职业单元、3 个选修职业单元、3 个二级核心能力单元。高级 GNVQ 课程学制一般为两年，学生须完成 15 个能力单元的学习，包括 8 个必修职业单元、4 个选修职业单元、3 个三级核心能力单元。在职业教育中，一般通过项目导向的课程来培养核心能力，学生要在完成项目的过程中学习制订计划、与人合作、表达沟通、搜集信息、解决问题等核心能力。

完成 GNVQ 课程的学生可以根据自身需求，选择参加相应等级的考试，获得国家职业资格证书后参加工作。学生若是在工作岗位上发现自己既有的知识水平、操作技能无法满足工作要求，可以回到继续教育学院或者技术学院继续接受技能培训。

GNVQ 与 NVQ 紧密相连，它便于年轻人在这两种证书之间有效转换，使全日制学生在学校或学院内顺利地完成学习。GNVQ 与 NVQ 及普通教育学历具有对应关系。NVQ 课程、GNVQ 课程及普通教育证书课程之间可以相互转化，学生获得其中一个课程证书后即可转入其他证书课程学习，不同课程的证书可以等价转换。如获得高级 GNVQ 资格证的学生相当于获得 GCE A/AS level 学历，可以进入大学接受普通本科教育。因此，英国职业教育与普通教育是相通的，并且与职业资格相通，把普通国家职业资格证书作为沟通学历教育与职业教育的桥梁与纽带，保证了职业教育与普通教育的横向沟通，从而形成相互贯通的学历体系。这不仅有利于提高学生的学历水平，更为终身学习在学历制度上形成保障。

4. 英国学徒制

英国学徒制是将工作中的实践训练和学习结合起来。作为学徒，学生可以与有经验的员工一起工作，并利用所学技能赚取工资。学徒制往往利用假期时间进行学习(通常一周一天)，学徒期一般需要 1~5 年完成，何时毕业取决于学生对技能的掌握程度，其中有些专业会为学生颁发文凭(详见表 4-1)。

表 4-1 英国学徒制等级及相应教育水平

名称	等级	相应教育等级
中级	2	GCES(普通中等教育证书考试)
高级	3	A lavel
高等	4、5、6、7	基础学位以上学历
学士	6、7	本科或硕士学位

(资料来源：GOV. UK. Become an apprentice [EB/OL]. [2019-5-10] http：//www. gov. uk/apprenticeships-guide. htm.)

(二)英国职业教育考试招生制度的生源情况

英国教育鼓励终身教育，因此延续教育学院招生具有范围广、年龄宽的特点，不仅面向应届生，同时还面向社会全体公民。

1. 应届学生

在职业教育中应届生占比最大，对于应届中学生，英国实行普通中等教育证书(General Certification of Secondary Education，GCSE)的单一体制考试。该考试是面向全体考生具有全国统一标准的中学考试，试卷采用分等级试题，最终通过等级及成绩对学生进行分流。在英国，不同类型的学校都要参加 GCSE 考试，并确保学生在离校时能获得某种形式的资格证书。GCSE 考试中，考生年龄一般在 15~16 岁。几乎所有的学生都要参加英语、数学和科学以及其他选修课程的考试，通常每人选择 8~10 个考试科目。

GCSE 证书等级无法满足普通高中入学要求的学生，可以凭借 GCSE 证书进入社会选择就业或上技术学校。由于 GCSE 考试共设 50 多门课程，其中包括许多职业技术类课程，例如家政、烹饪、电脑维修、美容美发、电工技术等，因此，学生获得 GCSE 等级证书后即可进入就业市场。

2. 全体公民

英国终身教育体系鼓励全民终生学习，因此无论年龄大小、学历水平高低都可以通过培训提升个人能力，获得相应的资格证书。英国职业技能培训学校较多，培训方式也较为灵活，公民可以根据自身兴趣、特长及个人学习实践参加社区培训、企业培训提升个人专业技能，并获得相应的资格证书。

第四章 国外职业教育高考制度的分析借鉴

同时,延续教育学院也面向其所在的整个社区,为社区提供教育以及培训服务,为希望继续接受在职培训的人员、希望更换工作或返校学习的成年人以及为充实自己希望学习新技术或新专业的人员开设课程。

(三) 英国职业教育考试招生制度的考试内容

1. 英国普通中等教育证书考试内容

GCSE 考试的命题由各考试委员会聘请中学和大学教师完成,题型有选择、简答、论证等多种形式,有的科目还加考实验。其中选择题从题库中随机抽取,考试范围和评分标准会事先公布。考试中涉及古代史、古代语言、艺术和设计、天文学、公共关系学、古典文明、计算机科学、舞蹈、设计和技术、戏剧、经济学、电子产品、工程、英语语言、英国文学、电影研究、食品制造及营养、地理、地质学、历史、数学、媒体研究、现代外语、音乐、体育、教育心理学、宗教研究、科学(生物、化学、物理及综合科学)、社会学、统计学等,共 50 多门课程。其中,考试成绩构成可以分为外部评价和内部评价两部分,外部评价主要是笔试,约占总成绩的 60%,内部评价是以平时成绩为主,占总成绩的 25% 以上。构建外部和内部双重评价体系,有助于促进学生重视平时在校的学习表现,更科学合理地评定学生的考试成绩。外部评价在试卷命题上,采取封闭和开放相结合的题型,合理布局试卷结构,试卷批改采用电脑双人双向阅卷,降低失误率,考试形式也趋于多样化。

2. 国家职业资格证书考试内容

英国国家职业资格证书制度(National Vocational Qualification System, NVQ)的专业标准体系以职业岗技能培训为基础。国家职业资格证书考试主要考查个人技术能力,并非过多关注理论知识。因此,NVQ 考试不追求卷面成绩,而是关注被考核者在工作中的表现是否与岗位要求相符,其考试形式是以工作现场考核代替传统课堂考试,以实际工作成果代替卷面成绩。NVQ 较少设置笔试,同时,对于不同的专业,NVQ 有不同的专业标准,通过被考核者在实践中的表现,坚持以职业标准为尺度,真实有效地考核考生工作表现,从而更为真实、客观、人性化地评判考生能力。

国家职业资格证书的评估过程大致分为四个阶段:制订评估计划、确定评估方法、收集并判断评估证据和评估结果的记录与反馈,其中评估方法通常包括观察法、作品评估法和提问法。评估员通常在考生身边持续观察，或当特殊行为发生时安排定期到访，并将完成的观察记录提交给内、外部督考员，并解释是如何得出关于考生能力评估结论的判断，并通过整体效果评估法和项目分解法得出综合评估结论。作品证据的形式包括信函、备忘录和报告等。提问的形式多种多样，从简答、多选、案例学习到项目等。收集和判断评估证据，则是 NVQ 的特色之处，将通过收集和判断证据以确定考生是否符合作业能力标准作为核心，任何类型和等级的职业都有相应的、具体的、可操作的评估标准。

3. 英国普通国家职业资格标准考试内容

GNVQ 是由英国国家职业资格委员会和其授予机构制定的职业标准，其标准更强调通用性且适用范围更加广泛。GNVQ 的制定目标则并不局限于职业教育，而针对更宽泛的教育和为学生提供具有普遍性的职业准备。GNVQ 在量化考查上使用统一规模和量的能力单元进行评估。与 NVQ 相比，GNVQ 更强调学生的就业准备和接受高等教育的准备，评估内容包括了基本操作能力和理论知识两部分，评估方式通常为学校考试，因此对于具体评估方式和内容，各个学校具有主导权。

GNVQ 采取综合性的评估体系，包括多种评估方式。其中对课程的评估包括由测试中心进行内部的连续性评估、外部评估以及等级评估等。在 GNVQ 的评估体系中运用最多的也是最具特色的是项目评估的方法——档案袋评估。根据使用目的、提交对象和帮助学生方面的不同，档案袋评估可以分为五种：理想型(ideal)、展示型(show case)、文件型(documentation)、评估型(evaluation)和课堂型(class)，其中理想型档案袋评估最为常用。理想型档案袋评估通常分为产生过程的说明、系列作品和学生的反思。储存于档案袋的内容可以是各种形式，包括文本记录、图示与表格、音像制品等。档案袋评估主要从质的方面进行，具有很大的灵活性。根据使用目的、服务对象和学生具体情况的不同，能够建立不同内容的档案袋，因此能更好地实现因材施教。

4. 学徒制申请方式

申请学徒有三个步骤：首先找一份学徒的工作；其次在国家职业服务中

心官网注册或创建一个终身学习账户；最后详细填写并提交个人申请。通过网络申请，学生可以在苏格兰、北爱尔兰和威尔士地区申请学徒制。通过网络审核后，审核过关的学生可以参加该学校面试或实习；未通过申请的学生可以通过国家职业教育网的电子邮件或电话进行反馈。

（四）英国职业教育考试招生制度的录取办法

英国在20世纪60年代以前一直由各大学独立招生和录取，1961年成立了大学招生委员会，经管全国大学招生具体业务工作，为大学录取和准备升入大学的学生提供服务，协调各大学的招生工作。其具体工作程序是：大学招生委员会把即将参加高级水平考试的考生的申请资料按志愿顺序分别寄给有关大学。各大学的初审意见经大学招生委员会反馈给学生，考生根据自己的实际水平，确定两所大学为申请学校。高级水平考试结果公布后，成绩符合志愿学校条件者即被录取。落榜生由大学招生委员会根据其再次申请的志愿，在剩余名额的大学中调剂录取。

录取的决定权掌握在大学手里，各院系认真查看申请材料，了解学生以前的考试成绩、平时成绩、日常表现和教师评语，从中选出若干学生来校面试，以进一步直接了解学生的能力、爱好和特长。面试后，大学提出的初审意见分为三类，即无条件录取、有条件录取和不予考虑。以GCE高级水平考试为例，获得无条件录取资格的学生不必参加GCE高级水平的考试，可直接被录取；有条件录取是要求申请人在GCE高级水平的考试中必须达到大学所规定的标准，方可被大学录取；不予考虑的学生则失去进入该校的资格。

（五）英国职业教育考试招生制度的管理机构

1. 英国考试管理机构

中央教育主管部门制定发展规划和战略，行业协会及其颁证机构了解行业和雇主需求，制定行业和岗位职业标准及教学计划；职业学院以及部分企业作为教学中心，根据教学计划，编写讲义，实施培训方案；地区培训机构或地区就业指导中心保证政府的职业教育计划得到落实，保证需要继续教育的人员能得到政府的支助，找到合适的培训机构。在推进职业教育的发展中，各部门相互协作、相互促进、环环相扣，形成了完整、科学、严谨规范的职业教育体系。因英国资格认证和考试管理办公室（The Office of Qualifcations and Examinations Regulation，OQER)作为考试监管机构提供了选考科目指导一揽子方案，包括考试授证机构及所有科目资格证书整体指导、GCE资格证书水平指导、GCE选考科目水平指导，要求各授证机构开发和设计每门课程的具体评价目标与评价要求，以便学生在选科之前对选考科目有一个清晰的认识。作为连接中等教育与高等教育桥梁的专门机构，英国高等院校招生服务处(Universities and Colleges Admissions Service，UCAS)在其网站上公布了21个大类学科门类的全部内容，包括"每一学科门类的二级学科分支、开设这些专业的具体高校、大学招生的具体科目要求、大学招录的具体办法"。相对于院校网站上的专业需求，服务处提供了全英院校专业的比较视角，在提供专业选考科目要求的同时，为考生提供"往年的报考人数、专业的就业率以及主要就业去向"。服务处还联合高等教育生涯服务组织(The Higher Education Coreers Services Unit，HECSU)发布《赢在未来高等教育申请》(Future Track Survey)的年度报告，基于大数据分析详细解读生涯选择、职业规划与愿景的多样性，剖析本科教育与就业的关系、学生选科的决策过程与支持体系以及生涯规划指导，为考生选科判断奠定重要的价值基础。

2. 英国国家职业资格证书的质量监督机构

英国目前有70家授予机构，其中皇家工艺学会考试委员会、伦敦城市及行业学会、商业与技术教育委员会三家授予机构承担了英国国内90%的资格证书颁发工作。为了建立严格的证书质量保证体系，确保评估程序和证书颁发的统一性和有效性，英国所有的证书机构都实行严格的督考制度。国家职业资格委员会负责国家职业资格质量控制的总体规划，并承担国家职业资格证书质量保证的全部责任。所有的证书机构必须每三年接受一次国家职业资格委员会的评估，以重新确认其资格。国家职业资格委员会主持制定了《证书机构共同协议》和《国家资格证书规则和指导》，对各种证书机构的组织管理、国家职业资格证书制度的执行标准和方法、证书机构的评估和监督、评估者和内外监考人员的任职资格与培训方式等细节都有相应的规定。

3. 英国职业服务机构

国家职业服务中心(National Careers Service)为英国各地学生提供职业信息、就业建议和指导，帮助学生在学习、培训和工作方面作出决定。该服务中心提供机密和公正的建议，并由合格的职业顾问提供支持。凡年满 13 周岁的学生，都可以通过国家职业服务中心免费注册终身学习账号，了解不同职业，并得到适合自己的就业指导。同时，该机构负责监管职业教育面试中对学生的不公平待遇及成绩复核，以保证每位学生的正当权益。

二、英国职业教育考试招生制度的启示

(一)证书转换制度，构建合理升学体系

英国以实现职业教育证书和 A-Level 证书间的相互转换，通过证书转换打通普通教育与职业教育的通道，完善了双轨制升学体系，同时保证了职业教育学生的学历提升通道，为国家培养高素质实用性职业人才奠定基础。如 GCSE 等级证书考试，是对所有接受义务教育阶段的学生实行分流，该考试不仅具有升学功能，同时具有就业功能。教师会引导 GCSE 成绩较为优异的学生提前进入 A-Level 课程研究，或引导学生加修两门感兴趣的课程，最终同时获得两门课程的 GCSE 等级证书。对于不愿意继续升学或不适合继续学习 A-Level 课程的职业教育学生，教师会为学生做好职业规划，引导学生选择适合自己的职业，并加强相应的职业技能训练，为进入就业市场或继续攻读高级职业教育证书(Advanced Vocational Certificate of Education，AVCE)做准备。同时，GCSE 考试形式丰富，往往更加关注学习中的过程性评价即学生在校表现，评价的方式较为多元。而在我国，中考、高考往往是升学凭证，对学生而言仅仅具有升学功能而不具备就业功能。中、高考往往以分数划分学校类型，成绩较为优异的学生升入普通中学，成绩较差的学生往往升入职业院校。在校期间，学生对于感兴趣的专业课程不能加修，毕业后获得的毕业证书与专业资格证相分离，成为正式的专业技术人员前仍然需要再次参加相关专业技能考试。由于我国还未打通普通教育与职业教育的通道，所以进入职业教育的学生想要升入本科获得本科学历和学位证书较难。因此，我国可以借鉴英国职业教育中证书转换的方式，打通职业教育与普通教育的通道，完善升学体制，为培养高素质专业技术人才提供路径。

(二)统一职业资格标准，构建纵横相交的教育体系

英国对于学校教育具有明确的培养目标，在纵向上利用统一的职业资格

制度实现中高等职业教育的无缝衔接,在横向上利用证书等级转换实现职业教育向高一级的普通教育流动。明确清晰的培养目标有利于完善人才培养方案,从而对学生系统连贯地实施职业教育,最终完成培养目标,为社会培养符合不同行业标准的中高等技术技能型人才。普通教育与职业教育的相互贯通可以构建科学的教育体系,促进职业教育人才不断发展,鼓励应用型人才在具备技术技能的同时强化理论水平,培养职业教育长效发展机制。而当前在教育部发布的《关于加强高职高专教育人才培养工作的意见》中明确指出,高等教育培养目标是:"培养拥护党的基本路线,适应生产、建设、管理、服务第一线需要的,德、智、体、美等方面全面发展的高等技术应用型专门人才。"这与中等职业教育培养技能型人才的教育目标具有较大差异,人才培养目标的不统一导致中高职人才培养缺乏连贯性,阻碍了中高等职业教育的有效衔接。因此,在中高等职业教育中,我国可以借鉴英国教育体系,利用统一的人才培养目标,对教学课程进行总体设计,实现职业教育课程开发的三个核心环节,即职业岗位分析、工作任务分析与职业能力分析。即在统一的职业教育资格框架下,根据各专业资格的等级要求,对中高等职业教育课程进行总体设计,培养真正符合不同职业需求的中高等技能型人才。

我国教育体系中,未形成普通教育与职业教育的互通机制,因此导致普通教育的学生向职业教育流动较为容易,但职业教育学生向高一级的普通教育流动较为困难。这不但阻碍了职业教育学生的学历提升,还不利于个人职业发展。因此,我国可以参考英国普通国家职业资格证书制度的成功经验,为普职教育的横向互动搭建桥梁,实现普职教育的双向流动。

(三)多样化课程选择,构建差异化专业培养模式

英国职业教育中十分注重相关专业课程设置及企业参与,在 GCSE 等级证书考试中,学生可以选择不同科目、不同难度等级的试卷进行考试,最终获得个性化的结果并根据个人兴趣、特长选择专业;在现代学徒制教育中,英国将用人企业置于资助的中心位置,使雇主成为培训的购买者,强化企业在教学中的参与程度,这不仅有利于职业教育与行业需求保持高度一致,也有利于提高职业教育的社会吸引力。

我国职业教育发展中缺乏企业参与,从而导致职业教育模式与企业需求

第四章　国外职业教育高考制度的分析借鉴

脱节；缺乏多样化选择个性化培养方案，从而导致学生学习的积极性、主动性较弱。2019年出台的《国家职业教育改革实施方案》指出："校企共同研究制定人才培养方案，及时将新技术、新工艺、新规范纳入教学标准和教学内容，强化学生实习实训。"因此，在我国职业教育改革中，可以借鉴英国职业教育改革经验，在教学考试制度中，为学生提供多样化选择。教师根据学生个人成绩、兴趣及特长为学生提供个性化职业规划，帮助学生达成学业目标；学生根据个人能力选择不同等级的试题进行考核，从而提高学生学习的积极性并达成个人学业目标。在企业参与职业教育方面，职业教育是企业满足自身技能人才需求的重要渠道，企业是职业教育体系建设的促进力，也是职业教育的风向标。

与此同时，面试在英国职业教育招生中尤为重要，通过教师面试考核不仅可以对学生的个人兴趣特长有所了解，还能对学生的学习能力、专业潜力进行深入了解，从而有利于为学生职业发展提供个性化指导。而我国大多数职业院校招生是以学生单一的卷面成绩为参考，仅个别专业进行面试，从而缺乏对学生的全面了解，无法提供个性化专业指导。因此，我国职业教育招生制度可以参考英国职业教育招生考试，加入面试环节，从而全面客观地了解学生的情况，为培养具有潜能的专业技术人员奠定良好基础。

(四)证书考评模式，培养知能并重的技术人才

英国在现代职业教育中，关注理论知识学习的同时更加关注对学生专业实践能力的培养，尤其在将理论知识应用于实践方面，注重培养学生的问题意识、解决突发问题、合作交流、组织计划及独立思考等能力。在学徒制中这一点体现得更为明显，学徒制培训采用以职业资格证书考核为主、工作现场考评为辅的考核评价方式，以国家级的职业资格证书考试代替传统的终结性评价，以取得相应证书才可获得就业资格的考核及用人制度，推进了职业教育中知识与能力并重的教育理念。其中，NVQ制度按照真实职场中所必需的知识和技能划分，将职业资格证书划分为五个级别，即初级学徒证书（NVQ1)、中级学徒证书（NVQ2)、高级学徒证书（NVQ3)、"高等"层次学徒证书（NVQ4、NVQ5)。这种新式的证书评价方式保障了职业技术教育的真正成效，实现了"课证"结合的职业人才培养模式。另外，在职业教育中，学徒

还要接受在工作现场中培训师及专业评估人员的不定期考评,评价人员一般由学校或培训企业指派。该考评方式一方面对学徒培训项目起到了过程性监督及专业水平考核作用,另一方面是对学徒个人实践能力的评估。通过测评及等级认证的过程,促使职业教育学生在掌握基础理论知识的同时不断提高专业应用能力,并为企业培养合格可用的专业技术人才。

我国职业教育考评模式往往是以单一的教学终结性评价为主,针对实操中的过程性评价往往也是由专业教师进行测评,评价中几乎没有行业专家及用人单位对人才培养的考评,使得我国职业教育人才培养往往与企业人才需求脱节,学生实践能力较弱,对于行业内领先的技术掌握不足。因此,我国可以借鉴英国职业教育测评模式,在原有的终结性评价中加入行业技术人员及用人单位对人才技能训练的指导,促使学生将学科理论转化为实践技能,帮助学生提高技能应用水平及对相关专业前沿技术的掌握,最终实现职业学校人才培养与用人单位人才需求的高度匹配。

(五)以人为本,成就终身教育

英国职业教育是面向全体公民的终身教育体系,职业教育不仅针对应届生,也针对在职生及海外留学生,学生可以采取多样灵活的方式完成课程学习,最终获得统一的专业资格认证证书。英国职业教育中,应届 GNVQ 课程主要面向 16~19 岁的青年人,具有普通教育和职业教育的双重功能,学生在 GNVQ 课程结束后既可以就业,也可以升学。NVQ 课程面向包括 16~19 岁的青年人在内的所有成年人,学制具有弹性,既可以是全日制学习,也可以是业余时间学习。而目前我国职业教育往往只针对应届毕业生,并且学习方式较为单一,缺乏弹性。因此,在职业教育不断推进的过程中,我国可以参考英国,建立统一严格的终身教育体系,通过灵活多样的学习方式为学生提供人性化的专业成长保障,从而满足社会发展对劳动者技能要求不断提高的需要。

第三节 日本职业教育高考制度

职业院校作为培养应用型人才的重要途径,为经济社会发展提供了丰富的人才基础,作为其人才选拔、准入门槛的考试招生制度不仅影响着学生的教育选择,与职业院校的建设更是息息相关。在多元化的办学体系下,日本职业院校在考试招生制度的建立上积攒了丰富经验,形成了具有特色的考试招生制度体系。在追溯日本职业教育考试制度发展历史轨迹的基础上,对其生源情况、考试内容、录取办法的实施及管理机构进行阐述说明,对我国职业院校考试招生制度的完善具有重要参考价值。

一、日本职业教育考试招生制度

随着政治、经济、文化、社会的不断变迁与发展,日本大学考试制度在曲折中不断改善,并且已经由"考试地狱"走向了考试多元化、合理化和统一性并存的局面。日本的"大学入学中心考试"与各大学的个别考试也取得了显著成果,其考试形式也趋于多样化。

(一) 日本职业教育考试招生制度的相关政策

通过入学考试评定学业成绩是日本自现代教育发端以来实施的传统招生办法。在公元701年,日本建立了"贡选制"的考试制度。明治时期,日本提出"求知识于世界"的兴国方针,引进了西方的大学制度,并且大学必须在入学前进行考试以评定学生的学力,这样,日本的大学入学考试制度就诞生了。而与此同时,日本学历社会逐步定型,导致了社会的强烈不满。于是日本开始再次进行考试改革,即增加高中数量,实行统考。昭和二年(1927年),原文部省规定要全面废除初、高中的入学考试,改为考查学生入学前后的学习成绩、重视内申书(指在日本由校长向升学和就职单位提供关于某个学生的报告,包括该学生的成绩、人品、表现等)。直至第二次世界大战后,日本的教育制度有了很大的变化,大学入学考试制度也在不断地改革和变化。

1947年,日本大学入学考试主要引进了美国的 SAT(Scholastic Aptitude

Test)即"学术能力测验"。次年,此测试与知识考试并行,由原文部省直属的国力教育研究所选编试题,进行全国统考。但是由于此项考试使学生负担加重,受到了很大非议,1955年,原文部省取消此项考试,改为各大学自行招生,回到了以知识为主的考试上来。由于日本一向重视发展职业教育,原文部省于1951年6月颁布了对职业教育进行国库补助的《产业教育振兴法》,该法对职业教育的振兴和发展起到了重要作用。依据《产业教育振兴法》和1947年颁布的《学校教育法》等文件,日本建立起完整的职业教育体系,主要有三种呈现形式。第一,《产业教育振兴法》中所规定的"产业教育"是指:"初中、高中、大学和高等专科学校为了使学生掌握农业、工业、商业、水产业和其他产业所必需的知识、技能和态度所进行的教育。"因而在小学教育阶段以后的各级各类正规学校都实施职业技术教育,这是日本教育的一个特点。职业高中是日本职业教育的重点,普通高中也设职业课程,供学生选修。第二,《学校教育法》第一条规定的"正规学校"以外的教育机关,统称"各种学校",也是进行职业教育的场所,如各种规模较小的职业训练学校,大部分为私立学校,学习1~3年,一般是单科,但专业范围很广。另外,把具有一定水平和规模的"各科学校"加以改组、升格而成的专修学校也是职业教育机构。第三,"产学合作"的职业训练,即产业界和学校合作进行职业训练,包括高中和大学同产业界的合作。此外日本职业教育不仅重视青少年就业前的学校职业教育,而且十分重视企业内部职工的职业技术教育。1958年,日本还颁布了《职业训练法》,推动了日本职业教育的完善和发展,该法于1985年更名为《人力资源开发促进法》,成为日本职业教育的重大特色之一。

职业教育在日本飞速发展的同时,为普通教育和职业教育甄选人才的大学考试制度也在不断地变革。1963年日本中央教育审议会提出,在改革高等教育的时候应把大学入学考试作为重点。原文部省设立的考试专门研究机构——能力开发研究所研制的全国性的大学入学考试即"能研考试",其模式为"学历考试+升学适应性考试+职业适应性考试"。但由于许多大学持抵制态度,此项考试终因使用者过少而不得不在1968年被废止,各大学又恢复学科知识考试。

由于社会上的企业公司等用人单位始终觉得应该有一个全国统一的大学

第四章 国外职业教育高考制度的分析借鉴

入学考试,才能保证毕业生的基本质量,1975年日本国立大学协会经过长期的调查研究,提出了关于国立大学实行统一招生考试的最终报告,主张进行两次大学入学考试:第一次为全国统一考试,第二次为各大学的自主招生考试。1977年日本政府修订了《国立学校设置法》,正式成立作为国立大学统一考试实施的机构——大学入学考试中心。1979年推出了以国、公立大学入学志愿者为对象的全国大学入学统一考试——"共通第一次学力考试(JointFirst-Stage Achievement Test)",简称为"共通一次"考试,考五学科七科目(国语、数学、英语、理科1~2、社会1~2),1987年减少为五学科五科目。此项考试的实行标志着日本的大学(指国立大学和公立大学)考试基本模式构建完成,建立了全国统一的高等教育入学选拔制度。

20世纪90年代前后,日本大学入学考试的大一统模式带来了种种弊端,诸如中学教育乃至整个基础教育的扭曲、学生身心发展残缺以及高校招生自主权的丧失等。同时日本国内变革高校招生考试制度的呼声和实践探索从未中断过,并且出现了建立完善的"多元化"高校招生考试制度的趋势。1990年,日本推出了新的统一考试办法——"大学入学中心考试"(简称"中心考试")。此项考试与"共通一次"考试相比,依然是由两次考试组成,即第一次的全国"中心考试"和各大学考试招生部门的第二次选拔。"中心考试"由独立行政法人"大学入学考试中心"(National Center for University Entrance Examination)组织全国统一的学力考试,目的是帮助各大学"判定考生高中阶段基础性学习完成的情况"。而各大学的个别考试又赋予了大学本身更多的自由选择权和自主决定权,也在一定程度上改变了高中应试教育的状况,实现了大学招生考试的个性化和特色化。在日本大学入学考试制度不断革新和发展的过程中,日本职业院校也在考生招生的工作中获得了更多自主权。通过中心考试在保证备选高中毕业生合格地完成高中学业的基础上,职业院校可以获得更加适合从事职业教育的生源。

(二)日本职业教育招考制度的生源情况

从日本职业教育体系的角度来看,由于从小学到研究生阶段的各类学校中都会渗透或承担着职业教育的功能,因此日本职业教育的生源来源较为广泛和稳定。在承担职业教育功能上,中学后阶段的学校教育是其主要承担者。

中学毕业后的学生会通过上大学(主要包括大学、短期大学、高等专门学校等)、直接就业、进入专修学校和待定几种方式进行分流。其中，日本的职业院校通常包括技工学校，职业高等学校和专科学校，进入这些学校的学生意味着将进入高等职业教育。具体来说，技工学校主要招收初中毕业生，是为培养技术工人设立的技能研修设施，主要由大国有企业经营，其中以三年制居多，也有两年制。职业高等学校(类似于我国的职业中学)主要招收中学毕业后不去就读大学的学生，学制为三年制。此类学校主要培养现场技术工人，除了学习掌握专业技术的基础知识外，还进行实践培训。毕业生大多进入公司和企业就职。专科学校(类似于我国的中专)同样招收不能进入大学的高中学生，主要涉及中等专门学校和中等师范学校。此类学校的主要任务是培养小学教师和制造业的初级技术人员，实行两至三年学制。总之，无论是日本高等专门学校(入学对象为初中毕业生，修业五年，就业方向一般是以制造业为中心的企业为主)，还是日本短期大学、专修学校等各种职业教育相关的高等学校均具有多样性(入学资格、专业设置、修学年限等多种选择)、灵活性(规模小、好管理)和实用性(针对就业)等特点。

　　由于日本的职业教育与普通教育在日本国民教育体系中均具有重要地位，也共同组成了国民教育的核心内容，因此二者在日本教育体系中具有同等重要的作用和地位。为了提升高等职业教育的内在价值，日本文部科学省还针对职业教育学校所培养的毕业生设置了"专门士"的称号，该称号相当于"准学士"学位的层次。取得"专门士"称号的毕业生在继续升学或者应聘国家公务人员及社会各类对口单位时享受与普通大学毕业生相同的待遇和资格。为了进一步鉴别和确认不同学生的职业技能发展水平，日本还为进入职业教育的人才创设了职业资格鉴定制度。针对不同职业的从业要求，该制度确定了特级、一级、二级和三级四个职业能力水平点，并颁发相应的职业资格证书。此类职业资格评价弥补了学历教育无法体现出学生职业能力水平的弊端，因此该制度获得了社会的普遍认可。总之，专门的毕业生称号和职业资格鉴定制度认可了职业教育学生的价值和社会地位，因此高等职业教育学校的生源来源比较多元化，而且能够保证不同生源对于不同职业规划和学习发展的个性化要求，这便保证了高等职业院校生源的可持续性获得。

第四章 国外职业教育高考制度的分析借鉴

(三) 日本职业教育招生考试制度的内容

日本职业教育教育招生考试内容主要从两个环节体现，即大学入学中心考试和个别考试。前者为职业院校选拔人才提供了直观的成绩和高中学业的完成度情况，后者为职业院校有针对性地录取学生提供了灵活度较高的考核办法，具体考试内容如下。

1. 日本大学入学中心考试

日本现行大学入学考试是1990年实施的以判定考生高中阶段基础知识学习状况为主要目的是大学入学考试。此项考试不仅增加了考试的弹性和灵活性，也有助于实现各大学招生考试的个性化和特色化，同时兼具权威性与灵活性，吸引了部分私立大学参加，实现了国家对私立大学的调控，这也是高等职业院校招收学生的重要步骤。在统一招生的招生方式中，由政府组织的学力考试的考试成绩是大学入学考试的重要组成部分。日本组织的第一次学力考试即全国范围的"中心考试"注重考查学生的基础知识和学科能力，并在考试科目、考试内容、考试方式等方面呈现出多样性和科学性。

在2004年4月全国实施大学法人化改革以来，日本高考制度也发生了大的变化，大学升学率从1996年的39.0%提高到2006年的53.2%，使日本的大学能基本满足学生的升学需要。此外，目前适应新形势发展的推荐入学(分为一般推荐和指定学校推荐两种，主要面向高中生的保送)，招生办公室高考选拔，综合学科毕业生的选拔，专门的高校毕业生选拔以及各大学以归国子女、自中国等返回者的子女、社会人(主要面向无业人员或社会临时工)等为对象的选拔和一般选拔AO制度(主要面向有工作的人员)也深受瞩目。截止到平成19年4月1日(公元2007年4月1日)，有83所国立大学的382个学部、73所公立大学的166个学部、561所私立大学的1 496个学部，共717所大学的2 044个学部通过各种考试招生。2007年，私立大学经过推荐入学和一般选拔入学的学生已经占全部招生人数的71.9%，其中一般选拔占39.1%。大学推荐入学合格率达到63.1%。2007年，全国所有大学通过推荐入学制度入学的学生占35.7%，通过AO考试制度入学的学生占6.9%。

另外，日本公、私立短期大学的招生情况会受到大学入学考试制度改革的影响。截止到平成19年4月1日(公元2007年4月1日)，有24所公立短

· 103 ·

期大学的60个学部、365所私立短期大学的770个学部,共389所短期大学的830个学部通过各种考试招生。各类短期大学预计招收91 897人,实际招收83 864人,差额8 033人。而平成18年(公元2006年)各类短期大学预计招收95 461人,实际招收90 115人,差额5 346人。由此可见,日本各类短期大学招收人员不足,并且每年呈下降趋势。这一方面有着短期大学自身发展不完善的因素,另一方面也不排除各类国公、私立长期大学考试招生制度的完善所造成的影响。

2. 大学个别考试

日本各大学的第二次选拔形式多样,突出了录取学生的针对性和倾向性。具体主要涉及三种考试类型:一般入学、推荐入学和招生事务所选拔入学。一般入学就是以学力考试为中心,以考试成绩为重要依据的招生选拔方式。推荐入学是以调查书、推荐书等资料为录取的主要依据,完全或部分减免考生学力考试的招生录取办法,这有利于大学教育与高中教育的有效接续,对学生的情况可以全面掌握,此项考试常作为日本学力考试的重要辅助手段。招生事务所选拔(Admission Office,AO入学)是第三大入学方式,它是指学生和大学进行诸如就业考试一样的双向选择。它是1990年首先由庆应大学从美国引进的,并根据日本的实际加以改造后创立,其目的在于不过度偏颇学力检查,而是通过高中所提供的详细书面资料与细致的面试相结合,辅以撰写小论文等形式判定考生的能力和适应性。总之,多样化的大学入学考试方式为日本高等职业院校的招考提供了可供多项选择的录取途径和参照标准。以上所介绍的各类高等教育入学选拔方式(见图4-1)有效地配合了日本教育改革的进程,逐步满足了学生的升学需求。

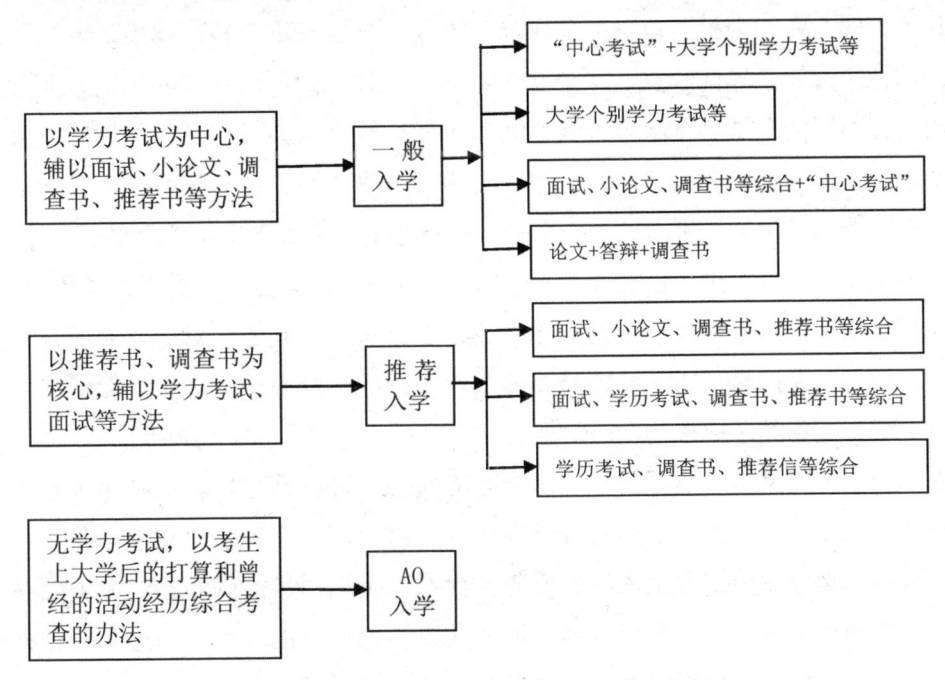

第四章　国外职业教育高考制度的分析借鉴

```
                                    ┌─→ "中心考试"+大学个别学力考试等
以学力考试为中心,                     │
辅以面试、小论文、调查    ──→ 一般入学 ├─→ 大学个别学力考试等
书、推荐书等方法                     │
                                    ├─→ 面试、小论文、调查书等综合+"中心考试"
                                    │
                                    └─→ 论文+答辩+调查书

                                    ┌─→ 面试、小论文、调查书、推荐书等综合
以推荐书、调查书为                   │
核心,辅以学力考试、    ──→ 推荐入学 ├─→ 面试、学历考试、调查书、推荐书等综合
面试等方法                           │
                                    └─→ 学历考试、调查书、推荐信等综合

无学力考试,以考生
上大学后的打算和曾
经的活动经历综合考    ──→ AO入学
查的办法
```

图 4-1　日本大学入学招生考试的主要模式

(资料来源：Examinations Research Oct. 2005 Vol. 1, No. 3：116.)

(四) 日本职业教育招生考试制度的录取办法

日本职业教育依靠大学入学中心考试和个别学力测试的方式来录取学生。具体录取办法有三种,即常规录取办法、甄选型录取办法和特殊型录取办法,具体如下。

第一,常规录取办法。此办法在大学入学考试录取中运用得比较广泛,各高校会根据自身招生需求而确定对应的录取分数,该分数是判定考生是否符合入学资格的评价标准之一。根据日本《高中教学大纲》的要求,考生需要通过大学入学中心考试中的国语、理科、外语等科目考试,并以此检验考生在中学阶段的学习成果,这也是测评学生是否具备接受高一级教育的知识储备和能力的测验,通常被视为步入高等教育的第一次选拔型考试。大学入学中心考试是一项统一度较高的测试,绝大多数考生都需要参加该考试,从而获得进入高等教育的重要分数指标,但在录取环节上,各高校特别是不同学

校的不同专业均会根据自身的要求确定不同的录取标准，从而体现录取结果的因地制宜和差异性特点。除了必选考试科目外，同一所高校的不同专业可以选择不同的考试科目组合方式，并基于考试侧重点和录取分数的不同而录取最适合就读本专业的考生。在第一轮中心考试之后，各高校通常会开展第二轮的个别考试。个别考试的作用除了检验考生的个人素质与学业水平之外，还要起到分流考生进入最适合专业的目的。其考试内容也更加贴近专业倾向，比如小论文的内容便由学校的具体专业选定，从而考查考生对专业的适合程度。总之，无论是普通高校还是高等职业院校的录取办法大多会采取常规录取办法，达到其录取最适合的学生的目标。

第二，甄选型录取办法。该录取办法的最大特点是分批次录取和多专业组合录取。不同高校会根据自身录取生源的需要制定多种录取标准，并在录取人数、学业成绩、考生入学志愿等方面对考生作出最后的甄选。为了能够更加精确地甄选出最适合就读本专业或从事某项职业的考生，相近专业会相互配合制定出极具针对性的录取标准，比如考试科目的特殊组合。最终运用哪种标准来录取考生的决定权在于考生方面，考生倾向于修习哪个专业或规划发展哪种职业，学校便用对应的考核标准进行评价，从而达到学校招生与考生入学志愿的一致性。甄选型录取办法突出了录取方式的针对性和学校与考生的双方自主性，增加了考试录取办法的灵活性，这也是考试常规录取办法的有效补充方式。

第三，特殊型录取办法。此录取办法主要针对在学业和能力上有明显偏向的考生，具体办法有分范围录取和非量化条件录取。为了选拔出在某个学科有特长的学生或者未来非常适合从事某种职业的学生，高校会针对学科或职业所需的特殊才能提出比较高的录取条件，例如为了培养翻译人才，会对考生进行较高难度的外语加试，如果通过该测试，则可以直接被录取。这种划定特殊考试范围的录取办法，保证了那些具有特殊才能的偏科学生获得相对较好的专业学习和发展条件。另一种特殊型录取办法即非量化条件录取办法，主要涉及校长和学界权威人士的推荐信、学生以往学习经历的调查书（调查书包括学业成绩、社会服务、个人品质与身体状况等详细记录）以及其他能够证明考生综合素质的相关材料，这些证明材料和成长记录可以帮助高校更加全面和生动地了解考生的成长经历和自身发展程度与轨迹。

总之,日本职业院校的考试招生办法在依据常规测试分数的基础上,会针对学生未来所从事的职业特点而运用多样化的录取办法进行学校和学生的双向选择,录取办法的高针对性和灵活性也确保了学校录取合适的考生以及考生考取理想的学校。

(五) 日本职业教育招生考试制度的管理机构

日本职业教育招生考试制度的管理机构主要涉及日本文部科学省、大学入学考试中心和各个高校等,各层级的管理机构承担着不同侧重点的任务,并确保考试招生的顺利实施,具体管理职责如下。

第一,日本文部科学省。直接负责高等教育考试招生工作的是日本文部科学省的高等教育局,该局是各种高等教育政策的直接推动者和落实者。高等教育局的职责包括批准设立大学、专科学校和技术学院,并通过评估保证教育质量,并支持大学教育改革,促进高层次专业人才的发展。同时,它还负责对高等教育入校学生的选拔、学生支持、国际化、学生交流、兴办国家级综合型大学进行管理等。此外,它还通过税收激励、补贴和行政指导与建议来促进私立学校的发展。从总体上看,高等教育局在高等学校的招生考试工作中主要扮演了考试招生政策的推行者、解读者、问责者和监督者的角色,对考试招生工作负有全局把控的职责。

第二,大学入学考试中心。该中心直接负责日本大学入学考试的实施工作。大学入学考试中心是日本文部科学省设立的直接负责全国高等教育考试的直属机构。从身份归属上说,大学入学考试中心具有独立的法人地位,既受到文部科学省的行政领导又具有独立地位,二者实行政务分开。也就是说,考试招生的政策规定等由文部科学省发布和管理,大学入学考试中心具体负责与中学和大学之间的信息沟通与传递,考试的命题、组织、实施、评阅、公布成绩等。也就是说,大学入学中心考试的全过程由大学入学考试中心全权负责。同时,大学入学考试中心还会配合各大学在个别考试过程中开展考试招生工作,并对个别考试的过程进行适当的监督。

第三,各高等院校。各高等院校主要参与大学入学中心考试后的自主招考工作。高校内的招生部门和学部会根据自身招生要求来设定具体的录取参考条件，在统一考试分数的基础上，各个学部会审查考生的中学调查书、接收中学校长及学界权威人士的推荐信以及各类能够反映考生学业与个体发展水平的书面材料。高校通过对考生情况的全面掌握来综合评判考生的做法体现了人尽其用、不忽略任何一类人才的态度和做法，这也在客观上鼓励了未来的考生不仅要注重考试成绩，也需要重视真正能力的获得。

总之，无论是作为高等院校招生考试政策的制定者和考试工作的监督者角色的文部科学省，还是作为负责第一次全国统考的大学入学考试中心，抑或开展个别考试的各招录院校，其管理和服务的职责必然是通过测验和综合评价的方式选择出综合素养优秀的学生以及符合某类高校或专业所需特殊能力的学生。日本高等职业院校在此考试招生制度中便发挥着挖掘未来职业人才和各类从业者的职责。

二、日本职业教育考试招生制度的启示

日本大学入学考试制度经过了长期的发展与改善，逐步实现了选拔方法、评价尺度、招生方式的多元化。日本大学考试选拔中特别重视与高中教育的衔接。大学不仅要看学生的应试成绩，还要参考学生在高中阶段的成绩、平时的表现、参加的活动等情况，高中学校的校长或相关人员均有权推荐学生。这样，增强了高中教学的权威性，增长了高中教师等人员的责任感，并且有利于学生的诚信教育，避免了单一的结果评价所造成的不公平和不全面的现象。与此同时，日本正在由学历社会向能力社会过渡，在日本国内所兴起的"资格热"反映了日本不单纯重视学历，同时也注重能力的发展趋势。这也促使人们在选择升学志愿时表现得更加理智，个人兴趣对升学志愿的影响在不断增加。这在客观上提升了日本高等职业教育的社会需求和地位，而日本高等职业院校所遵循的考试招生办法恰当地实现了中学毕业学生的分流，也为自身录取到适宜的生源提供了实践途径，这些具体做法为我国高等职业院校考试招生工作提供了借鉴经验。

第一，以招生考试制度提升职业教育的社会地位。日本的职业教育系统为社会经济发展提供了大量的技术人员与素质相对较高的各行从业者。能够收获以上成果，除了职业教育本身教育质量能够得到保障之外，与日本职业

第四章 国外职业教育高考制度的分析借鉴

教育较高的社会地位与民众认可度也是密不可分的。而日本职业教育能够达到与普通教育具有同等地位的原因之一，便是从大学入学考试制度的偏重上予以体现的。日本高等职业院校的考试招生办法在认可全国统一高等教育入学考试成绩的基础上，会发挥各高等职业院校不同职业科目的特点来制定二次考试评价的考试内容及考试方式，目的便是甄选出具备最适合某一职业从业者相应能力的考生，这也帮助了考生选择出最为适合自身未来职业成长的专业进行学习，从而提升了高校的招生意愿与考生的报考志愿的双向一致度。可以说，从高等职业院校特定的招考内容与方式，以及科学的招考办法为考生获得适合的专业学习机会并为未来社会从业做好充分准备的角度来说，日本职业院校考试招生制度保障了日本职业教育的社会认可度，也保障了考生在未来社会从业中获得良好的社会境遇。

第二，招生考试监督与问责明确化。为了避免单一的应试导向，日本高等职业院校采取了多元化的录取方式，这在人才选拔、专业能力对口、测试的科学性与公平性方面均有所改善，但其所带来的问题和隐患也是存在的。通过推荐录取、破格录取以及自主考核录取等方式提升了高校录取考生的自主性和针对性，这对选择适合于本校专业能力发展的考生具有积极意义，但招生考试录取权限的提升必然需要完善的监督与问责机制予以规范，从而避免考试招生不公平现象的出现。明确的招生考试监督与问责机制的落实离不开大学入学考试管理机构的管理与规范，这便需要从文部科学省到各高校建立起联动统一的监督与问责机构。例如，从负责考试招生的各级管理机构抽调专业和权威人员组成招生考试监督委员会，同时无论是监督机构还是问责机构，都要引入社会监督个体或社会第三方监督机构参与开展具体的监督与问责工作。此外，监督与问责的规章政策也需作出明确规定，详尽的问责办法可以确保招生考试工作的公开与透明。

第三，改进考查内容，促进录取方式多元化。大学入学考试的内容过于单一或固定化则会限制考生能力多元化发展的内在需求。打破文理学科界限，从专业和职业能力需求出发，在统一考试成绩基础上多元化地创设录取方式可以最大限度地避免人才流失，也可以降低中学生在备考高等教育入学考试时的压力，自然也就减少了应试现象的出现。报考高等职业院校的学生在追求知识和提升职业能力的导向下可以获得更为全面与合理的发展。

总之，推荐入学和 AO 入试制度逐步成为日本高等职业院校考试招生的发展方向和重点方式，但是在目前看来，大学入学中心考试依然是职业院校考试招生最为重要的参考指标。日本报考大学和短期大学的总人数将与入学招生人数相当，即进入"全入时代"。有的学校便提出可以让报考者全部入学，但学业层次升级和毕业则要从严把握；还有的学校考虑要扩大 AO 入学制度的实施范围，从而增加高校与学生双向选择的灵活性和自主性。无论日本职业院校考试招生制度未来如何变化，其考试方式都会走向全国统一规范基础上的考试招生自主性和多样化。

目前，日本的各种考试改革取得了很好的成效，但从根本上改变日本考试制度中的弊端还需要进行不断的探索和改革，日本社会重视学历教育特别是名牌大学学历的社会迹象依然需要进一步改善，这也是我国高等职业教育改革中应该注意的问题。此外，我国要根据本国国情，优化高等职业院校考试选拔制度，注重公平性和多元化，增强各相关方的责任感，加强中学的考试教育工作，使我国的高等职业院校招生办法能够适应学生、社会乃至国际的要求，最终达到人本价值、社会价值与职业价值的一体化取向。

第四节 新加坡职业教育高考制度

新加坡职业教育经过多年发展已形成较为完备的教育体系，及较为科学的招生考试制度。新加坡职业教育利用招生考试制度突破"普职"教育壁垒，实现普通教育与职业教育的双向流动，为职业院校学生打通了升学通道；利用灵活的招生模式，促进职业教育"因材施教"提高教学质量；通过扩大招生范围，实现教育终身化理念，从而培养具有专业知识与专业技能的技术人才。新加坡从教育分流到普通教育与职业教育一体化，已形成各学段衔接紧密、纵横有序的教育体系。因此，新加坡职业院校的招生考试制度对我国深化职业教育体制改革、提高职业教育质量、培养应用型人才方面都具有借鉴和启示的意义。

第四章　国外职业教育高考制度的分析借鉴

一、新加坡职业教育招生考试制度

新加坡中学教育在国际上的排名一向靠前并享有较高声誉，这不仅得益于新加坡政府对教育发展的强大财政支持，还得益于新加坡较为科学的职业教育体系。20世纪50年代末为了刺激经济活力，实现经济模式多元化发展，新加坡开始大力发展职业教育，这促使新加坡形成职业教育与普通教育双轨并行的教育体制。20世纪70年代末，新加坡对职业教育实施全面改革，从双轨统一、证书互认、加大投入、提升师资四个方面入手，扭转了社会对职业教育轻视的态度，提升了职业学校的教学质量，从而使新加坡职业教育迎来蓬勃发展的春天。面对大量职业院校学生，如何为学生提供个性化的职业教育，科学评测学生能力成为新加坡职业教育改革的重点。通过剑桥等级考试、各高校自主招生、联合招生等考试招生制度，新加坡成功地实现了人才个性化、多元化教育分流，跨越了职业教育与普通教育的鸿沟，帮助学生发现自己的才能，充分利用自身才能，发挥学生全部潜能并激发学生终身学习的热情，培养具有全球视野，掌握先进职业技能的国际领军技术人才。

(一) 新加坡职业教育招生考试制度的相关政策

目前，新加坡实行普通教育与技能教育的双轨制教育制度，中学教育为四年或五年，经过小学会考筛选，成绩优异的学生进入快捷班，成绩一般的学生进入普通班。快捷班为四年制中学教育，学生完成中学课程后，通过英国剑桥普通教育证书"O"水准考试，成绩最优秀的10%学生进入初级学院(Junior College，类似我国的普通高中)，成绩次优的学生进入理工学院(Polytechnic，相当于我国大专)。普通班为五年制中学教育，学生完成中学课程后，通过英国剑桥普通教育证书普通水平"N"(初级)水准考试，大部分学生直接进入新加坡工艺教育学院(Institute of Technical Education，ITE)(相当于我国职业高中)，少数成绩优异的学生可以继续修读一年，第二年参加GCE"O"水准考试升入理工学院或进入初级学院。

经历中学教育后，快捷班学生需要参加GCE"O"水准考试，普通班学生则需要参加"N"(初级)水准考试，最终进入工艺教育学院继续学习。由此可见，新加坡的教育体制是通过分班及考试达到学生分流的目的，使少部分优秀学生接受精英教育，其余学生根据个人学习能力、才能及兴趣爱好选择相应的学校进入职业教育，但职业院校学生也可以通过考试招生制度进入普通高校，从而实现了普通教育与职业教育的双向流动。同时，GCE"O"水准考试面向14~25岁考生并向社会公开招考，因此无论是在校生还是在职成人，凡符合报考条件的考生都可以参加考试，因而接受职业教育的学生占比最大。因此，新加坡政府非常注重职业教育，并为职业院校制定了较为多元化的入学考试及招生政策，具体包括以下几种。

1. 新加坡剑桥"O"水准考试

新加坡剑桥"O"水准考试（Singapore – Cambridge General Certificate of Education Ordinary Level Examinations，GCE"O"Level）是由新加坡教育部和英国剑桥大学考试委员会共同主办普通教育程度统一考试，根据GCE"O"水准考试的最终成绩，学生被分流进入初级学院（高中预科班）接受普通教育，或进入理工学院、工艺教育学院接受职业教育。该考试每年举办一次，针对年龄在14~25岁的中四速成班、中五普通班考生及符合报考条件的在职成人均可报考。

参加GCE"O"水准考试的中学生可根据个人的最终成绩，分别进入初级学院和高级中学、理工学院、工艺教育学院。同时，由于国际上许多国家承认GCE"O"水准考试成绩，因此学生也可以凭CE"O"水准成绩申请英联邦及其他国家的初级学院或大学课程预备班继续学习。每年几乎有15%的中学生通过GCE"O"水准考试接受普通高等教育，而大部分中学生则通过GCE"O"水准考试进入五所政府理工学院，完成三年职业教育课程后，可在新加坡就业，或继续攻读大学学位。还有15%的中学生根据GCE"O"水准成绩进入工艺教育学院就读，毕业后学生可以参加工作，或到理工学院继续深造。

2. 新加坡剑桥"N"水准考试

自2008年起，新加坡剑桥"N"水准考试分为普通（技术）教育证书水平考试[Singapore – Cambridge General Certificate of Education Normal (Technical) Level，GCE"N"(T)水准考试]和普通（学术）教育证书水平考试[Singapore – Cambridge General Certificate of Education Normal (Academic) Level，GCE"N"(A)水准考试]，该考试是面向普通学校和私立学校考生的全国性考试。GCE

第四章　国外职业教育高考制度的分析借鉴

"N"(T)水准考试主要针对公立学校中四年级学习 GCE"N"(T)课程的学生;在特定科目上表现优异的学生,可获准参加 GCE"N"(A)水准的部分科目考试;以及符合报考资格 GCE"N"(T)级考试的在职成人均可报名。GCE"N"(A)水准考试主要针对在中四修读"N"(A)课程的学生;个别科目成绩优异的学生,可获准参加部分 GCE 普通程度科目考试;以及符合报考要求的在职成人。另外,GCE"N"水准考试合格的学生可以参加 GCE"O"水准考试,从而进入初级学院(高中预科班)接受普通教育,或进入理工学院接受职业教育。

3. 理工学院早期入学考试(Polytechnic Early Admissions Exercise, Poly EAE)

理工学院早期入学考试是以五所理工学院(南洋理工学院、新加坡理工学院、义安理工学院、淡马锡理工学院及共和理工学院)为基础的自主招生入学考试。Poly EAE 主要针对参加 GCE"O"水准考试的应届毕业生、工艺教育学院毕业学生和工艺教育学院高年级学生,早期入学考试最多可录取报考理工学院全部学生人数的 15.0%。该考试允许学生在未获得 GCE"O"水准考试最终成绩之前申请学校,并收到理工学院的有条件录取通知书(在 O 水准考试分数达标后可正式入学)。由于最初成立理工学院是为了培养专业人才,支持新加坡的科技和经济发展,因此,理工学院致力于为学生提供与工作有关的专业技能,使新加坡在迈向知识型经济的过程中具备竞争优势。在 Poly EAE 选拔学生时,学校除了关注学业成绩外,还会根据学生的个人能力和兴趣爱好更灵活地考查学生的综合能力,从而录取更为全面的人才。

4. 工艺教育学院早期入学考试(Institute of Technical Education Early Admissions Exercise, ITE EAE)

工艺教育学院(ITE)成立于 1992 年,长期以来致力于打造国际优秀的专科职业院校,同时 ITE 也是新加坡制定技能标准和技能认证的国家权威机构。在专业技术人才培养方面,它始终以培养具备专业知识和技能的优秀专业人才为目标,实施"因材施教"的办学理念。

在 ITE EAE 人才选拔时,ITE 以专业为基础,根据学生个人能力和兴趣爱好进行自主招生。学生可以在取得 GCE"O"水准考试成绩之前,申请并获得有条件入学通知书。对于早期入学考试,ITE 采取较为灵活的自主招生政策,主要针对中学应届毕业生及在职成人。ITE 选拔过程更多地关注学生个人能力,从而录取更具有专业潜力的人才。工艺教育学院通过考前审核学生递交的 ITE EAE 考试申请,在考核时更加关注学生所具备的所选专业的专业素养,如体育、艺术、领导、创业及社区服务等方面的杰出才能,并且更关注个人在该专业的天赋及学习兴趣,如在绘画和艺术方面的学习天赋和热情等。

5. 联合入学考试(Joint Admissions Exercise, JAE)

联合入学考试是由新加坡教育部(Ministry of Education, MOE)协调五所理工院校(南洋理工学院、新加坡理工学院、义安理工学院、淡马锡理工学院及共和理工学院)开展的联合招生活动,该考试主要针对已持有 GCE"O"级证书的学生,在 GCE"O"水准考试成绩公布后实施招考。联合招生除面向已通过直接招生——专科学校(DSA-JC)计划/理工学院提前招生计划(Poly EAE)/ITE 提前招生计划(ITE EAE)成功录取的学生外,具备以下条件的考生也可报考。

(1)凡持有有效 GCE"O"级考试成绩的新加坡公民(SC)或新加坡永久居住(SPR)公民。

(2)对于就读于新加坡公立学校、政府资助学校或私立学校的国际学生,且持有有效 GCE"O"级考试成绩的考生。

(3)申请 DSA-JC/Poly EAE/ITE EAE 未成功的学生。

(4)对于已经就读工艺教育学院的学生,如果希望重新申请学校,不需要参加 JAE,直接对新加坡工艺教育学院提出申请即可。

在申请 JC/MI/Polytechnic/ITE 的不同学校时,必须符合有关院校入学的最低分数线。由此可见,联合招生不仅针对应届中学生,同时面向国际生及持有有效 GCE"O"成绩的公民,从而为更多想要提升个人技能及学历水平的在职成人提供机会。

6. 理工学院基金项目(Polytechnic Foundation Programme, PFP)

理工学院基金项目(PFP)是专为工艺教育学院"N"级(学术)学员设计的一年制项目,凡报名参加该课程的学生,将获得新加坡理工学院(Singapore Polytechnic)的一个临时名额,在一年内通过所有模块测试的学生就可以通过 GCE"O"级考试升入理工学院或初级学院学习。在 PFP 中会有一个专门的 SP

第四章 国外职业教育高考制度的分析借鉴

讲师团队,尽力帮助学生通过这一年基础课程的学习升入理工学院或初级学院,未成功的学生可以继续在工艺教育学院完成学习。对于申请PFP计划的中四普通(学术)学生,要确保中四"N"级成绩符合PFP资格标准,即在申请第二年成功升入中五。

PFP成功地打通了工艺教育学院到理工学院的升学路径,帮助具有突出学业水平及个人能力的学生获得升学机会。因此,在新加坡通过不同的考试招生制度,可以帮助学生寻找更符合个人能力的学校,同时为渴望提升文凭的学生搭建平台,这不仅使学生接受教育的权利更加公平,还有利于实现公民的终身教育。

新加坡职业教育考试招生制度较为灵活且纵横交错,如图4-2所示。在新加坡公立学校招考制度中,对于未参报提前考试计划的中学应届毕业生,还可以根据GCE"O"水准考试结果,参考各学校最低录取分数线进行申报并取得入学资格。对于不符合公立学校入学要求或因个人原因不能进入公立学校的考生,可以申请新加坡私立学校继续学习。由于新加坡私立学校众多,入学考试往往采取自主招生的方式。因此,在申报时学生需要根据各学校具体要求准备申请材料进行申报。

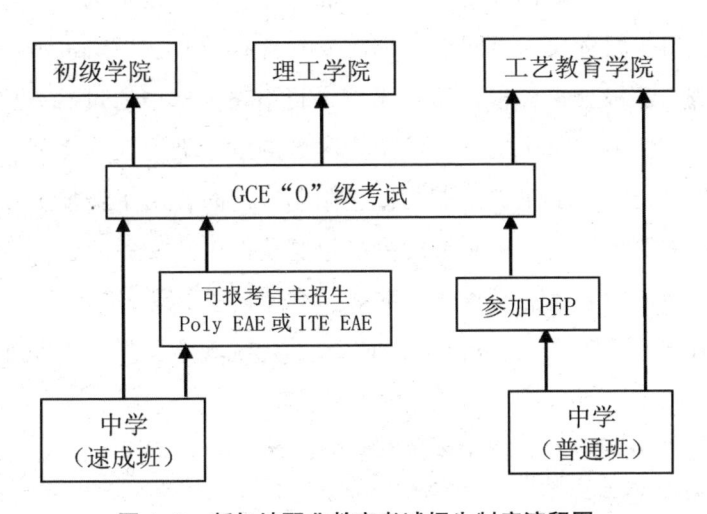

图4-2 新加坡职业教育考试招生制度流程图

(资料来源:根据新加坡教育部官网中的新加坡教育体系表整理。)

(二)新加坡职业教育招生考试制度的生源情况

根据《新加坡义务教育法》的规定,"义务学龄"儿童是指六岁以上,尚未达到十五岁的儿童,因此职业教育不属于义务教育,对于已有中学毕业证明的学生不再强制入学。但由于新加坡提倡"教育终身制",所以在职业院校考试招生中,从考生入学年龄划分大致分为在校考生和成人考生两类。对于因个人原因无法继续深造的学生,在工作后可以根据个人证书等级或有效GEC"O"水准考试成绩向职业学院提出申请,并在考核通过后进入学校继续深造。

在新加坡公立职业教育中,主要分为理工学院(南洋理工学院、新加坡理工学院、义安理工学院、淡马锡理工学院及共和理工学院)和工艺教育学院两大职业教育类型,因此,从报考学校类型上可以分为理工学院考生和工艺教育学院考生。在理工学院考生中可以分为中学毕业应届考生、工艺教育学院"N"级(学术)考生,申报理工学院的考生都需要具备有效的GEC"O"水准考试成绩;在工艺教育学院考生中可以分为中学毕业应届考生和成人考生,中学毕业应届考生需要具有符合入学条件的GEC"O"水准考试成绩,方可申请,成人考生具备初中毕业水平或取得相关专业技工等级证书,方可申请,如三级技工证书、一年或二年的职业训练证书相当于初中毕业证书。

对于出国后返回新加坡的公民、新加坡外来人口或是国际生等,在新加坡都可以获得受教育权。不同考生都需要持有有效GEC"O"水准考试成绩或相关专业技工等级证书,根据所报学校进行申请,申请通过后方可入学。总之,每年参加新加坡职业院校考试招生考试的学生类型较为多元,新加坡职业招生制度真正突破了年龄限制与国籍限制。同时,由于新加坡承认学历层次与技工证书等级相通,从而帮助更多想要获得更高文凭的公民获得入学机会。因此,新加坡职业院校考试招生制度不仅有利于落实"终身教育"的教育理念,还有利于扭转"职业教育没有前途"的传统观念,从而为职业教育发展创造有利条件。

(三)新加坡职业教育招生考试制度的内容

1. 早期入学考试

无论是理工学院早期入学考试还是工艺教育学院早期入学考试,都采取较为灵活的自主招生方式。申请理工学院早期入学考试的学生需要提交作品

第四章　国外职业教育高考制度的分析借鉴

集,并接受面试和能力测试。该类考试更加关注学生在领导、社区服务、体育及艺术等方面的才能,通过自主招生的学生,可以收到学校有条件录取通知书,即GEC"O"水准考试成绩需满足该学校最低录取分数线。

2. 新加坡剑桥等级考试

(1)GEC"O"水准考试。

GEC"O"水准考试为全英文试卷,考生要用英文回答。针对不同级别的考生,考试内容有所不同。具体考试科目涉及语言与文学、小语种语言、人文、科学、数学与生活技能、艺术、选修与实用科目八大领域的知识内容,包括高等数学、艺术、生物、化学、设计与技术(Design and Technology)、英语、食物与营养(Food and Nutrition)、地理、高级别艺术、高级别音乐、历史、人文学科(SS、地理)、人文学科(SS、历史)、人文学科(SS、英语)、人文学科(SS、中文)、英语文学、数学、音乐、物理、会计学原理等共60门考试科目。不同学科根据本学科性质规定不同的考试内容,例如,语言类考试中包含听力、口语及写作;科学类部分科目除卷面笔试外还有实验操作;音乐类则要求学生主修表演、辅修表演及创作等。考生可以根据自身学段要求及个人专业,选择必考和选考科目进行考试。除此以外,新加坡教育部对个别科目也有所要求,例如关于母语教学大纲B[Mother Tongue Language (MTL) Syllabus B],它并非GEC"O"水准考试科目,该成绩将不计入GEC"O"水准考试总分内。通过母语教学大纲B考核的考生,将被视为已达到大专院校母语科目要求。有关母语教学大纲B科目的成绩,会在考生的成绩单及证书上注明成绩、及格或未获评分。

由学校开办的GEC"O"级选修课(O-Level School Initiated Electives, OSIE)是教育部现行课程的补充或替代课程。考生可以报考选修课科目,最终成绩可计入GCE"O"级综合成绩。应用学科(Applied Subjects)由理工学院与各中学合作实施,相关考试由理工学院进行考核,考核结果可计入GCE"O"级综合成绩。

(2)GEC"N"水准考试。

在GCE"N"(T)水准考试中,对于中四GCE"N"(T)考生必须注册参加5~7门不同科目的测试。中四GCE"N"(T)考生必考科目为英语(教学大纲T)、母语(基础中文、基础马来语或基础泰米尔语)、数学(教学大纲T)、计算机应用(CPA),此外考生根据个人能力及爱好还需选择1~3门科目进行考试。对于中四GCE"N"(A)考生必须注册参加5~8门不同科目的测试,测试科目可以是GCE"N"(A)和GCE"O"考试科目,其中必考科目类型有电脑应用类(CPA)、专业技能类(EBS)、应用科目类(移动机器人、智能电气技术和零售业务),此外考生根据个人能力及爱好还需选择2~5门科目进行考试。

GCE"N"(T)水平考试科目有艺术(T)、计算机应用、设计与技术(T)、业务技能、英语(T)、食品研究、数学(T)、音乐(T)、科学(T),语言类包括基础中文、基础马来语和基础泰米尔语,移动机器人、零售业务、智能电子技术,学生可以根据自身专业及所修课程选择选考内容。

在GCE"N"(A)水平考试中,对于中四GCE"N"(A)考生,必须注册参加5~8门不同科目的测试。必考科目为英语、母语(中文/中文B、马来语/马来语B或泰米尔语/泰米尔语B)、数学(教学大纲A)、科学、人文(社会研究方向)科目,此外考生还可以再选择0~3门科目作为选考科目。对于中四GCE"N"(T)考生,必须注册参加5~7门不同科目的测试。经学校批准,考试中最多有三门N(A)级科目代替N(T)级科目,同时在N(T)级和N(A)级科目中最多可有两组重复主题(如《数学教学大纲T》和《数学教学大纲A》为重复主题),但不准许科目重复[如N(T)级设计与技术和N(A)级设计与技术]。

(四)新加坡职业教育招生考试制度的录取办法

在新加坡教育体制中,GCE"O"水准考试成绩是初中生及在职成人重要的升学指标,GCE"O"水准考试成绩的高低将决定考生进入理工院校还是工艺教育学院。GCE"O"水准考试成绩公布后,各学校会相继公布本校录取分数线,符合学校要求的考生可以申请入学。对于在职成人来说,凡具有GCE"O"水准有效成绩的都可以通过联合招生计划申请入学;对于参加Poly EAE \ ITE EAEVJAE \ PFP计划升入职业院校的学生来说,如果已通过自主招生测试,则要在GCE"O"水准考试中获得高于报考学校录取分数线的成绩方可入学;对于参加自主招生未通过的学生,可以根据GCE"O"水准考试成绩重新选择学校进行申报;对于N(T)的学生,则不需要参加GCE"O"水准考试,可升入ITE取得大专学历。

第四章 国外职业教育高考制度的分析借鉴

对于参加不同招生计划的考生,需要关注该计划的具体要求。例如,申请 Poly EAE 的考生,在 GCE"O"水准考试成绩公布后,如果该成绩符合所申请学校的分数要求则可以成功入学,申报成功的学生不能在 GCE"O"水准考试成绩公布后调转学校;申请 ITEEAE 的学生如果收到学校有条件录取通知书,即 GCE"O"水准考试成绩符合工艺教育学院相应专业的最低入学要求,方可入学。被工艺教育学院成功录取的学生,将没有资格参加联合招生考试(JAE)、联合招生考试(JIE)、Nitec 课程升入更高 Nitec 课程招生考试或其他 ITE 招生考试,从而避免考试成绩无效。

总之,新加坡职业学校由于考试招生制度较为灵活多样,因此在录取方法上并非统一录取,而是根据学生申请的学校及该学校招考规定而定,形成以 GCE"O"水准考试成绩为重要录取指标,同时兼具各学校拥有招生自主权的灵活招生模式。

(五)新加坡职业教育招生考试制度的管理机构

1. 考试计划的制定与执行

关于新加坡等级考试制度的设定是由新加坡政府与英国剑桥大学考试委员会(University of Cambridge Local Examinations Syndicate,UCLES)共同主办的统一考试,考试成绩为英联邦各个国家所承认和接受。UCLES 是全球公认的考试审查机构,在等级考试中 UCLES 负责出题及评判答卷,新加坡政府负责组织考试及招生录取工作。对于详细的招生计划,则是由新加坡教育部和新加坡考试评估局(SEAB)共同指定的,同时制定并组织新加坡国内高效开发考试项目,如 JAE、Poly EAE 等。

新加坡考试局(Singapore Examinations and Assessment Board,SEAB)的前身是新加坡教育部考试司,于 2004 年 4 月正式成为新加坡制定(develop)及举办全国考试的法定机构,主要负责对国内和海外考试项目的管理及举办,目前 SEAB 已成为新加坡考试管理及教育评估的权威部门。在 SEAB 中下设评估及考试小组、评估规划发展部、考试运行部(Exam Operations Division)、考试研发部(Research and Development Division)等多个部门,主要为新加坡考试与新加坡教学考核服务。

在考试工作中,主要通过考试部制定考试计划,开展考试工作并实施考试工作管理；通过评估考试小组及考试研发部，为新加坡各学段制定教学大纲及考试标准，为高校制定自主招生考试实施办法；考试规划与管理部，为新加坡规划考试项目并协调考试管理工作；通过财政规划部协调、计划并支持全年考试项目。在教学考核工作中，研发部负责为新加坡教学评估研发测量工具，开展评估研究，进行测量分析，最终为学校提供考试建议；评估规划及发展部负责制定考试大纲、论文审核、等级认证；评估服务部，负责为学校提供培训及咨询并对国际考试进行评定。因此，在各部门共同协作下，SEAB 已成为新加坡考试管理及考试评估方面的核心机构。

在制订考试计划与实施考试方案的过程中，SRAB 会与各个高校沟通并开展考试工作。各学校主要由学校招生处负责考试信息的发布、考试申报资料的审核以及录取通知的发布。学校招生处将招生计划及招生任务分配给学校各专业，由各专业（学院）具体组织面试考核工作，由专业教师开展面试工作，面试考核后将考试结果上报招生处。因此，学校招生处是 SEAB 与学校各专业之间的重要桥梁，同时也是学校与学生间的重要信息渠道。

2. 考试计划的监管

虽然 SEAB 是新加坡考试与评估的核心机构，具体的考试录取工作由各学校完成，不过在制订政策实施方案、招生录取的过程中仍然需要有相关监督机构进行监管。因此新加坡政府通过"高效惠及每个人的市民之家"（Reaching Everyone for Active Citizenry Home，REACH）对考试招生工作进行监管。REACH 最早成立于 1985 年，2006 年 10 月，部门进行了重组，职责也发生了一定的转变，从收集公众反馈转变为参与和联系公民的领导机构，并重新命名为 REACH。2009 年 1 月，REACH 被指定为新加坡政府的电子参与平台。通过这一网络平台，新加坡公民可以投诉举报政府部门或政府工作人员，可以参与国事讨论，可以为政府工作提出建议。因此，考试招生制度的实施不仅受 REACH 监督，更受人民监督，REACH 只是公民参与监督政府工作的正规渠道。

二、新加坡职业教育招生考试制度的启示

随着我国经济的腾飞，教育事业的快速发展，职业教育作为教育发展中

第四章 国外职业教育高考制度的分析借鉴

的重要一环,也成为党和国家关注的重大问题。2014年,国务院印发《关于加快发展现代职业教育的决定》,教育部等六部门印发《现代职业教育体系建设规划(2014—2020)》,提出建设中国特色职业教育体系。2019年2月,国务院印发《国家职业教育改革实施方案》,将办好新时代职业教育细化为具体行动方案。虽然职业教育在不断完善教育体系,强化标准体系建设,但始终难以扭转人们对"职业教育"没前途的旧观念,难以突破职业教育与普通高等教育之间的壁垒,难以实现教育终身制。而新加坡职业教育利用考生招生制度已突破"普—职"壁垒,这对深化我国职业教育制度体系改革具有较高的参考价值。

1. 打通学历认证,优化专业发展路径

在考试制度方面,新加坡选用了与国际接轨的剑桥O水准、N水准、A水准考试,因此新加坡学生取得的学业成就被英国、美国、新西兰、澳大利亚等多个国家认可,通用教育证书扩大了学生选择学校的范围,也提高了学生在国际上的认可度,从而为学生学业搭建国际便利通道。目前,理工学院的毕业生被视为以实践为导向、知识渊博的专业人士,受到业界的追捧。新加坡职业技术人才受到国际社会广泛认可,与新加坡职业教育在考试制度及学历认证方面始终与国际接轨有着重要关系。

由于GCE"O"水准考试内容涉及面较广,在考试中同一科目有不同难度的考试,这不仅让学生在学习上拓宽视野,也是鼓励学生在学习上要学得深。对于职业教育,新加坡要求学生取得相关专业国际认证资格,这都有利于学生的个人发展。因此,我国职业教育发展也应具有全球视野,努力为学生创造与世界接轨的途径,在培养的标准上也应参考国际认证标准,从而提高职业教育教学质量,为更多学生的专业发展搭建平台。

2. 完善教育制度,实现终身教育理念

新加坡实行双轨制教育制度,始终强调学生分流,因此GCE"O"水准考试就是一次针对中学生的分流。经过这次分流,大多数初中生都进入了职业学校,但这并不影响希望取得更高学历水平的学生进入高校。原因在于,新加坡利用完备且多样的考试招生制度打破了普通教育与职业教育之间的壁垒,即职业学院的学生也可以通过考试升入大学,获得与普通高中生相同的本科学历。因此，虽然新加坡教育强调分流，但也利用考试招生制度为学生搭建学历水平互通的立交桥。例如，工艺教育学院的学生获得"N"级认定后通过PDP 计划可以报考 GCE"O"水准考试，从而根据考试成绩进入普通高等教育或理工学院；初级学院与工艺教育学院的学生也可以双向流动。因此，新加坡为学生打通"普—职"教育壁垒，给想要提高学历水平的考生更多机会，形成了"在任何时间努力学习都不晚"的良性循环。新加坡政府坚持"职业教育普通化和普通教育职业化"理念，走职业教育与普通教育双轨合一的道路，形成了职业教育和普通教育上下衔接、左右互通的教育结构，使普通教育与职业教育可以相互转换，紧密衔接，这不仅有利于激发学生的学习热情，培养学生终身学习的学习观念，还有利于转变社会对职业教育的轻视态度。

在我国，职业教育通向普通高等教育的途径较为有限，多数通过专升本的学生也只能获得毕业证而无法获得学位证，导致许多人认为"职业教育没有前途"。因此，我国在教育体系上，可以尝试建立职业教育与普通教育的多层面融通，尝试学分互认、证书互认。可以利用考试制度实现"普—职"转换，拓宽职业教育的上升通道，改变中考、高考"一刀切"而无法实现学生学业生涯可持续发展的被动局面，提升职业教育的吸引力。

3. 丰富招生模式，保证职业教育质量

新加坡在招生方面制定了多种招生计划，如早期招生计划、联合招生计划等。各学校在招生计划中可以自主制定符合专业发展的人才标准，自主选拔符合专业发展的优秀考生。同时，GCE"O"水准考试为考生制定了学业水平的最低要求，帮助学校招收到具有学习能力及专业可塑性的学生，从而保证考生对所报专业的了解，帮助学生明确学习目标，并激发学生的学习热情。虽然新加坡职业教育也是面向学业成绩较为普通的学生，但新加坡政府利用"统考+自主招生"的招生办法实现了符合学生学业成绩、个人能力及兴趣爱好的个性化招生。

在我国选择职业教育的学生中，大多数是由于高考成绩不佳退而求其次的无奈之举。多数学生还停留在"一纸定终生"的遗憾中，就已步入了职业教育的大门，对于自己所报专业的了解并不全面，入学前的职业选择也并非根据自身特长或爱好选定，从而导致职业教育中学生学习效率低、自主性较差

第四章　国外职业教育高考制度的分析借鉴

的普遍现象。如果我国职业院校招生可以参考"统考+自主招生"的模式，形成学生与学校互选的良性互动，不仅有利于职业教育"因材施教"，也有利于学生的专业发展。

4. 扩大招生群体，建立职业教育发展长效机制

新加坡考试招生制度中不仅面向本国公民还面向国际学生，不仅针对应届在校生还针对在职成人，由此可见职业教育招生的范围之广。对于因个人原因没能进入高校的学生以及在工作后想要再次提高学历的考生，新加坡职业教育都能敞开大门，准许参考及入学。同时，新加坡专业技术等级证书可以与学历互认，如国家三级公务员证书、三级技工证书相当于中学毕业证书，国家二级公务员证书、国家一级技工证书相当于本科毕业证书，这不仅有利于学生取得更高学历，还极大地激发了公民的终身学习意识，扭转了曾经轻视职业教育的观念。职业教育招生范围的扩大不仅为职业教育发展增添活力，也是促进职业教育长效发展的保证。

对于我国而言，职业教育招生范围较窄。随着职业技术的快速发展，需要提升个人专业能力的技术工人往往无法进入学校再次学习高级课程；对于步入职场之后又想要掌握职业技能的成人，也无法再通过学习获得专业技能训练。因此，在形成职业教育可循环的长效机制方面，我国可以参考新加坡职业教育，放宽对考生的限制，为学生扩宽学习之路。

5. 重视教育投资，培育应用型人才

新加坡坚持职业教育优先发展，并秉承不仅要培养科学家还要培养技术工人的教育理念，让新加坡职业教育发展获得成功。由于职业教育注重学生专业知识及专业技能的培养，因此在训练专业技能方面政府给予大力支持。为确保学生在校可以掌握最先进的设备使用技术，职业学校往往拥有比现实工厂更先进的设备，如南洋理工大学中的数字控制机床和国际先进的电子检测设备。因此，如果没有新加坡政府在政策上的引导、资金上的支持，新加坡职业教育质量将大打折扣，更不会受到国际认可。2019年2月国务院发布《国家职业教育改革实施法案》，也指出要关注职业教育质量，培养应用型人才。因此，国家更应对职业教育发展给予政策引导及资金扶持，促进职业院校的"产—学—研"一体化发展，培养具备专业知识及专业技术的专业人才。

第五章 职业教育考试招生制度构建

本章将从作为职业教育考试招生制度的子制度的考试制度、招录制度和管理制度及其运行方式方面,分别介绍本研究建构的职业教育考试招生制度模式。

第一节 职业教育考试招生制度及其运行方式

考试制度是关于考试活动中考试形式与考试内容的规则体系,涉及的制度要素有考试形式、考试内容等,涉及的主要环节有考试大纲制订、试题命制、考试组织和实施、评分阅卷、成绩公布等(关于考试环节安排的讨论,被视作管理制度的一部分在"职业教育考试招生的管理制度及其运行方式"一节中呈现)。

教育评价的目的可分为形成性目的与总结性目的。《深化新时代教育评价改革总体方案》提出,改进结果评价,强化过程评价,探索增值评价,健全综合评价。考试不应仅是为了选拔考生,还应发挥考试的诊断、改进功能(体现形成性评价),优化评价的鉴定功能(体现总结性评价)。职业教育考试招生的制度设计应该体现《深化新时代教育评价改革总体方案》的相关精神,将过程性评价、综合评价融入考试制度之中。基于本研究对职业教育考试招生考试内容、考试形式的本体研究,并结合对省级统筹下的高职分类考试改革在考试层面的调研结论,本研究认为,职业教育考试招生的"文化素质+职业技能"考试制度应做出如下安排。

一、"中职学业水平测试+职业技能测试"的考试模式

职业教育考试招生的考试可以以"学业水平测试+操作考试"的方式进行，这样的设计参照了我国现行高考的相关设计，而且在国际上也有例可循。例如，瑞士通过"联邦职业教育证书+职业会考证书"选拔学生进入更高层次的职业教育。

中职学生学业水平测试制度是对中职学生在校期间学习水平的全面考查，是评价和改进学校教学工作的重要依据，将其与职业教育考试招生制度设计相结合，不仅可以督促各地尽快落实中职学业水平测试制度的建立，还体现了过程性评价、一次评价多次使用以及考招分离的精神。

"中职学业水平考试+职业技能测试"对应的是国家高职分类考试改革要求的高职院校招生实行"文化素质+职业技能"的测试。其中，文化素质考试成绩使用中职学业水平测试中的公共基础课成绩；职业技能测试的专业理论考试使用中职学业水平测试的专业基础课成绩，操作考试按照专业大类全国统一实施、分省组织进行。

二、文化素质考试使用中职学业水平测试成绩，实行"3+2"选考

"文化素质+职业技能"中的文化素质考试成绩，采用中职学业水平测试中的公共基础课成绩。中职学业水平测试的考试内容，分为公共基础课、专业基础课两部分。

1. 公共基础课考试的内容，由省级教育行政部门根据《中等职业学校公共基础课程方案》《中等职业学校公共基础课课程标准》统一组织，从发布的教材目录中选用；考试科目为"3+2"模式，即语文、数学、外语3门科目为所有专业必考；再根据学生自身特长、在读专业需要、职业教育考试招生中报考高校及专业要求，从信息技术、历史、体育与健康、艺术、物理、化学6门科目中进行2门选考；考试形式根据科目内容可采用书面笔试、上机考试或者操作考试。考试时间设定在中职二年级上学期，这样做的缘由参照了福

建省已有的相关实践，既将组考压力向整个中职阶段分解，也能够增强中职生在整个中职阶段学好文化基础课、专业基础课的学习动力。

2. 专业基础课考试属于职业技能测试的一部分，按照专业大类进行，由省级教育行政部门根据《中等职业学校专业教学标准(试行)》确定和公布各专业的考试科目和考试大纲，考试形式包含专业理论考试和操作考试两部分，考试时间安排在中职二年级下学期。虽然国家政策和各地目前的实践中，专业基础课的考试多按照专业大类和以笔试的方式进行。但是，笔者在调研中发现，以专业大类来进行专业课笔试时，考试内容往往选取所涵盖专业的共同基础课作为考试科目，虽然操作上高效、简约了，但在考试内容上难以覆盖到每个具体专业应该考到的基础内容。如果考试对教学内容的覆盖面较低，则会影响考试的信效度、科学性，也会将这种局限传导至教学阶段，不利于学生全面地学习专业基础知识。因而，作为检验教学质量、全面考查学生在学期间学习效果的中职学业水平测试，应以专业为单位对每个专业进行专业基础课测试的笔试；而至于操作考试，正如前文所述，单独地考查单项操作技能不符合职业教育致力于培养职业能力的教育目标，以典型工作任务来作为考试内容的做法更加科学可行，因而操作考试可以以专业大类的方式进行。

3. 中职学业水平测试的考试性质为等级性考试。职业教育考试招生在使用中职学业水平测试成绩时，须对等级性考试成绩按照一定比例进行转化，文化素质测试所使用的中职学业水平测试中的公共基础课测试成绩的分值占职业教育考试招生录取总分值的40%，具体的划线比例、转化方式可参照已有国家教育考试中的国家线、省控线的划定方式。另外，为了体现招生院校的招生自主权，各院校可依据《中华人民共和国高等教育法》、教育部发布的《2021年普通高等学校招生工作规定》等国家法规政策文件，依照自身招生专业的需要，对考生的选考科目及成绩提出进一步要求。

三、职业技能测试的操作考试统一进行，证书和大赛获奖者可赋分或免试

"文化素质+职业技能"中的职业技能测试，由专业理论考试和操作考试两部分组成。其中，专业理论考试采用中职学业水平测试中的专业基础课笔试

成绩，操作考试由国家统一、地方组织的方式进行。已有的高职分类考试改革对于省级统一举行操作考试已经有了成熟的实践模式和探索经验。从笔者调研情况看，已经有 13 个省、区、市以"全省统一组织、主考院校实施"的方式进行了职业技能测试中的操作考试，因而这部分的制度设计可以充分吸收已有经验。

职业技能测试的操作考试按照专业大类进行，考试内容为各专业的典型工作任务，考试时间为中职三年级的第一或第二学期。考试的命题依据为教育部颁发的《中等职业学校专业教学标准（试行）》、各专业大类的基础专业技能、国家相关行业初级技术等级标准要求、相关职业岗位的基本技能以及技能操作过程中的相关职业素养等。国家教育主管部门，尤其是教育部教育考试院要依照《职业教育专业目录（2021 年）》中的 19 个专业大类，明确职业教育考试招生在各类别中中职与高职专科院校、本科层次职业学校的专业对应情况，并联合各地教育考试院共同致力于考试大纲、评分标准以及题库的开发。各省、区、市根据国家公布的专业大类及其在各级学校中的专业对应情况，在国家的考试大纲及其评分标准的基础上，按照国家要求统一组织本地的职业技能测试中的操作考试。职业技能的操作考试，要选取典型工作任务，以工作任务的完成度和职业素养的展现来考查学生的职业能力。此外，中职生在中职就学阶段所取得的职业资格证书可作为职业技能测试的加分项，在各级别技能大赛中获奖的选手可给予操作考试免试的优惠。这部分的设计参照了已有的以考招分离形式举办职业技能测试的广东和甘肃两省的探索实践，而且也符合《教育部关于积极推进高等职业教育考试招生制度改革的指导意见》（教学[2013]3 号）中技能拔尖人才免试入学的相关文件精神。但是要注意的是，考生申请凭大赛成绩免试或者凭证书级别赋分时，考生申请免试的专业要与所获证书和大赛项目在专业上相同或相近，具体的转换办法要另做专门制定，以保证考试的严格严肃、公平公正。

第二节 职业教育考试招生录取制度及其运行方式

招生与录取工作往往难以严格分开并多有交叉。录取指的是招生院校依照一定的招生名额并根据考试的结果，与考生进行互相选择的过程。招生录取制度涉及的主要制度要素有招生计划名额、录取方式、志愿填报、录取技术等，涉及的主要环节有招生计划的编制、招生院校和专业的确定、分数线划定、组织录取和公布录取结果等。

一、"统一考试+综合评价+多元录取"的招生录取标准

职业教育考试招生的招生录取制度应体现选拔性与适应性的结合，不仅体现职业教育考试招生的考试功能，还要发挥其教育功能，与当前的新高考改革背景相映衬，落实立德树人的根本任务，充分发挥考试的引导作用，形成人才选拔、考试评价、教育引导和教学反馈一体化发展的新格局。具体到职业教育考试招生，可采取"统一考试+综合评价+多元录取"的招生录取标准。其中，"统一考试"指的是统一组织的职业技能操作考试。"综合评价"是对中职学业水平测试结果、中职阶段综合素质评价结果等学生学习状况、综合表现的多方位验证。"多元录取"是指招生院校根据办学的实际情况，根据不同院系的专业需求设置不同的分数权重和录取办法，以实现多元录取。

此处参照了现行高考的考试制度设计。普通高中的学业水平测试作为合格性考试，不仅与高中毕业证挂钩，如今的新高考改革，使学测成绩也成为"两依据，一参考"录取标准中的其中一项依据。而且，从境外的大学入学考试标准来看，除统一考试外，招生录取标准尽可能全面考查学生的综合素质、关键能力和必备品质以彰显综合评价，是其共有之处。例如，实行申请录取制的美国大学入学，考生的个人陈述、履历等是必备材料；芬兰、我国台湾地区的大学入学，亦要审查学生的平时成绩等过程性材料，使得入学考查呈现多元性而非固守单一性。

职业教育考试招生作为高考体系中的职业教育轨道，可与现行高考的招

第五章 职业教育考试招生制度构建

录方式结构对应，这不仅是高考制度改革协同性的体现，也是为后续一定阶段后职业教育考试招生与现行高考的融通奠定基础。

对于综合评价，既是招生录取不以考试成绩为唯一标准、全面考查学生综合素质的体现，也是我国目前新高考改革的方向。综合素质评价肇始于国家基础教育新课程改革和实施素质教育的要求，体现的是高校招生不以考试成绩作为唯一标准，而是将综合素质评价作为招生院校录取新生的辅助控制条件，力求更加全面地评价学生，以及作为特殊方式招生录取的重要参考。

中职学生综合素质评价制度，目前全国已经实行的较为成熟的是福建和上海两地。福建的中职学生综合素质评价，从思想品德、身心健康、学业成绩、能力素质等方面展开，采用"基础分+考评分+加分项-减分项"的打分制；总评成绩采用等级制呈现，评价结果应用于学生毕业、学校推荐就业和用人单位招聘、高职院校招生录取等；组织实施上，采用过程测评和毕业总评相结合，还将建立"福建省中职学生综合素质评价信息管理平台"以统一管理综合素质的信息档案。上海于2021年新修订了中职学生综合素质评价实施办法，新的办法更加体现了职业教育类型特点；评价内容上，主要包含了道德与公民素养、技能与学习素养、运动与身心健康、审美与艺术素养以及劳动与职业素养等方面，采用客观数据导入、提交实证材料等方式客观记录学生的学习成长经历。职业教育考试招生在实行"统一考试+综合评价+多元录取"的招生录取标准时，可充分吸收借鉴上海福建两地的中职生综合素质评价的实践经验，及时出台国家政策，推动更多地区尽快因地制宜地建立中职学生综合素质评价制度。

对于多元录取，同样也旨在突破高校招生"唯分数"的桎梏，帮助高校精准选才、引导高中教育和义务教育贯彻落实立德树人的教育根本任务和实施素质教育。多元录取的操作方式，更多的是需要各招生院校根据自身的类型定位、办学特色、人才培养需要等在招生简章中明确录取标准。具体说来，招生院校应在招生简章中，就每个招生专业可招生的一个或多个专业大类，该专业对考生中职学生学业水平测试的选考科目、考试等级和职业技能操作考试的分数要求以及综合素质评价的使用办法等录取要求进行明确，使得多元录取在招生章程的约束下依规依标进行。同时，省级教育行政部门要加强对高校招生章程制定和执行的指导、监督。

二、调整招生计划，鼓励更多高校通过职业教育考试招生

招生计划是高校招生录取的介质和载体，是高等教育入学机会的配置方式的具体体现，高校招生计划的分配始终是实现和维护招生录取公平的重要一环。计划分配是解决供求不均产生的矛盾，或者对有限资源的进行管理配置以平衡各方不同利益的过程。现行的大学招生计划制定模式是1999年扩招时候形成的，即在国家和大学根据学校位于本科或者专科层次、拟招生人数以及学校自身的办学条件等主要因素的参考下，以高校为主体制定的年度招生规模。在此过程中，大学的权限和职能是可以确定具体招生专业、招生地区以及该地区的招生人数，高校将编制好的招生计划汇报至其所属的教育主管部门之后，经过国家教育主管部门的审核以及平衡后，下达至各省的省级招生委员会及其办公室，再由各省的招生管理部门负责具体的执行和监督工作。

我国目前实行的是分省定额录取模式，考生在一省之内竞争，如果一地的录取率远低于其他地区的录取率，其根本原因在于高校对该省市制定的招生计划偏低。基于此，关于取消分省分配制、统一高考录取分数线，或者通过构建分省招生计划二次分配模型来使招生计划能够更公平地分配成了社会普遍心声。

2016年，教育部出台《关于进一步规范高等教育招生计划管理工作的意见》，将高职专科招生计划下放至各省统筹安排。这意味着，作为高等职业教育主体的专科院校，其本身以及各地省级教育主管部门在现行高考和高职分类考试中的招生计划调整一般不存在较大的困难。同样道理，专科院校在职业教育考试招生中的招生计划编制也不存在较难突破的梗阻。而问题的矛盾点集中在了能否促使更多的本科院校通过职业教育考试进行招生以及职业教育考试招生是否能够跨省招生，而这也是目前高职分类考试改革中，中职生和中职学校感到自身诉求没有得到充分满足的主要堵点。易言之，职业教育考试招生制度能否获得中职生群体的认同，其考试地位是否能与现行高考等同，以及其对于促进初中后普职分流向更加理性合理的方向转变，主要就取

第五章 职业教育考试招生制度构建

决于职业教育考试招生的招生计划问题能否得到妥善解决。

现行高考中存在的高校招生属地化倾向，一直饱受诟病，因为其导致属地和非属地学生就读直属高校的机会差异悬殊。作为职业教育考试招生制度这一全新的制度来说，要力求在制度设计之初就尽量少留下日后会因长年累月地执行进而产生路径依赖的"老问题"。参照现行高考的招生计划编制方法缺乏灵活性的这一前车之鉴，教育主管部门在职业教育的考试招生问题上，要优化职业教育结构与布局，在国家、地方两级加强对职业教育招生院校的专业与专业所对应的职业人才需求的动态监控和宏观掌握，同时，为跨区域技能资源与优势互补留下政策窗口，以提升对社会技能需求的响应能力和实现对国计民生重点领域技术技能人才的有效供给能力。

此外，要建立更完善的大学分类发展的政策体系，引导大学向着自身特色发展，持续推动和鼓励地方大学转型。国家应该采取一些办法，鼓励更多的高校尤其是本科院校通过职业教育考试招生招收学生。

《中国教育现代化2035》中《国民经济和社会发展第十四个五年规划和2035年远景目标纲要》等国家重要改革文件，均就高等教育机构全面改革，建设更加多元化的高等教育体系等方面提出了要求。《中国教育现代化2035》特别提出，综合运用招生计划等方式，引导高校提升自身在学科专业结构上调整的及时性。2016年，教育部发布的《关于进一步规范高等教育招生计划管理工作的意见》中明确表示，严格控制招生计划的属地比例。如此说来，加大招生计划的调整力度，鼓励更多高校通过职业教育考试招生既符合目前的改革需求，也与国家以往的政策精神和政策要求相符合。

实际上，促使更多高校通过职业教育考试招生是符合帕累托改进的。原因在于，通过增加职业教育考试招生这一高等教育资源配置机制，并没有使任何一方的状态变坏，反而以一种反推作用使招生院校、考生、社会的高等教育资源配置状态变得更好。

同时，生源作为高校打造自身"合适生源—良好声誉—财政资源"良性循环的始动因素，如果在现行高考体制中并没有获得理想生源的高校，实际上更应转变自身的办学定位和招生思路，通过加大统筹力度、挖掘潜能，扩大省外招生计划等途径来增强自身在全国高校中的影响力。关于这个方面，部分地区在高职分类考试改革中的做法已经有了良好的印证。例如，下了大力气推动省内半数以上的高校转变为应用型高校并要求其从春季高考中招生的山东省，已经以实际经验证明了，地方本科院校通过转换招生轨道能够为自身获得更好生源、确立更务实的办学目标以及能够收获更加可持续发展的改革红利。当然，为了激励更多地区和高校效仿，建议国家可采取奖励性措施，对于省外招生情况相对较好的学校以及通过职业教育考试招生的院校，结合招生数量和完成情况对其给予相应奖励。

三、鼓励产教融合型企业与职业教育考试招生合作，实现招生与招工一体化

职业教育的跨界特征决定了其评价主体的多元性。职业教育考试招生要探索打造政府、学校和企业行业等第三方共同组成的职业教育评价共同体，为职业教育的评价注入行业要素和市场要素。如前面章节所述，在职业教育考试招生的变迁历程中，企业行业等在国家政策中作为重要的第三方亦被不断提及和寄予厚望，参与方式为特殊专业和艰苦行业的定向招生在政府主管部门的授权或委托下由行业组织，或者是"鼓励高职学校与产教融合型企业联合招生"等。

2021年6月，十三届全国人大常委会第二十九次会议初次进行了《中华人民共和国职业教育法(修订草案)》的审议。该草案中提到，鼓励职业学校与相关行业协会、企业、机构等建立在招生就业、培训项目开发、师资队伍建设等合作机制。从高职分类考试改革的实践情况来看，企业行业参与分类考试招生的长效机制尚未形成。因而，使企业行业参与职业教育考试招生组织工作可与开展现代学徒制试点工作相结合，鼓励各地、各招生院校探索有效机制，与产教融合型企业合作，实现职业教育考试招生的招生与招工一体化，进一步提高人才培养的针对性和适应性。

第三节　职业教育考试招生管理制度及其运行方式

管理制度指的是为了考试的顺利举行所组织的各项协调活动，涉及的是合理运用各项人力、物力、财力、信息等资源以实现考试的组织、指挥、协调、控制和创新等，其所涉及的主要环节与考试制度和录取制度的内容多有交叉，某种程度上是为了保障前两种制度的稳妥实施和有效实现。当然，还包括了上述两项制度没有直接囊括进去的政策宣传、经费管理等。

一、将标准体系的开发与执行作为职业教育考试招生的基础性工程

标准是指在工作过程中，通过制订、发布和实施一定的规定或者准则，对基础性、支撑性的人、物、环等重复性的事物和概念进行一定程度的统一，目的是获得最佳秩序。标准体系于考试制度建立而言，是涉及考试效度、信度、规范化程度、科学化程度的重要基础。作为职业教育考试招生的先行阶段，高职分类考试改革中出现了中央简政放权与省级统筹之间的偏差，表现为一些重要标准的缺位而致使考试组织水平待提升、办考形式上因地方履职能力不同而展现出制度供给非均衡。物质资源层的招生院校、专业目录、考试大纲、试题库、评分标准、考试建设、考试设备等，组织资源层的整体制度供给、重要办考主体的分工协作，人力资源层的考试试题开发专家库、考试环节的考务人员聘评等，是直接影响改革整体效能的发挥程度的影响因素。那么，职业教育考试招生标准体系的开发便要以上述方面为主要内容。

其一，作为职业教育考试招生的文化素质考试的考试内容的中职学业水平测试中的公共基础课考试，以及作为职业教育考试招生的职业技能测试组成部分的中职学业水平测试中的专业基础课考试，前者的命题依据是教育部发布的《中等职业学校公共基础课程方案》《中等职业学校公共基础课课程标准》，后者的命题依据是教育部发布的《中等职业学校专业教学标准（试行）》。上述三个标准作为国家研制出台、进入执行落实阶段的标准，各地要充分激

发各学校实施上述标准的积极性，以发挥相关标准对于教育教学的质量保障和引导功能，同时也作为服务于职业教育考试招生落实的基础。

其二，作为职业教育考试招生职业技能测试组成部分的中职学业水平测试中的专业基础课考试，以及统一组织的操作考试，前者以专业为单位进行，后者以专业大类为单位进行，其考试专业目录、考试大纲、试题命制、评分标准等的开发和制定是一项十分艰巨而重要的基础工程。这需要：

（1）国家一体化设计中职、职业专科、职业本科以及应用型本科院校的招生专业目录。需要注意的是，要将中职教育中，一些直接面向基层就业而且在知能层面要求较低的专业从学校职业教育体系中退出，转为社会培训项目，在职业教育考试招生中招生的专业主要为与中等教育、专科教育、本科教育甚至到研究生层面的教育能够连接和对应起来的，而且其知能结构要求呈现螺旋式上升的专业。

（2）作为中职学业水平测试的组织者的省级教育主管部门，由省教育考试院牵头，联合中高职院校、产教融合型企业和行业，在参考《中等职业学校专业教学标准(试行)》的基础上，为本地区的中职专业开发专业基础课的学测的考试大纲、试题库和评分标准。

（3）按照专业大类进行的操作考试，作为统筹者的国家教育主管部门，由教育部教育考试院牵头，在充分吸收和整合各地高职分类考试的操作考试的基础上，开发各专业大类操作考试的考试大纲、试题库和评分标准。

其三，要完善操作考试的考场、考务、考评人员等人、物、环等方面的标准。职业教育考试招生的文化素质考试以语文、数学、英语、思想政治等学科知识为考试内容，在考试形式上可以依照普通教育选择纸笔测试。职业技能测试的操作考试，作为新的考试形式和职业教育考试招生中分值比重最高的考试部分，需要在考试的标准化和规范化建设上投入更多精力和作出周密安排。这需要：（1）各地要加大在标准化考场建立、考务人员聘评和培训以及操作考试的细则制定等方面的投入。（2）国家要统一出台操作考试细则，内容包括对考试场地、考试设备的要求，监考人员职责，考场规则，考生守则等。（3）各地可围绕技能特点尝试开发新的测试手段。例如，可应用信息化综合实训平台远程提交操作视频的方式来取代现场举行技能操作考试，但同时须加大信息化建设投入、确保相关基础设施的支撑能力。在这些方面，各地高职分类考试改革中已经形成了一批成熟的做法和经验，有的省、区、市已经出台了地方性标准，国家要及时总结和吸收地方经验，将其吸纳为国家制度和标准。

二、职业教育考试招生须在组织机构、经费投入方面进行配套

职业教育考试招生的考试组织实施比现行高考更为复杂，需要在考试组织、经费投入、人力资源投入等方面维持与现行高考基本持平的水准。实际上，我国现有的央地两级考试管理机构已经构成了统一组织职业教育考试招生的良好基础。目前体制下，省级考试招生委员会作为本行政区域内高考组织、考试环境治理、考试安全维护、考风考纪整肃等工作的责任主体，相应地，理应也是职业教育考试招生的组织实施和过程管理的责任主体。具体来说：

（1）各省级招生委员会及其办公室应在现有的服务于监督高校的招生录取工作和负责国家考试的组织管理工作的工作内容基础上，将相关组织和服务工作对标现行高考，向职业教育考试招生板块进行拓展和延伸。通过加大资源整合、机构协调和人员配备，将省级考试招生委员会的工作内容向职业教育板块延伸，以支持职业教育考试招生的全省统一组织领导。

（2）在委员聘任上，可考虑由分管副省长兼任主管职业教育考试招生业务板块的主要负责人，委员由教育部门及其他有关部门、职业高等学校的负责人、企业行业代表等组成，统一领导和管理职业教育考试招生的改革发展工作。

（3）省级教育考试院作为各地教育考试的主要组织者和官方的专业考试机构，应切实为本地区在职业教育考试招生的考试组织、考试大纲制定、试题命制、题库及命题团队建设、测试手段开发等方面提供专业支持和展现应有作为。

（4）对于职业教育考试招生中职业技能测试的操作考试，其由国家统筹、各地主责。从已有的高职分类考试改革相关实践来看，该项考试组织起来具

有相当大的挑战，那么，各地可以探索建立新的责任分担机制。例如，由省级教育考试机构牵头组建专业技能测试联考委，邀请各专业所在的优质中、高职院校以及企业行业作为委员单位，在省级教育考试机构的统一领导下，共同承担考试大纲开发、试题库开发、评分标准制定等工作；在考试实施阶段，可采取"分区划片"的形式，在全省不同方位设置多个院校共同负责一个专业大类技能测试的方式来分解组考压力。

同时需要注意的是，各地应严格遵照《2021年普通高等学校招生工作规定》中对于省级招委会、高校在考试招生工作中的职责划分进行工作安排。参与考试组织实施的各主体要遵循"责权一致"的重要原则，避免高职分类考试改革中的相关问题再在职业教育考试招生中出现。

此外，参与评分的各类考评人员都必须参加正规培训并签署保密协议，以确保职业教育考试招生在形式和实质上均确保公正进行。各地还要加大对职业教育改革和高考改革专项资金的投入，确保各项任务的顺利实施。

三、建立职业教育考试招生在考试研究方面的"政行校企"共同体

根据前文的文献综述以及通过笔者调研发现，职业技能测试的考试研究方面较为滞后，不能满足实践需要，成为制约高职分类考试以及职业教育考试招生的考试科学性的基础性因素。职业教育的发展轨迹彰显了其人力资本偏向，职业教育作为与经济社会发展联系最密切的教育类型，其质量高低的判断往往提供者说了不算，而是作为下游的接收者也可以说是直接受益者的企业给出的评价更为中肯。政府主导的职业教育考试招生容易对职业教育人才市场需求的变化不能及时做出反应，这种信息不对称导致的滞后性，促使职业教育考试招生应当在考试研究方面建立起"政府—行业—学校—企业"的共同体。

企业本身作为以经济效益为第一追求的主体，过于寄希望于发挥其教育情怀和公益性是不现实的，而这也是长期以来，校企合作仅作为一种办学行为而未形成一种有效制度的深层次原因。对于职业教育考试招生的组织管理来说，需要政府出面，建立企业行业力量长期有效整合的机制，鼓励企业行

业参与制定考试方案、考试内容和评价标准,发挥企业行业在职业技能测试中的作用,这其中的关键在于激发企业行业参与的动力。比较可行的办法有:(1)国家通过政府购买服务和企业免税等方式,解决企业参与职业教育的动力和激励不足的问题。(2)以省为单位,使政府与企业合作成立第三方非营利性的考试机构,由这个第三方出面在职业教育考试招生的考试命题、职业技能测试等环节提供服务。但同时要注意的是,应当同时建立完备性档案或黑名单制度,对第三方评估机构的认可标准、认可程序和认可周期进行原则性规定,以提升这个第三方机构的公信力和服务水平。(3)对已经参与了职业教育人才培养环节的平台——全国行业职业教育指导委员会的相关职能予以延伸,使其将影响力和业务板块由目前仅存在于人才培养环节向考试招生环节拓展。

总的来说,企业行业在对职业院校学生的职业技能水平(专业理论、行业政策法规、专业实务、专业技能等方面的掌握程度)、职业综合能力(业务拓展、知识更新、组织协调能力等)、职业伦理价值(职业行为规范、公司利益判断、企业责任承担、道德品质表现等)等方面,具有其本身即作为用人方的独特优势。那么,企业行业在职业教育考试招生命题研究方面能够发挥的作用是:由行业、头部企业、协会、专业学者组成职业能力标准体系、典型工作任务考题开发的专家库。具体操作办法是:如果已经有初步开发出的试题,经企业行业进一步认定评估之后再入库;对学生按国家职业教育标准需要掌握但尚未演变成试题的内容,需要召开专家论证会,邀请一线教师和企业行业专家同时工作,企业专家从实际工作角度设计试题,教师从教育教学和中职学生的普遍接受能力等角度,判断该试题是否适合作为职业教育考试招生试题。这样的方式进行过一定阶段和积攒了一定的题目数量和实践经验后,教师们可归纳试题开发逻辑、形成试题开发指导手册,为后续工作继续长期服务。

第六章 区块链视域下职业教育高考制度的构建

第一节 区块链简介

区块链是分布式数据存储、点对点传输、共识机制、加密算法等计算机技术的创新应用模式,其诞生是密码学、分布式技术、互联网治理与数字经济发展融合的必然结果。区块链不仅是一种技术方案、交易模式和商业逻辑,更是一种全新的运行机制,创造了坚实的信任基础和可靠的合作机制。人类发展已经从"身份社会"进入到"契约社会",而区块链有望帮助人类实现从"契约社会"到"智能合约社会"的过渡。本研究不仅从技术层面来介绍区块链,更是从应用层面和战略层面来分析研究区块链的价值,以期为职业教育和职业教育高考带来启迪与实践案例,从而进一步推动经济发展、社会进步。

一、区块链的定义

区块链是分布式数据存储、点对点传输、共识机制、加密算法等计算机技术的创新应用模式。从定义来看,区块链是现有技术的融合创新,而不是一项全新的技术。分布式数据存储、点对点传输、共识机制、加密算法为区块链的4个核心技术。其中,分布式数据存储作为一项数据存储技术,指的是通过数据网络,利用网络中每一节点计算机配置的存储磁盘的空间,形成一个虚拟存储设备,进而实现将数据分散在网络中每一个节点上的效果。

第六章 区块链视域下职业教育高考制度的构建

点对点传输又称对等互联网技术，是指不依赖于少数几台服务器而是依赖于各个网络参与者自身的计算能力和宽带的网络技术。共识机制指的是基于全网特殊节点的投票，在较短的时间内实现对某一交易的验证与确认的算法机制。加密算法是指对原有明文表示的文件及数据信息基于某一特定算法进行运算处理，只有输入相应密钥后才能读取原有文件或数据的技术。

区块链技术首次被提出是在2008年中本聪（Satoshi Nakamoto）的论文——《比特币：一种点对点的电子现金系统》中。经过多年的发展，区块链技术已经在以中国、美国为代表的科技强国中实现广泛应用。不同领域的从业者对区块链的认知不尽相同，各类定义难以全面解释区块链。通过对区块链本身的结构及全球观点的汇总，可以从技术层面到战略层面共7个维度认知区块链。

从技术层面而言，区块链是一种由多方共同维护，使用密码学保证传输和访问安全，能够实现数据一致存储、难以篡改、防止抵赖的记账技术，也称为分布式账本技术（Distributed Ledger Technology）。从应用层面而言，区块链具有去中心化、不可篡改、可以追溯、全程留痕、公开透明、集体维护等特点，为其丰富的应用场景奠定了技术基础。区块链可以应用于金融、商业、公共服务、智慧城市、城际互通等领域，有效解决数据孤岛等问题，以实现多主体之间的可信协同。

从商业层面而言，区块链技术能够有效统一传统商业模式中的资金流、信息流和物流，形成分布式商业。所谓分布式商业是指建立在区块链技术和理念之上的商业，本质是一种由多个具有对等地位的商业利益共同体建立的新型生产关系，是按照提前设定好的透明规则进行职能分工、组织管理、价值交换、共同提供商品与服务并分享收益的新型经济活动行为。在分布式商业中，资金流、信息流和物流将归属于社区，代码成为信任锚。从治理层面而言，区块链中的共识机制与智能合约（Smart Contract）能够创造透明信任、高效低费的应用场景，构建数据共享、实时互联、联动协同的智能化机制，实现信息数据的共享，推动社会合约到智能合约的转化，运用智能化、自动化、机器化的手段实现社会治理现代化，从而打造"智治"模式。

从思维层面而言，区块链对传统产业思维模式进行革新，依托于分布式账本、共识机制、加密算法等，在原有信息互联网和移动互联网中诞生的互联网思维的基础上，由互联网和传统信息技术难以解决的产业痛点共同作用催生出区块链思维，可细分为分布式思维、共识性思维与代码化思维。其中，分布式思维是指将原有一个产品、社群、联合体的运作指导力量，借助区块链技术，由单一性指导运作转换为联合共治、交互共享的一种新型思维与运作模式。共识性思维指的是运用区块链技术的共识机制突破实际产业中沟通不充分、协作不通畅的问题，典型的共识机制包括 PoW 工作量证明机制、PoS 权益证明机制、DPoS 委托权益证明机制等，主要作用是确保所有参与者在添加新数据块后，能就其当前状态达成一致。简而言之，共识机制能有效确保区块链的正确性，并为贡献的参与者提供相应的激励措施。代码化思维是指，在区块链的世界中，代码即法律。借助智能合约，构建并运作背后的代码，从而用机器信任、自动执行，代替传统的个体信任、人为操作。

从战略层面而言，2019 年 10 月 24 日，中共中央政治局就区块链技术发展现状和未来趋势进行了第十八次集体学习。中共中央总书记习近平在主持学习时强调，区块链技术的集成应用在新的技术革新和产业变革中起着重要作用，我们要把区块链作为核心技术自主创新的重要突破口，明确主攻方向，加大投入力度，着力攻克一批关键核心技术，加快推动区块链技术和产业创新发展。2020 年 4 月 20 日，国家发展改革委将区块链纳入新基建中的新型技术基础设施。由此可见，区块链已经上升至国家战略，成为由国家意志推动的科技创新与产业应用。

区块链也是一套治理模式。所谓的治理模式是指政府、企业等团体引导参与者实现某些目标的方式。区块链技术能够建立更完善、更全面的协同体系的需求，取消清算结算方的需求，通过机器建立信任的需求，以及保留更多信用需求的四类场景（这四类需求也是基于区块链的治理模式应当思考的主要问题），能够实现以下三方面转变。

（1）从控制到自治：分布式的特点能够帮助区块链做到有效弱化等级、控制、封闭等的威权价值，进而实现强化平等、协作、开放、共享等自治价值的作用。

（2）从效率到公平：一般而言，传统互联网是由成本来驱动的，其根本目

第六章　区块链视域下职业教育高考制度的构建

的是实现信息中介的效率最大化，进而实现经济利益最大化。而区块链能够促使互联网的根本目的改变为保护交易、创造价值，保证交易的正当性、公平性、隐私性和安全性，进而将公平和诚信作为其核心价值。

（3）从物质到关系：区块链将改变能源、电气主导的社会经济价值次序，开放性将替代渠道、产品、人员甚至知识产权成为组织成功的关键。

综上所述，从技术角度而言，区块链技术是一种由分布式数据存储、点对点传输、共识机制、加密算法等计算机技术结合而成的新型应用模式；从应用和产业角度而言，区块链则是一套新型治理模式。

二、区块链发展简史

区块链自2008年诞生以来，经过多年的发展，逐步从小众"挖矿"技术变为广泛应用的新一代信息技术，并从公众认为的"投机""非法"的手段变为推动经济发展和社会进步的重要技术之一。在信任增强、效率提升、治理有效的趋势下，区块链不再是一项简单的工程技术，而是以共识、信任、共享为价值观的思维体系。区块链技术的创新进步经历了不同的发展阶段，每一个阶段都是对上一阶段的突破和超越。了解区块链的发展历程对于认识区块链、把握未来发展方向至关重要。

（一）区块链1.0：可信公链与数字货币

1. 概述

2008年，美国金融危机的爆发引发了全球性的经济危机。这场金融危机席卷全球，风暴早期出现在美国次级房屋信贷市场，由于大批借贷者无法按时还款，从而引发了更加严重的流动性危机。这场金融危机暴露出传统中心化模式的致命缺点：由于交易双方之间缺乏信任，往往需要中心化机构进行担保，但这并不能保证双方都会履约，也无法保证中心化机构一定能发挥正面作用。为了解决以上问题，中本聪在2008年11月1日于P2Pfoundation网站上发布了比特币白皮书——《比特币：一种点对点式的电子现金系统》，较为详细地阐述了比特币的运作机制及构建目的。比特币主要解决了交易双方的信任问题，交易双方在不需要第三方机构的情况下也能正常进行比特币交易。由此，区块链逐步进入人们的视野。

比特币从诞生至今，已从最初的一文不值上升至现阶段的价格不菲。随着比特币市场价值的激增，美国、日本等国家在某些消费场景中已接受比特币成为新的支付工具。根据美国著名经济学家弗雷德里克·S.米什金（Frederic S. Mishkin）关于货币的定义，比特币充当被普遍接受的交易媒介，广泛应用于人们的生产、生活等环境中。但就货币本质而言，比特币具有可信账本，却不具有币值稳定性（市场上商品与货币之间的比例处于相对稳定的状态）。因此，比特币更应当被认为是一种全球性炒作的产品，有价格但没有价值。

2. 本质

区块链1.0是为了解决传统金融体系的痛点，本质为可编程货币，是与转账、汇款和数字化支付相关的密码学货币应用。数字货币是以区块链公有链为支撑的、去中心化的、电子形式的货币，它没有发行主体、总量固定且交易过程足够安全。就区块链技术层面而言，数字货币与可信公链联系极为密切，这是由数字货币的内在属性决定的。一般等价物的职能要求其具有广泛的应用人群，正如现阶段应用的法币。法币之所以成为法币，一方面来自国家公权力的保障，另一方面则是被广泛使用。而公有链技术允许所有人不经许可即可访问的特征，可保障数字货币被最为广泛地使用。随着网络规模的扩大，基于底层公有链的数字货币用户能从中获取更多的价值，需求得到更大的满足，主要表现为数字货币被更多的商家、组织、企业等接受，同时数字货币的广泛应用又会促进其他人群使用，形成良性循环，这便是公有链的网络效应。

公有链技术使数字货币具有可信特征，主要体现为数字货币使用、流转全程可追溯，能够有效避免传统纸币体系下货币流转不可追溯的弊端，如货币丢失、洗钱等问题。同时，公有链技术数据分布式共享的特征能够有效解决"双花问题"。

综上所述，区块链1.0的本质为构建基于可信公链的数字货币流通体系，进而搭建全球性的、公平的金融体系，其中比特币为区块链1.0最典型的代表。在区块链1.0中，可信公链与数字货币相互支撑、相互依赖。可信公链为数字货币提供网络基础，而数字货币则是打造全球性公平金融体系的核心工具。比特币的共识机制、挖矿行为等为整个网络提供动力，而其中最根本的原料则是电力资源(比特币挖矿中99%以上的成本来源于电费)。

3. 特征

(1)去中心化

去中心化作为区块链1.0的核心特征,指的是区块链1.0基于分布式存储等技术,不依赖第三方管理机构,也就不存在任何中心化管制,任何一个节点均具有相同的权限,不存在现有中心化系统的等级制度。因此,相比于中心化系统,去中心化的区块链网络更加难以被黑客攻击。在中心化系统中,黑客仅需侵入中心节点或服务器便可入侵系统网络中任一用户的主机,获取用户信息,而在区块链1.0去中心化网络中,黑客只有入侵多数节点才能够实现对整个系统网络的入侵,这无论是从硬件层面还是从软件层面上来说都是难以完成的。

综上所述,区块链1.0去中心化的特征能够最大程度保障用户的隐私和安全,交易过程中无第三方介入,使交易更加高效且不必担心信息泄露的隐患。

(2)开放性

前文提到,区块链1.0系统是完全开放的,除交易各方的私有信息被加密处理外,区块链1.0系统上的所有数据对区块链网络上的所有人公开,任何人都可以通过公开的接口查询区块链数据和开发相关应用。因此,整个系统信息高度透明。

(3)自治性

区块链1.0系统采用基于特定共识机制,即协商一致的规范和协议(如一套公开透明的算法),使整个系统中的所有节点均得以在去信任的环境中自由且安全地交换数据,使对"人"的信任变成了对机器的信任,任何人为的干预对交易的进行均不起作用。

(4)可靠性

在区块链1.0系统中,任一节点的信息一旦经过验证并添加至区块链网络中,便会被永久地存储,若要更改信息除非控制网络多数节点,否则单个节点上对数据库的修改是无效的。因此,存储于区块链1.0网络中的数据,稳定性和可靠性极高。

(5)匿名性

由于区块链1.0网络中的节点之间遵循固定的算法进行交换,因而在其内部进行的数据交互是无须信任的(区块链内置程序规则会自行判断活动是否有效)。交易双方无须通过公开身份的方式让对方对自己产生信任,一方面保障交易双方各自的隐私安全,另一方面促进用户信用的累积。

4. 应用场景

区块链1.0的应用数字货币缺乏稳定性,无法很好地发挥货币价格尺度、价值储藏的职能,因此其作为货币本身而言是失败的,但仍有许多国家、行业接受区块链1.0数字货币支付方式。从实践层面而言,区块链1.0阶段的数字货币在众多交易场景中均有应用。

(1)支付:比特币作为点对点的数字货币系统,最重要的应用场景当属支付。目前,以微软、Overstock.com为代表的企业接受比特币作为付款方式。另外,截至2020年12月,全球比特币ATM机已超过10 000台,比特币ATM机支持用户在设备上使用现金去买卖比特币、以太坊(ETH)等数字货币,大大提升了区块链1.0数字货币的流动性。

(2)跨境汇款:对比其他传统的跨境汇款渠道,比特币跨境汇款具有交易费用低、匿名性、快捷性、无数额及时间限制等优点。另外,传统跨境汇款流程烦琐,而在比特币中只需填写汇款数值及收款人的钱包地址即可。相关数据显示,比特币跨境汇款的手续费只有每字节8聪(Satoshis),相当于90 000美元的交易仅产生了75美分的手续费。

但值得注意的是,区块链1.0的应用仅局限于金融行业中的货币支付这一垂直领域,并未在其他领域加以应用,哪怕是金融行业除货币支付外的垂直领域也罕见区块链1.0的应用。其原因一方面来自公有链技术的不成熟,另一方面来自公有链完全去中心化的特征难以满足现有业务运行和优化的需求。即使是在货币支付领域,现有货币体系多要求公权力的支撑,而公权力的支撑不可避免地带来中心化的要求,这与区块链1.0的本质特征相悖,也是区块链1.0技术难以在更广泛的领域加以应用的本质原因。

5. 代表性应用

(1) 比特币——区块链 1.0 的开端

比特币(Bitcoin)是区块链 1.0 最具代表性的应用。在比特币白皮书面世 2 个多月后，即 2009 年 1 月 3 日，比特币的创世区块生成。为了应对现有货币体系内在通货膨胀的必然属性及中心化货币系统的弊端，如人为制定的货币政策对货币运行机制的扰乱等，比特币不存在中心化的发行主体，而是由网络各个节点基于特定的运算生成，任何一个节点都可以参与比特币的制造过程，并且生产制造出的比特币均可在全世界流通，同时不受时间、空间的限制，任何一个用户可在任意一台接入互联网的计算机上进行交易买卖，用户可实现在任何时间、任何地点进行挖掘、购买、出售或收取比特币。

比特币密码学的属性，决定了其产生过程本质是方程组求特解，所谓特解指的是方程组所能求得的有限解中的一组。任何人都可以下载并运行比特币软件，参与比特币生产，这种生产模式模拟了贵金属黄金的生产过程，被形象地称为"挖矿"。挖矿的过程就是通过庞大的计算量不断地寻求方程组的特解，方程组被设计成了只有 2 100 万个特解，故而比特币的数量上限为 2 100 万枚。

比特币的获取方式大致有 3 种：一是生产挖矿，在平台上基于一定的硬件设备条件进行运算求解，创造一个新的比特币区块，进而获得比特币；二是交易购买，在网络交易平台上基于一定的和议价格进行交易购买；三是捐赠获取，随着比特币的流行，一部分社会机构如基金会、档案室等接受比特币形式的捐赠。

经济学家对于比特币的态度各异。凯恩斯学派认为政府公权力应当积极利用对货币总量的调控，从而实现对经济适时适当的调控(如经济增速加速或刹车)，而比特币总量固定的机制很大程度上牺牲了货币的可调控性，在生产力不断发展提升的背景下，将不可避免地导致通货紧缩，对经济运行体系造成不可挽回的损失。而自由经济学派的保罗·克鲁格曼则称比特币的设计理念及机制具有自由主义倾向，很大程度破坏了政府支持的既定金融体系的权威。另外，奥地利学派则认为货币独立于政府公权力，"自由发钞制度抑制通货膨胀"，当政府对于货币的干预措施越少时，货币及经济运行将会变得更加有序正常,并且货币数量恒定不变所带来的通货紧缩并不必然导致经济衰退等问题,甚至在很多时候通货紧缩可以认为是社会进步、生产力发展的标志。

(2)莱特币——比特币的升级版本

莱特币(Litecoin)是在比特币之后推出的改进版数字货币,其设计目的是提供一种能够在现存比特币硬件设备条件下,如比特币专用集成电路(ASIC),进行高效运行的算法。莱特币的技术原理与比特币无过多的差异,甚至可以说是相同的,均是基于去中心化的架构搭建的,不受任何中心机构或节点的控制,交易过程及新币产生都是基于技术开源的加密算法等。但莱特币的设计是为了弥补比特币表现出的缺陷,如交易确认速率相比于用户需求过于缓慢、比特币总量较少易造成严重的通货紧缩问题、比特币生产发行较多的节点逐步形成"控制"的局面等。因此,与比特币相比,莱特币具有以下4点显著的优势:第一,莱特币区块链网络处理区块的速度由比特币的10分钟缩减至2.5分钟(150秒),交易确认速度提升了3倍;第二,莱特币预期发行量将达到8 400万,比比特币2 100万的发行总量提升了3倍;第三,莱特币网络对工作量证明算法设计进行完善,使其对于计算机等硬件设备要求显著降低;第四,莱特币网络机制细分单位,每一枚莱特币都被分为100 000 000个小单位,通过8位小数来界定,由此莱特币的现实应用将变得更加便利,这将提升莱特币的流通性。

6. 意义与缺点

区块链1.0将数字货币带入现实社会,不仅诞生了市值规模最大的加密数字货币——比特币,更让区块链这一革新性的技术为人们所熟知。区块链1.0勾勒了一个美好蓝图,货币或许不需要依赖于各国发行,而是可以进行国际化统一发行,但从经济金融系统的运行逻辑来说,区块链1.0阶段所倡导的金融逻辑是无法落地的。

区块链1.0仍有很多局限性,更多体现为技术极客与市场投机者的游戏,并没有很好地与实体经济相结合,因而难以发挥其实用价值。

从技术层面而言,公有链"不可能三角"依然无法打破,即高性能、去中心化、安全性,这三者只有两者能同时满足,如比特币的去中心化程度和安全性有较高的水平,但是其高性能无法实现,时常发生比特币网络"瘫痪",

第六章 区块链视域下职业教育高考制度的构建

即无法快速实现交易确认,甚至需要将近一日的时长。因此公有链技术虽然具有可信特征,但技术层面的难题仍然在一定程度上限制其落地应用。

从应用层面而言,区块链1.0完全去中心化的特征一方面促进了理论上可信金融生态的构建,创造出了一个理想化的金融系统,并直接促成了全球历史上第一个炒作市场;另一方面,以比特币为代表的区块链1.0阶段的应用虽然可以以较低的成本完成跨境支付等流程,但其没有实施监管,也就无法落地,因而其实用价值无法实现。

(二)区块链2.0:智能合约与通证经济

1. 概述

以以太坊为代表的区块链2.0的出现,与比特币有着千丝万缕的关系。以太坊创始人维塔利克·布特林(Vitalik Buterin)在打造以太坊之前是比特币的爱好者与推崇者。维塔利克·布特林对区块链技术的认知与热情,正是来自比特币。2013年,维塔利克·布特林从滑铁卢大学辍学,全职从事比特币研究工作。与其他比特币爱好者期望通过打造区块链2.0来获得比特币更多功能和性能不同,维塔利克·布特林认为只有建立一个全新的编程语言才能最大程度地促进比特币发展与应用,这也是比特币的当务之急,但是比特币源代码修改的工作并非易事。因此,当时年仅19岁的维塔利克·布特林决定重新撰写一套全新的白皮书,这便是以太坊白皮书的雏形,该书期望基于通用编程语言,实现各种应用的创建,如社交、买卖交易、娱乐等。2014年1月23日,维塔利克·布特林在《比特币杂志》(Bitcoin Magazine)上发表《以太坊:下一代加密货币和去中心化应用平台》这一著名的以太坊白皮书。维塔利克·布特林试图发明一种通用型的新型加密货币,并创建一个允许任何人在其系统上创建任何应用的平台。以太坊的目的是创造一个更为一般化的区块链平台,让区块链应用的开发变得更加简单、高效,也让这些应用变得更加安全可靠。

2. 本质

区块链2.0本质上是"区块链(数据结构)+智能合约(算法)",相对于区块链1.0,区块链2.0的优势就在于引入了智能合约,以太坊使用者可以基于此实现众多应用的开发,并以去中心化应用(Decentralized Application,DApp)

的形式体现出来。简而言之，区块链2.0在区块链1.0的基础上引入了智能合约。智能合约又被称为智能合同，是由事件驱动的、具有状态的、获得多方承认的、运行在区块链之上且能够根据预设条件自动处理资产的程序。

从技术层面而言，智能合约是利用通用程序代码方式进行定义的一套运行规则，另外，应当注意的是，智能合约早在1995年便由密码学家尼克·萨博（Nick Szabo）首次提出，并非区块链2.0首创的技术。在区块链2.0阶段以前，智能合约一直被广泛地应用在社会生产生活中，甚至可以说是一旦涉及信任关系便可以应用此项技术，如保险、股权、信托等金融产品设置一定的买入卖出条件，一旦触发条款，计算机程序就会自动执行相应操作。但在区块链2.0下，由于区块链技术去中心化的特征，智能合约的执行需要通过代码来实现，意味着一旦触发智能合约的条款，相应代码就会立即自动执行。因此可知，智能合约最大的优势是利用程序算法替代人仲裁和执行合同，避免人为因素对合约执行造成干扰。

在区块链2.0网络中，基于大规模的协作网络，任何人均可在该网络中进行运算、开发应用层等操作，因此便赋予区块链2.0更多的应用场景及功能实现的技术基础。

3. 特征

（1）支持智能合约

智能合约的应用是区块链2.0的重要特征。区块链2.0引入智能合约技术，显著提升了区块链的运行速率，同时极大地扩展了区块链的应用场景，使之不再局限于数字货币领域。

（2）适应大部分应用场景的交易速度

区块链2.0通过采用PBFT、PoS、DPoS等新的共识算法，使其交易速度有了很大的提高，峰值速度已经超过了3000 TPS（每秒处理交易数量），远高于比特币技术性能，已能满足大部分应用场景的交易需求。

（3）支持信息加密

在区块链2.0中，一般使用公钥密码学即非对称密码学来实现公钥密钥对的创建。而其之所以被称之为密钥对，是因为公钥是通过私钥生成的，公钥和私钥一起表示一个区块链2.0账户，公钥用于可访问账户管理，而私钥

第六章　区块链视域下职业教育高考制度的构建

则用于控制各自账户内部的数据信息及应用智能合约时所需的认证程序。同时，私钥是生成数字签名唯一需要的信息，而用户数字签名一方面可以用于签署账户内部所有交易，实现对账户内资金的有效使用，成为控制各自账户资产的有效手段。另一方面，数字签名还用于认证账户所有者与合约用户，在满足用户信息隐私安全的基础上实现用户身份信息的有效认证。

(4) 无资源消耗

区块链 2.0 普遍采用 PBFT、DPoS、PoS 等新共识算法，区分于区块链 1.0 不再需要通过消耗算力达成共识，从而实现对资源的零消耗，显著降低区块链 2.0 网络运行的能源消耗。

4. 应用场景

区块链 2.0 基于智能合约系统的支撑，应用范围从单一的金融领域拓展到涉及合约功能的所有场景。相比于区块链 1.0 阶段，区块链 2.0 的开放性和可拓展性更强，所有主体均可以自由加入区块链 2.0 生态，且可以在区块链 2.0 网络基础上开发应用、发行数字资产；另外，区块链 2.0 将区块链从金融领域带向其他各个领域，从理论上讲，任何主体均可以基于区块链 2.0 网络开发落地众多应用场景，如存证、溯源等，但现实中更多主体基于区块链 2.0 网络发行数字资产并赋予其交易属性，并没有将区块链落地应用，而是出现了"山寨币""空气币"等现象，这在一定程度上扰乱了金融秩序。

严格来说，除了比特币，其他后续产生的以区块链技术为底层实现的都叫"山寨币"。这是国内对这类加密数字货币的常见称呼，在国外一般称为"竞争币"。"山寨币"的主要特点是，绝大多数都是通过修改甚至是直接套用比特币的源代码实现的，只有极少数的币种不用比特币的源码而是基于相关理论自身设计实现的。当然，"山寨币"并不是假币，有的甚至针对比特币的不足，进行了许多创新，比如以太坊(以太币)，用智能合约代替比特币的栈的操作本身就是一个伟大的创新。

与"山寨币"相比，"空气币"最大的不同之处就是无可落地的应用场景。

虽然以太坊的实用价值发挥受限，但由其带来的区块链泡沫，使区块链概念开始走向产业和生活，全球范围内越来越多的政府、企业等社会主体开始关注区块链，为区块链 3.0 打下了良好的认知基础。

5. 代表性应用

（1）以太坊（Ethereum）

正如前文所述，以太坊作为区块链 2.0 最为重要的代表性应用，本质上是一个技术开源的具有智能合约功能的公共区块链平台。前文中提到比特币存在一定的缺陷，如应用场景匮乏、拓展性不足等，具体而言，比特币网络在技术层面上无法实现多重签名，这使现实经济社会中许多活动无法应用区块链技术，应用层面在比特币网络里只有一种货币符号即比特币。因此，用户无法在系统中自定义其他一些符号以实现各自的需求，如股票凭证、债务凭证等。而以太坊设计目标便是解决区块链 1.0 在技术和应用方面拓展性不足的问题。

首先，以太坊作为一个开源技术平台，为用户提供各种模块供用户个性化搭建应用。具体而言，以太坊通过一套图灵完备的脚本语言（Ethereum Virtual Machinecode，EVM 语言）来建立应用，本质类似于汇编语言，但其用户并不需要直接使用该语言，而是可以通过其他高级语言（如 C 语言、Python、Java 等）进行撰写，经由编译器便可实现其他语言与 EVM 语言之间的直接转换。

其次，以太坊是一种图灵完备的底层协议。和比特币事先设定好的系统不同，以太坊是一种灵活的、可编程的区块链。在以太坊网络中，开发者可以创建符合自己需要的、具备不同复杂程度的区块链应用（DApp），这些应用可以是社交、交易、游戏等。

（2）ICO（Initial Coin Offering，首次代币发行）

ICO 是区块链 2.0 的典型应用，指的是一种为加密数字货币/区块链项目筹措资金的常用方式，早期参与者可以从中获得初始产生的加密数字货币作为回报。开发者要在以太坊上运行项目，需要开发成本，这些开发成本通常通过"向民众募集以太币"的方式来筹措。由于代币具有市场价值，可以兑换成法币，这样一来，募集到的以太币就可以用作项目的开发成本，而早期参与者可以从中获得初始发行的数字货币作为回报。

但是，随着 ICO 项目的泛滥，监管在这个领域存在空白，导致一些"空气币"打着区块链的旗号大肆募集资金，出现了许多非法融资现象。越来越多的国家公权力机关、监管机构逐步完善对ICO项目的监管，打击利用ICO进行非法金融活动的行为。其中，2017年9月4日，中国人民银行等七部委发布了《关于防范代币发行融资风险的公告》。公告中指出，ICO为非法金融活动，严重扰乱金融秩序，国内所有代币融资项目均被叫停。

6. 意义

区块链2.0对于区块链技术而言，是一次实质性的飞跃。区块链2.0跳出了区块链1.0只能被用作数字货币的局限，使区块链技术应用商业化成为可能。如果说以比特币为代表的区块链1.0为价值转移提供了新思路和新技术，那么以以太坊为代表的区块链2.0则大大拓展了区块链的应用场景，推动了区块链技术的应用，一定程度上激发了区块链商业化的潜能。

综上所述，区块链2.0可以被看作一台"全球计算机"，它实现了区块链系统的图灵完备，使在区块链上上传和执行应用程序成为可能，智能合约的功能特征保证程序的有效执行，也从技术上提高了数据信息透明度及用户隐私保护水平。区块链2.0阶段也将区块链概念带入产业、生活中，虽然造就了"山寨币""空气币"等不好的社会现象，但对真正的区块链技术落地应用、赋能实体场景起到了极大的推动作用。

(三) 区块链3.0：资产上链与多链融合

1. 概述

正如前文所述，区块链2.0技术的发展推动了区块链泡沫的产生，让区块链这一概念被更多人了解，而只有当区块链泡沫破灭后，人们对区块链的适用范围及限制有了客观、实际的了解后，区块链技术才能实现其真正的价值。正如互联网普及前，其应用仅限于局域网，而随着互联网被越来越多的人了解，产生互联网泡沫，待泡沫破裂之后，真正的互联网应用(如QQ、淘宝等)才逐步出现。那么，区块链3.0便可类比互联网技术的局域网阶段。在区块链3.0阶段，区块链突破技术泡沫，使区块链技术赋能实体经济产业的进程正式开始。

中国在区块链技术应用领域领先全球，在国家战略和众多政策的推动下，区块链产业应用正在逐步落地，如区块链+供应链金融、区块链+司法、区块链+政务等。

当然，不可否认的是，在区块链 3.0 阶段，区块链应用会逐步解决实体经济和传统金融中的众多问题，发挥区块链的实用价值。那么，随着区块链技术应用规模的逐步增大，包括政府部门、企业、组织等将搭建众多区块链应用落地场景，链的数量将会激增，不可避免地会产生大量的数据孤岛，且区块链 3.0 阶段的跨链技术无法有效解决众多区块链之间的数据互通问题，降低了业务效率，提高了监管难度，这也是区块链 3.0 所受到的局限。

2. 本质

区块链 3.0 技术特性赋予其变革和优化传统产业的潜力，应用领域已经从最初的数字货币、金融领域延伸至各行各业。区块链技术逐渐脱虚向实，提升系统安全性与可信度，加强传统产业多方之间的协作信任，同时简化流程、降低成本，进而实现在各领域对实体经济的推动作用，解决实体经济中的实际问题。基于此类解决实体经济和传统金融领域业务问题的区块链被称为产业区块链。

产业区块链的核心在于用区块链的技术实现去信任、业务协同、降本增效等，应用场景包括区块链赋能金融、商业、公共服务、民生、农业、政务等。现阶段，产业区块链已在相当多领域实现赋能应用，如保险、供应链、民生政务、制造业、农业等，同时涌现出一大批标杆企业，如蚂蚁集团、京东数字科技、趣链科技等。

在区块链 3.0 的支撑下，实体资产大规模上链成为可能，真实物理世界的资产将逐步映射到区块链上的数字世界中进行存证，形成链上数字存证，从而实现资产确权、交易流转、交割，并实现其数据的全流程可追溯、可防伪和可审计，最终全面启动数字经济时代。

随着区块链 3.0 网络的搭建，越来越多的资产上链，为了更好地实现价值流动，为多链融合技术提供应用场景。在区块链 3.0 的背景下，多链融合一般采用跨链技术，指的是对不同区块链进行连接和扩展，从而构建价值互联网，为各类价值传输应用提供基础设施。

价值互联网是在信息互联网的基础上发展而来的，指的是能够与信息传递一样在互联网上方便、低成本地传递价值。在中心化机构主导的信息互联网和价值互联网 1.0 两个阶段，虽然产生了巨大的经济价值，但是这种经济

第六章　区块链视域下职业教育高考制度的构建

塔形利益格局在客观上存在中心化机构一家独大，主导利益分配机制，尤其是头部企业的投机行为、趋利行为，必然导致一系列的信任问题。

综上所述，区块链3.0本质为资产上链与多链融合，其中资产上链是构建局域网的过程，多链融合是用跨链技术保证链与链之间的沟通。如果说区块链是信任机制，那么跨链技术就是让信任流动起来的保障，但随着链越来越多，链本身也成为一个个数据孤岛，那么链与链之间的沟通便成为区块链3.0阶段的局限。

3. 特征

(1)资产可信确权

区块链3.0搭建了连接物理世界和数字世界的可信桥梁，实体资产相关数据信息上链，基于区块链分布式存储等特征实现数据多方核验，实现资产可信确权，并基于链上存证实现资产可信流转。因此，区块链3.0为资产确权、交易、流转提供可信方式。

(2)参与对象不特定

区块链3.0极大拓展了区块链应用场景，越来越多的主体参与到区块链3.0网络中，特别是在区块链价值网络中，几乎所有的真实社会主体均可参与其中，这也符合区块链开放性的特征。

(3)交易行为广泛

区块链3.0应用场景的拓展一方面带来参与主体的扩大，另一方面参与主体的增加也必然导致主体之间相互关系的复杂化，不仅表现为相互之间行为次数的增加，即交易次数的增加，还表现为交易内容的多样化，不再局限于区块链2.0的金融交易，更有资产买卖交易，如知识产权、固定资产产权等。

4. 应用场景

区块链3.0的应用场景在区块链2.0的金融应用场景的基础上进一步拓展，覆盖经济社会的方方面面，可概括为七大领域：金融领域、民生领域、司法领域、政务领域、制造领域、能源领域及其他领域。

5. 代表性底层技术

(1)超级账本(Hyperledger)

超级账本是区块链3.0的代表性应用，旨在推动区块链技术在不同行业间的应用，最早由 Linux 基金会于 2015 年 12 月发起成立。由于其定位于区块链跨行业应用的开源项目，最初的成员便囊括各个行业，主要包括金融、供应链、制造业、科技行业等的头部企业。其中最具代表性的项目是 Hyperledger Fabric 平台。Hyperledger Fabric 是一个模块化的分布式账本解决方案支撑平台，具有高度的保密性、弹性、灵活性与可扩展性。它的目的是支持不同组件的可插入实现，并适应经济系统中存在的复杂性。该平台与其他区块链系统的最大不同点在于 Hyperledger Fabric 是私有的，而且是被许可的，但并不允许未知身份参与 Hyperledger Fabric 网络（要求协议验证事务并确保网络的安全），Hyperledger Fabric 组织的成员可以通过一个 Membership Service Provider（成员服务提供者，MSP）来注册。因此，该平台是基于联盟链技术搭建的，并非像区块链 1.0 和 2.0 的代表性应用一样大多基于公有链技术。这意味着，虽然参与者可能不完全信任彼此（如行业竞争对手），但网络可以在基于参与者之间确实存在信任的治理模式下运行，如处理纠纷的法律协议或框架。基于前文的分析，联盟链技术的选择在很大程度上促进了该平台的发展。

另外，该平台作为第一个分布式账本平台，支持用 Java、Go 语言和 Node.js 等通用编程语言编写的智能合约，而不是受限于平台本身领域的特定语言，意味着大多数企业已经具备了开发智能合约所需的技能，不需要额外的培训来学习新的语言。

（2）金链盟（FISCO BCOS）

FISCO BCOS 是一个区块链底层平台，由金融区块链合作联盟（深圳）即金链盟开源工作组以金融业务实践为参考样本，在 BCOS 开源平台基础上进行模块升级与功能重塑，适用于金融行业，具有深度定制的安全可控、完全开源等特征。金链盟开源工作组的首批成员包括微众银行、深证通、腾讯、华为、神州信息、四方精创、博彦科技、越秀金科、亦笔科技 9 家单位。

FISCO BCOS 基于区块链多中心化、防篡改、可信任等特征，利用分布式数据存储、加密算法等技术对交易数据共识签名后上链，实时保全的数据通过智能合约形成可信数据链，满足数据信息真实性、合法性、关联性的要求。FISCO BCOS 还提供完整的业务样例供开发者学习和使用，包括完整的业务

SDK 代码和详细的说明文档，以帮助开发者在存证场景中快速启动存证应用开发。

在安全性上，通过节点准入控制、密钥管理、权限控制，在应用、存储、网络、主机层实现全面的安全保障。在可用性方面，FISCO BCOS 设计为 7×24 小时运行，达到金融级高可用性。在监管支持方面，可支持监管和审计机构作为观察节点加入联盟链，获取实时数据进行监管审计。

6. 代表性应用

（1）区块链+食品药品溯源

传统食品药品产业链条上的企业间存在数据阻隔严重、中心化数据库易受攻击等问题，特别是互联网医药产业的兴起，使食品药品市场的痛点更加凸显，导致假药劣药难以监管追责。

利用区块链数据可溯源、数据不可篡改等特征搭建食品药品溯源系统，可将食品药品相关信息记录在链上，实现对生产、运输、仓储、配送等流程的每个环节可信追溯监管，有效解决传统食品药品产业痛点，构建可信食品药品产品流转生态体系，保障食品药品安全，促进食品药品产业健康、有序发展，助力国家公共安全体系的建设。

（2）区块链+电子司法

传统上各司法单位均有自身业务系统，其中司法业务系统部署于政务外网和互联网，公安、检察院、法院、监狱管理局的信息化建设均基于各自内网建设，彼此之间数据标准不统一且网络物理隔离，对于政法跨单位之间的业务办理均为线下渠道，缺乏信息化协同手段，数据无法进行线上交换。

利用区块链拓展性强等特征将现有数据库经核验导入相应节点存储上链，一方面保障了司法相关数据的真实可靠，另一方面极大降低了司法业务协同系统升级的成本。基于区块链数据共享、数据不可篡改等特征，在保障业务数据安全的前提下，实现不同业务部门之间数据互联互通。区块链智能合约技术还可以简化司法业务流程，实现相关司法业务流程处理智能化。

（3）区块链+供应链金融

传统供应链金融领域中，供应链上的信任及基于这种核心信任评估而发放的贷款，无法从供应链的龙头传递到尾端企业，依托核心企业存在的各种中小型企业，获得贷款的难度巨大，造成中小企业融资难、融资贵。由于现有金融体系不同部门间数据孤岛现象显著，导致了金融风控成本高、金融监管难等问题。

区块链数据公开透明、不可篡改等特征可用于打通全供应链信任流通通道，将核心企业的授信传导至供应链末端企业，这一优势一方面可以解决中小企业融资难题，另一方面可以为金融机构、政府部门提供可信的金融风控、监管方式。

(4) 区块链+智慧政务

传统政务服务体系分散建设的模式，导致数据壁垒、价值孤岛、条线分割等，造成政务服务效率低下，限制业务流程进一步优化。政务服务一般涉及多方主体，而主体状态、证照数据等信息一直处于频繁变化的状态，现有政务体系难以实现数据信息实时更新，同时数据本身的真实性存在核验难题。

区块链的数据共享等特征为打破数据烟囱提供有效工具，实现数据跨地域、跨层级、跨部门高效流转，促进政务体系整体协同，同时缩短政府与民众之间的距离，保障政务服务质量。区块链的数据可追溯、不可篡改等特征，可实现对政务相关行为进行实时上链记录，全生命周期监管相关政务行为，准确追责相关责任人。

(5) 区块链+文化娱乐

传统文化娱乐产业存在四大难题：缺乏行业规范化服务、版权与交易信息不联通、收益难以公平及时分配及司法效率低下。

利用区块链的数据可追溯、真实可靠、不可篡改等特征，可实现对文化娱乐产品可信确权，并为相关产品交易流转提供新方式，任何相关交易行为、使用行为均会被记录在区块链网络中。同时，可将相关司法部门作为区块链的网络的重要节点，简化文化娱乐产品确权及侵权诉讼流程，极大提升司法效率。

7. 意义与价值

(1) 解决实体资产流动性与管理问题

一方面，资产上链能够显著提升实体资产流动性。当实体资产上链后，不再受空间、时间的限制，可随时随地自由分割交易，极大地促进资产流通，

第六章 区块链视域下职业教育高考制度的构建

最大化资产价值,特别针对现实经济中一些不易分割、不易流通的实体资产。

另一方面,资产上链可以提高资产管理水平。在区块链 3.0 网络中,实体资产上链后,基于智能合约的设置,一旦触发智能合约条款,映射实体资产的数字资产权证便会自动实现链上交易,降低资产管理成本和减少人为因素的干扰。

(2)满足各行业针对区块链技术应用的实际需要

区块链 3.0 具有较强的可扩展性,是价值互联网的核心,不仅能够记录金融业的交易,而且可以记录几乎任何有价值的且能以代码形式进行表达的事物。因此,随着区块链 3.0 的发展,其应用能够扩展到任何有需求的领域,进而搭建全产业区块链价值网络。

(3)发挥区块链的实用价值

传统实体经济存在信息不对称、信任成本高、道德风险、安全性差等问题,而区块链 3.0 能够有效解决这些问题。因此区块链 3.0 能够真正地、更好地赋能实体经济,发挥区块链的实用价值,成为经济发展和社会治理的有效抓手。

(四)区块链 4.0:互联互通与信任社会

1. 概述

区块链 3.0 阶段及之前的区块链技术无法满足整个社会范围内的多样性可信数字化进程需求,二者之间存在极大的供需矛盾。以比特币为代表的区块链 1.0,仅适用于货币支付与流通等场景;以以太坊为代表的区块链 2.0,虽然智能合约支持多样化区块链应用的开发设计,但其仍落脚于金融领域;以超级账本等为代表的区块链 3.0,实现了区块链技术真正赋能实体经济部门,但现阶段不同区块链落地应用间相对独立,虽然跨链技术可在一定程度上解决不同领域间的数据孤岛问题,但由于技术限制及社会习惯等无法实现社会经济全领域数据共享与互联互通。特别是随着区块链 3.0 应用的普遍化,不同链间的数据壁垒现象将越发显著。这一系列问题成为区块链赋能实体经济及实现数字经济价值网络巨大的阻力因素,严重阻碍不同主体间数据联通、业务协同,限制价值互联网优势的发挥。

基于此,区块链 4.0 阶段来临。与传统信息技术基于硬件设施条件改善而发展不同的是，区块链4.0并非完全基于技术的改善、应用范围的扩展而存在，而是提供一种可囊括现今所有区块链系统的底层技术，遵循共享、共建、共赢理念的科技生态格局，构建可信社会，实现社会各种要素的互联互通。

2. 本质

区块链4.0实质上以区块链+产业发展、生态建设、多生态融合为重点，以利用区块链技术服务于社会和生活并建立高效、开放、共享的高度信任的社会为终极目标，实现各领域快速搭建上层区块链应用。简而言之，区块链4.0搭建区块链底层服务网络（相比于区块链3.0的底层技术，可概括为"底层之底层"），将现有各行业、各领域区块链（无论是公有链还是联盟链）均纳入同一运行网络，以高安全性、高效率保证链与链之间的互联互通，在区块链1.0和区块链2.0技术创新、区块链3.0应用创新的基础上实现区块链4.0阶段的模式创新，最大化区块链价值。

区块链4.0从区块链3.0的应用创新转变至模式创新阶段。从技术角度而言，区块链4.0实质为数字权益账本技术集合，以分布式系统为基础，使实体资产的权益映射为数字资产权益作为一种价值媒介，搭建沟通真实世界和数字世界的桥梁。例如，区块链4.0的应用使经过确权的房产权益（主要是所有权和使用权）得以在区块链网络中以数字权益资产的形式进行交易。而随着数字权益被广泛地接受，衍生出通证经济，即区块链网络中的通证成为现实经济社会中充当一般等价物的"货币"。综上所述，一方面，区块链4.0网络中的数字权益不单包含区块链网络中原生资产的权益（如数字通证等），更多的是通过区块链4.0技术从真实世界实物资产权益映射到数权世界的数字权益。另一方面，区块链4.0通证经济的逐步推进也为区块链良性生态奠定基础，这是由于通证经济给予相关参与方充分的激励，进行可信真实数据的流转，如对优质数据提供者相应的通证激励等，实现区块链体系源头数据的保障，拓展数据真实可信范围。

社会活动组织方面，随着社会群体主权意识、平权意识、共享意识的普及，去中心化、分布式、自组织逐渐成为互联网用户的新需求和新常态。而区块链4.0恰好符合这一需求的变化，在区块链4.0网络中，每一个用户按

第六章　区块链视域下职业教育高考制度的构建

照共识规则,自主管理自己的行为,构筑去中心化自治互联网,以实现数字世界的民主与现代治理,这也被定义为去中心化自治组织(Decentralized Autonomous Organization,DAO)。

区块链去中心化组织本质为计算机编码制定规则的组织,技术层面而言为智能合约集,其规则程序是透明公开的、基于通证经济模式由相关参与方控制且不受中心机构所影响的。去中心化组织的基本特性为编程的运行规则,意味着一旦相应指定条件满足时,系统将自动强制执行。在区块链4.0阶段,去中心化自治组织变革传统中心化组织架构的限制,打通政府与公民之间的沟通渠道,基于个人激励与最后结果相一致的前提,解决与集体相关的问题,实现人人参与的治理生态。

因此,区块链4.0的本质是构建底层区块链服务网络,打通现存所有链间的数据流通、价值联通通道。值得注意的是,区块链4.0打通链间通道并非基于区块链3.0的跨链技术,而是通过更加底层的服务区块链运行的基础设施来保证。在这一底层服务区块链平台上,现存所有的区块链无论是基于何种底层技术,如Hyperledger Fabric、FISCO BCOS等均可以在上面运行,进而基于通证经济模式实现不同链间的数据共享、互联互通。

区块链4.0阶段,一方面随着区块链渗透率的不断提升,越来越多的场景应用区块链技术,区块链网络对社会经济各行各业的渗透率将达到较高的水平;另一方面,底层区块链服务网络逐步成熟,将所有链整合至同一服务平台,不同链间的互联互通常态化,实现数据可信、资产可信、合作可信,建成信任社会。

3. 特征

各领域数据、价值互联互通是区块链4.0的重要特征。随着区块链4.0技术应用深化,越来越多领域(如支付结算、物流追溯、医疗病历、身份验证等)的企业或组织搭建新的区块链或加入已有的区块链中。在底层服务区块链平台上,不同链间的数据将实现互联互通,创造更大的数据价值,数据将成为一种生产要素参与生产和分配。

因此,区块链4.0网络将不仅是一个多方合作推出的创新产品,更是一个基础设施网络,连接政府、企业、机构、科技公司和各个方面,打破行业、部门、政企等的壁垒，实现各行业、各领域数据、价值的互联互通、资源共享、业务协同，促进信任社会的构建。

4. 应用场景

区块链4.0的应用场景与区块链3.0的差别不在于场景范围的大小，而在于不同场景间的关系。区块链3.0阶段不同场景间的应用相对独立，虽然跨链技术可在一定程度上实现不同应用间的联系，但缺乏有效的经济社会全行业全领域数据共享、业务协同方式。而在区块链4.0的底层服务网络中，不同场景的区块链应用可在同一平台上实现数据有效共享，并给予数据提供方充分的通证激励，保障区块链网络数据真实可信。在区块链4.0阶段，经济社会数据实现有效共享，极大降低了数据孤岛带来的业务成本及风险，如政务链、金融链、司法链、教育链等的数据共享、业务协同，能够最大化提高公民失信成本，构建可信社会。

5. 代表性底层服务网络

（1）区块链服务网络

区块链服务网络（Blockchain-based Service Network，BSN）是一个跨云服务、跨门户、跨底层框架，用于部署和运行区块链应用的全球性公共基础设施网络，其目的是极大降低区块链应用的开发、部署、运维、互通和监管成本。同时，服务网络支持标准联盟链、开放联盟链和公有链架构，服务于工业和企业级应用，但在中国不支持公有链应用。

区块链服务网络上的所有公共城市节点通过互联网进行连接。应用发布者在任何一个服务网络的门户内根据业务需求选择底层框架和若干城市节点，以及每个节点上所需的TPS、存储量和带宽来发布联盟链应用或公有链节点，并根据权限配置规则把联盟链应用灵活设定为私链或联盟链。发布者可以选择任意组合的城市节点群来发布无限多的应用，而应用参与者可以在取得应用授权的情况下，连入任何一个应用部署的公共城市节点参与相关业务。在整个过程中，应用的发布者和参与者可以集中精力进行业务创新和执行，而不需要花费任何额外成本去建设和维护自己的区块链运行环境。

因此，区块链服务网络的构建将大幅降低区块链开发、部署、运维、互通和监管成本，促进区块链技术的快速发展。在某种程度上，区块链服务网络是互联网的价值转型与能力升级，随着与产业的深度融合，将会促进互联网的重构。

（2）星火·链网

"星火·链网"为中国信通院于2020年3月基于现有国家顶级节点正式启动建设的新型基础设施，通过逐步融合国家顶级节点进而提供包括区块链、工业互联网及物联网标识、互联网域名等在内的多项网络基础服务。该系统以节点形式进行组织互联互通，其中包括三类节点：超级节点、骨干节点、业务节点。通过主链到从链两层链状网络的架构设计，把不同从链通过骨干节点，将结果连接到主链，最终构建起一个区块链的基础设施，实现从链到主链信任的锚定和传递。

"星火·链网"中的超级节点、骨干节点，将与工业互联网标识解析体系的国家顶级节点和二级节点融会贯通起来，形成一套广泛覆盖、全面互联的重要的新型基础设施，充分发挥"链网协同"新的融合应用，将会使新型基础设施的发展更加有价值、更加落地。

"星火·链网"新型基础设施将在数字金融、物联网、智能制造、供应链管理、数字资产交易等多个领域提供基于区块链技术的一体化解决方案，降低社会运行信任成本，有助于数据生成要素更合理地流动和配置，以服务于经济和社会，为数字化转型升级中的各行各业带来新的模式，将深刻影响和重塑经济金融组织和社会治理模式。

6. 代表性应用

区块链4.0代表性应用为智慧城市的建设。智慧城市意味着新技术如人工智能、云计算、大数据、5G等与城市发展的各个方面结合，形成整体的理念框架，进而实现创新共享、万物互联，应用场景包括民生服务、智慧医疗、智慧教育、城市治理、智慧交通、公共安全、智慧能源等。虽然区块链3.0已经在智慧城市中实现相应的赋能应用，但现有技术往往只能实现一定程度、一定领域的价值互联互通，如智慧交通领域、智慧能源领域等，难以实现不同领域价值的互通。这一方面来自底层平台的缺失，另一方面来自现有区块链多由不同企业搭建，缺乏数据共享的动力。

因此，区块链4.0旨在搭建可承载各类区块链、各企业区块链、各领域区块链等的底层区块链平台，使智慧城市相关的区块链均可应用该平台，实现更深层次的价值互联互通，将各个领域的数据信息纳入同一平台，最大限度地促进信任社会的建设。与区块链3.0搭建的智慧城市平台相比，区块链4.0搭建的智慧城市平台可理解为赋能更多领域、更多行业的数据、价值互联互通平台。

区块链4.0技术将从以下两个方面助力智慧城市的搭建。

(1)构建安全、可信的智慧城市数据共享和分享基础设施

数据是智慧城市智能生长的基础，也是智慧城市发展的关键，构建数据分享和共享机制对于智慧城市至关重要。现有智慧城市产业链参与方众多、技术多样、系统复杂、应用丰富，尤其是利益结构和安全机制复杂，使数据孤岛现象突出。区块链4.0底层服务区块链平台，实现不同链在同一平台运行，提供现有智慧城市链间协同新方式，为智慧城市数据共享和分享及突破智慧城市的数据孤岛效应创造了良好的技术条件。

在数据共享方面，通过建立以区块链为基础的数据交易系统，严格记录数据的来源、数据的所有权、数据的使用权、数据的可共享范围、数据的安全合约，为政府开放政务数据、企业开放企业数据、市民开放个人数据，提供可追溯、可交易、可信任的共享机制。在数据分享方面，通过在区块链中记录每一次分享者的信息、数据分享的路径、数据的来源和可分享的范围，在不同应用之间、不同部门之间、不同地区之间建立起高效安全的数据流动机制。

(2)构建城市级的多层次区块链公共服务平台

在智慧城市中，信息和数据的流动、人员和物流的迁移、智慧应用的启动与运行，都离不开安全可信的交易体系，构建多层次区块链公共服务平台，作为数字智慧城市的基础设施，为政府应用、企业应用和民生应用提供了公共的能力。

①打造全域的城市级区块链公共服务平台，作为公共属性的区块平台，其核心能力应该包括市民、企业身份认证及公共信息，如个人信用、企业资质及信用。

②打造垂直领域的行业及区块链服务平台，在教育、医疗、金融、交通

第六章 区块链视域下职业教育高考制度的构建

（自动驾驶）、物流、安全等行业，提供认证、安全、交易、合规性控制等服务。

③打造城市部件区块链服务平台，对城市各类关键性资产、重要设施、核心设备的认证、数据交换提供基于区块链的服务；打造政府区块链服务平台，在数据互信、流程互通、证照互认、机制协同等方面提供公共的区块链服务。

④以政务服务创新为突破，推动区块链应用；在政务领域，创新政府服务流程，利用区块链技术，构建责权清晰、可信安全的公共服务应用，形成部门之间的数据互通、业务互通、流程互通。

⑤在高频政务审批场景中，强化区块链的应用，包括工商注册、教育入学、电子证照、电子材料、电子印章、电子档案等。

⑥在市场监管场景中，积极引入区块链技术，包括食品监管、药品监管、房屋租赁监管、安全生产监管、消防安全监管、建筑质量监管、税收监管、精准扶贫及政府公开招投标项目监管等场景。

⑦在城市智能运行场景中，引入区块链，打造绿色可持续的城市经济，包括建筑节能、绿色交通、循环经济、节能减排等领域，通过智能合约的引入，建立可信任的交易及监管机制。

7. 意义与价值

（1）推动价值互联网的完善

区块链4.0为价值互联网带来了新的发展空间，触发了一个新的发展阶段。区块链4.0具有去中心化、透明可信、自组织等特征，使其区块链应用更容易在全球范围内进行扩散，成为无地域界限的应用，为价值互联网注入了新的内涵。随着区块链4.0的逐渐发展，将推进形成规模化的、真正意义上的价值互联网。

区块链4.0正在通过构建新型社会信任机制，通过高度普适性的价值存储和价值传递应用模式的推广，逐渐引发价值转移方式的根本性转变及社会协作方式的变革，对价值互联网的建设意义重大。

①区块链4.0为价值互联网提供基础设施，通过身份认证、隐私保护、基础价值传输协议等功能，推动形成价值互联网的信任基础和信息传递机制。

②区块链4.0的应用带来价值互联网门]槛的降低,能够将更多用户纳入价值互联网系统,可以有效提高价值互联网的规模,并提高其价值。

③区块链4.0通过去中心化等方式,可以有效降低社会交易成本,促进价值互联网形成。

(2)推动通证经济逐步落地

本质上,通证经济的核心价值为优化业务流程和提高资产流动性,而只有大量的可信数据作为基础支撑,才能使通证经济价值得以真正发挥。区块链4.0阶段通过为现有各区块链提供底层服务平台,实现社会经济各领域数据的互联互通,基于分布式账本技术保障数据真实可信,辅之以大数据算法,便能够得出社会经济各主体的个性化激励方式(包括激励工具和激励强度),保障区块链网络高效化运转,构建区块链技术良性互动生态。

(3)推动社会组织形式变革及可信社会的建设

区块链4.0将各个领域、各个行业的现有区块链纳入同一平台,在最低成本的基础上实现最大程度的数据、价值互联互通,将显著推动社会经济活动以分布式形式进行组织(如分布式商业),促进高效、开放、共享的高度信任的社会的建立。

第二节 区块链与职业教育

随着现代互联网技术的发展,信息技术成为经济发展的主导,区块链技术成为信息时代的重要代表。区块链技术的应用对现代社会经济发展、高等教育等具有重要意义。区块链技术的发展,不断变革全球的金融、商业、教育等领域的发展理念与模式,全球各大银行、政府与教育机构等开始致力于开发应用区块链技术。2015年4月15日,世界经济论坛(WEF)发布《2015年全球信息技术报告》,本次报告以"发展信息通信技术,促进包容性增长"为主题,提出至2023年,政府机构将普遍应用区块链技术。2019年8月,《福布斯》杂志发文评论了2020十大科技趋势,文中称2020年区块链将会被新的技术等级定义,从边缘化慢慢移动到中心舞台。随着对区块链研究与应用的日

第六章 区块链视域下职业教育高考制度的构建

渐深入,区块链技术已从金融领域,逐步延伸至多个领域之中,如学习认证、学分银行等教育教学领域。而区块链技术在职业教育领域的应用加快了职业教育的变革,也成为未来职业教育发展的方向与趋势。"区块链+职业教育"这一新形态正在推动现在职教体系的变革与发展,促进职业教育构建新生态形成。

(一)区块链技术对职业教育的作用

1. 促进现代数字教育资源的发展与变革

现代互联网技术数字教育资源已然成为高等教育资源的重要形态之一。数字教育资源以多元、开放、共享的特性,能够为职业院校学生提供丰富的学习资源。当前数字资源的发展尚处于初期阶段,还存在一些问题与不足之处,如教育资源参差不齐,教育资源监管机制尚不健全,所提供的个性化服务还很有限,资源提供者的权益无法得到有效保障等。利用区块链技术,能够保障数字资源的开放性,使教育组织与教育机构、受教育个体等都能参与到资源的开发、管理与共享之中;能够保障资源提供者的合法权益,激发创作者的主动性与积极性,提高数字教育资源的利用率。另外,区块链技术能够变革数字教育资源的服务供给模式。区块链的智能合约技术能够在无人控制与干预的情况下进行复杂的交易,实现自动、智能的交易,不仅简化交易流程、降低交易成本,而且提升了交易的安全性。教育领域之中,能够利用区块链技术,构建教育智能合约系统,在无中间人的干预之下,完成教育服务的购买、利用、计算、验收等整个流程。而且,利用互联网技术,能够将数字教育资源提供给偏远地区、各类教育机构,使数字教育资源更为开放、灵活。因此,区块链技术的科学应用,不仅能够丰富数字教育资源,而且能够促进其服务供给模式的变革,从而满足现代数字教育资源的需求。

2. 促进传统职业教育教学的变革

传统职业教育教学模式下,教学活动存在教学内容有限、教学模式单一、教学评价不够完善、教学活动时空受限等问题。这种传统的教育模式有其一定合理性,但随着时代的发展与教育对象的多元化,教师要基于学生实际,注重因材施教,以多元化的教学方式、科学化的评价考核,进行全面化人才的培养,从而实现培养技术技能型人才的目标。现代职业教育改革确立了以学生为课堂主体地位的新标准，高职院校教育工作者要基于区块链技术，为学生创建完备的学习平台。在范围上，学习平台覆盖学习资源服务、学习过程管理、学习档案记录、学习内容记载等多个方面；在服务功能上，学习平台要线上线下学习记录相结合，能够及时将线下学习记录上传，为学生提供个性化服务，使学生能够选择适合自己的学习方式；在监督管理上，学习平台的教学资源要给予科学严格的审核与监督，提高教育资源的信度与效度。通过区块链技术运用，能够为职业教育人才选拔培养、学习成果认证等提供可靠的依据，从而满足职业教育变革之需。

3. 满足职业教育管理变革的需要

近年来，我国逐渐加大了职业教育的投入，但是由于多沿用普通高等教育管理模式，职业教育管理还存在教育资源的统筹协同性较差、资源利用率较低等一些问题，影响着职业教育的发展与变革。职业教育管理工作不仅影响人才培养质量，而且关系着整个学校的生存与发展。因此，将区块链技术与教学管理机制进行结合，通过构建教育管理体系发展生态来促进职业教育管理的变革，能够促进内部教育资源之间的有机整合，提高职业教育人力资源、财务、资产等方面的管理效能，为学校师生提供更为快捷、更为全面的服务，推动职业院校的发展。

(二) 区块链技术与职业教育的耦合性分析

职业教育在发展过程中面临诸多困难，需要进行突破与创新。区块链技术为职业教育变革提供技术供给，两者存在耦合性。

1. 资源耦合

资源配置是职业教育稳步发展的保障。职业教育在发展进程中，存在资源配置不均衡的问题，如教学资源利用程度不高、教师队伍资源调配不均衡、学习资源不够个性化等。教学资源方面，一些职业院校缺乏开放的思想观念与完备的管理体制，造成职业院校的实践教学资源较为匮乏、总体利用率较低，使实践教学呈现出实习实训基地有限、实训设备较为陈旧、实训内容未能及时对接企业行业等。教师队伍资源方面，由于区域经济、文化等方面的因素，我国职业院校师资参差不齐，一些偏远地区的职业院校师资难以达标、总体质量较为薄弱，具体表现为：技术技能型专业教师数量较少、结构化教师教学创新团队缺乏、"双师型"教师内涵建设不足等。学习资源方面，由于职业院校的生源日渐多样化，一些特殊群体，如百万扩招的生源无法具有与全日制学生一样的学习时间与学习条件，具有针对性、个性化的学习需求，而一些职业院校受到资源条件的限制，也无法满足这些需求。区块链技术的去中心化技术，能够点对点进行数据传输与交换，实现信息共享与利益均衡，能够为职业教育资源配置提供解决思路。

2. 信息耦合

不可否认的一个现实是，虽然我国职业教育取得了巨大的进展，但是职业教育的总体社会认可度并不高。这一事实导致职业教育的相关主体之间缺乏一定信任度，彼此信息不对称。首先，校企之间存在信息不对称。校企合作是职业教育发展的驱动力，校企合作的深度与力度直接影响着职业院校人才培养质量。但是由于企业对职业院校人才培养的认知存在偏差等原因，企业参与产教融合的动力不足，导致职业院校与企业行业的对接度不够，具体表现为专业设置与企业所需专业的吻合度不高、教学内容与企业岗位的职业能力要求对接度不高、教学方式与企业工程流程的衔接度不高等。其次，职业院校的师生之间存在信息不对称。随着百万扩招等政策的执行，职业院校的生源构成日益多样化，从年龄到学历基础、成长背景等，都存在巨大的差异。职业院校的部分教师难以把握各个生源群体的需求与差异，未能及时调整教学方法因材施教；职业院校的部分学生无法选择适合自己的学习方式，导致理论知识水平与实践技能水平发展不平衡。最后，用人单位与学生之间存在信息不对称。用人单位难以对学生的职业技能证书、学历学位证书、实习实践经历等情况进行辨别与验证；学生无法判断企业给予的工资待遇、工作岗位等信息的准确性。总之，职业教育的各利益相关主体之间需要建立一种信息畅通与共享机制。区块链技术能够帮助建立信任关系，使系统内各参与主体及时了解信息内容，去除信息的不对称，从而建立职业教育系统内的信任机制。

3. 数据耦合

随着以大数据、云计算等为代表的智能化时代的到来，职业院校保存学生资料的方式已多采用电子化与数字化的形式，实现分类管理、及时更新，以便于查询与利用,但是其中也存在数据易被篡改、易丢失的问题。首先,学生的信息数据容易泄露。一些机构通过非法手段攻击学校数据系统,获取学生的电话号码等信息进行校园诈骗。其次,学生学习成果记录容易丢失或篡改。职业院校学生学习成果的管理,往往储存于某个网站的某个平台,如教务查询系统等,以便于保存与查询。但是一旦该系统发生崩盘,学习成果记录数据就会丢失,难以保证学习成果信息的真实性与完整性。而区块链技术的非对称加密算法与时间戳技术,能够保障区块链用户数据信息的安全。非对称加密算法采用公钥与私钥相结合的保密方法,保证用户信息的安全;时间戳将信息数据化,按照时间顺序连接,使信息实现可追溯与可验证。这两种技术的优势能够为职业教育的数据安全提供技术思路。

第三节　区块链与职业教育高考制度

(一) 职业教育高考考试制度的应然特征

考试制度作为职业教育高考这一制度复合体的子制度之一,很大程度上决定着职业教育高考制度设计的成败。因此,如何设计职业教育高考考试制度至关重要,需要廓清职业教育高考考试制度的应然特征,从而为职业教育高考考试制度的科学设计提供理论与现实依据。

职业教育高考考试制度确立的初衷,是建立具有适应性的遴选机制,凸显职业教育的类型性,体现教育公平,成为职业教育人才升学与成长的通道。因而,职业教育高考考试制度的应然特征主要来源于自身的内涵定位,由大到小分别为考试、高考、职业教育这一类型的高考,依次对应的本质属性为公平性、选拔性与技能性。把握了这三个维度的特征,才能建立功能健全的职业教育高考考试制度。

公平性是自古以来考试永恒的准则。起于隋朝、止于清朝的科举制度,允许人人报考,以成绩定高低,出身高低不再成为录取依据。隋朝时期,科举制度使官场局面从"上品无寒门、下品无劣族",转变为"至于隋,置进士科,专试文词,皆投牒自进"。至明朝,为维护科举制度的公平原则,明朝采

第六章 区块链视域下职业教育高考制度的构建

用南北分卷制平衡区域教育水平差异,采用八股取士为考试评价建立统一录取标准,采用糊名制度、磨勘制度、誊录制度、锁院制等保证考试过程的公平。因此,明朝科举制度虽然在后期因束缚知识分子思想被后人所诟病,但其举措与体现的公平理念影响甚至沿用至今。长期以来,教育公平成为我国教育事业发展的重要原则,也是社会关注度极高的热点问题之一。习近平总书记指出,教育公平是社会公平的重要基础,要不断促进教育发展成果更多更公平惠及全体人民,以教育公平促进社会公平正义。党的二十大报告也明确指出"促进教育公平"。职业教育高考考试制度作为现代职业教育高质量发展的重要考试制度,理所当然也应秉承"公平性"这一原则。教育公平主要分为三个层次:教育起点公平、教育过程公平与教育结果公平。而职业教育高考考试制度是进入高等院校的入学考试,体现的是教育起点公平,即确保所有考生平等接受高等教育的权利与机会。一方面,职业教育高考考试制度需满足普通教育、职业教育的考生,乃至社会考生接受更高层次、更高质量教育的需求,使其入学机会实现平等。另一方面,职业教育高考考试制度是指挥棒,通过形成具有权威性、受公众认可的评价机制,倒逼学校在人才培养过程中形成专业标准的建立、人才培养的规范化,促进职业教育领域的学习机会平等。

选拔性是高考制度的根本性功能。选拔性考试,是现代考试分类之一,亦称"选拔考试",是以分数高低排序作为录取标准而选拔人才的考试。从教育利益理论角度而言,教育利益包含竞争性利益与普惠性利益。职业教育高考考试制度作为能够实现自我价值与促进社会阶层流动的工具,属于竞争性利益的范畴。职业教育高考考试制度设立的实质是通过高等教育的教育机会的制度建设,让考生按照能力择优录取,升入具有更优质教育资源的高等院校,得到更多的受教育机会,将来在求职晋升中具有更多优势,为社会创造更多的财富。教育机会资源的稀缺性造成考生对资源的竞争。当升学率较低时,竞争体现在对入学名额分配的争夺。当升学率攀升时,竞争也并没有消失,而是转变为学校高低层次之间、教育资源之间的竞争。通过职业教育高考升入的学校主要有应用型本科、职教本科、高职专科,以及具有一部分与职业教育相关专业的高等教育院校。这些不同层次学校之间(如本科与专科),

不同类型学校之间(如普通高等院校与职业教育院校之间),以及同一类型的不同层次学校之间(如专科中"双高"计划建设单位与非"双高"院校)等,在办学水平、师资队伍建设等各个方面都存在较大的差距。教育资源的差异性越大、优质教育资源越稀缺,考生之间的升学竞争越激烈。因此,教育机会资源的稀缺性形成资源的竞争,而竞争的存在又推动各个高等院校办学水平的提升、办学质量的优化。职业教育高考要具备选拔性考试的特质,就必须有大量考生参与,愿意将其作为升学与发展的重要渠道。换言之,职业教育高考考生制度选拔功能的彰显,需要形成足够大的竞争力,竞争性越激烈越普及,选拔功能越强。

技能性是职业教育的本质特征。高职教育与普通高等教育不同的人才培养规格决定了其在人才选拔方式上的差异性。职业教育区别于普通教育的类型特征,是职业教育高考制度区别于普通高考制度的逻辑基础。职业教育的类型特征,需要职业教育高考考试制度突出实践特色与能力本位。构建职业教育高考考试制度,基本意义就在于建立起与职业教育类型定位相匹配的、独立完善的升学考试制度。职业教育高考考试制度要从考试内容、考试方式等方面强化职业教育的技能性属性。因此,在职业教育高考考试的内容上,既要体现知识能力结构的高等性,又要注重中职教育内容与高等职业教育内容的衔接;既要选拔具有潜力进行高规格培养的技术技能型人才,又要助力于职业教育技能型人才培养的连续性。就目前实践探索而言,职业教育高考考试的方式主要有纸笔测试与技能操作两种。纸笔测试主要考查文化素质与职业技能方面的专业理论素养,这种测试方式已经相当成熟,只是需要继续探索如何将职业技能构成、岗位技能等专业知识纳入考试范围进行命题设计,考核考生运用专业知识分析问题、解决问题的能力,可采用全国统考方式进行。技能操作注重专业技能、实操能力,主要考查典型工作任务的完成能力、职业综合素养等方面,这种测试方式对考试场地、考试设备、考官水平等都有较高的要求。无论采用何种测试手段,都应体现职业专业特点,体现技能性。

(二)职业教育高考考试制度实施过程的现实困境

依据1959年美国政治学家查尔斯·林德布洛姆提出的渐进决策理论,任

第六章　区块链视域下职业教育高考制度的构建

何新政策的制定与出台，都是基于以往经验的探索，经过不断修正与补充发展而来，是"决策经验主义"的渐进性调适。职业教育高考考试制度亦是如此。从20世纪80年代中期高中教育分化为普通高中与职业高中开始，到如今"文化素质+职业技能"考试办法的普遍认可，关于职业教育高考考试制度的改革在不断完善与发展，但是还未形成独立、完善的职业教育高考考试制度，梳理实践过程中的困难，有利于把握症结所在。

1. 招生办法区域化对公平性的挑战

目前对职业教育高考的探索主要以高职院校为主。高职院校在招生工作中以所在省市的考生为招考范围，采取单独招生、"3+2"中高职贯通招生、对口单招等多元化的自主招生办法，自主招生几乎已成为所有高职院校招生的主渠道。高职院校自主性招生权限的不断扩大凸显了职业教育"不拘一格降人才"的本源动因，但具有临时性与地方性的招生政策，对招生的公平性带来了挑战。一是区域公平问题。众所周知，我国中西部与东部沿海地区、城市与乡村之间等区域之间经济发展的不平衡，造成教育资源的不平衡。教育作为跨越城乡、区域、阶层界限的重要途径，能够促进各种差异人群间的融合与流动。职业教育高考考试制度亦承担着这一重任，即将综合素质高、技能水平高的生源跨区域、跨城乡地向优质院校引流集聚。而各省的招生面向主要为省内考生，不发达地区考生无法跨省填报，阻隔了向发达地区的跨区域流动。二是升学宽度公平问题。普通高等教育院校与职业类高等院校都向普通高中毕业生敞开大门，赋予普高毕业生广泛的高校与专业的选择自由度。而目前中职生的升学路径主要局限于对口招生的高等院校，无法升入高水平大学，使中职生升学的通道极其狭窄。三是入学标准公平问题。不仅不同省份的职业教育高考不同，各个高职院校在招生时自主确立招生标准、自主完成考试流程，既缺乏外部监督机制，又缺乏系统性制度，当报考数少于招生计划数时，自行降低招生标准，使得高职院校的招生标准随意无序，学生能力参差不齐。高职院校自主多元的招生办法导致的招生标准不统一，对职业教育高考考试制度的公平也是一种挑战。

2. 竞争力度不足化对选拔性的挑战

生源危机影响下，高等职业院校总招生计划数往往大于考生报名数，出现涸泽而渔、难以为继的现象。为缓解生存忧虑，高职院校不得不降低招考条件与入学标准，以吸引更多考生报考。在这种生源数量都无法保证的情况下，选拔优秀生源更是无从谈起。究其根源，是由于职业教育层次不完善，缺乏吸引力。层次是指系统在结构或功能方面的等级秩序。高等职业教育院校内部的层次愈明显，不同院校、不同专业的优质就业率差异愈大，职业教育高考的选拔性功能才能更加彰显。就职业教育办学层次而言，从进入21世纪出现职业专科教育开始，直到2019年，教育部批准22所学校开展本科层次职业教育试点，职业教育才突破本科限制，开启职业教育办学层次的新征程。截至2022年5月，全国高等职业院校共1522所，其中职业本科院校33所，职业专科院校1 489所，在校生约1 300万余人，职业本科院校仅占高等职业学校数量的2.16%。根据2022年9月14日公布的《2021年全国教育事业发展统计公报》(以下简称《公报》)显示，2021年全国职业本科招生4.14万人，比上年增长7.66%；职业本科在校生12.93万人，比上年增加5.59万人，增长76.18%。一方面，《公报》体现了职教本科的良好开局，彰显了职业教育发展的新趋势，职业教育内部的层次性正在稳步建立。另一方面，高职专科在校生与职业本科在校生数量悬殊，职业教育内部层次性尚不明晰，职业教育高考的选拔性功能还较为弱化。在中职院校升学端口不断扩大与开放背景下，职业教育层次性亟须更加分明，"中职—高职专科—职教本科"职业教育贯通体系需进一步完善。

3. 技能测试复杂化对技能性的挑战

技术是职业教育在类型属性上区别于普通教育的学理基础。在近年来的理论研究与实践探索中，技能作为职业教育高考的重要且关键内容已受到广泛认同，然而这也成为阻塞职业教育高考制度建立的重要因素。虽然教育部早在2013年就出台了《关于积极推进高等职业教育考试招生制度改革的指导意见》，对考试内容与组织方式作出了要求，即"技能科目主要考查考生通用技术基础、职业倾向和职业潜能等内容，可由省级高等学校招生委员会组织统一考试，也可使用考生普通高中学业水平考试有关科目成绩或由招生学校组织校考"。但是由于技术技能测试强调动手实践，既对考场环境、设施设备标准、考务人员专业素质等有高要求，组织投入成本较高，又要注意考试内容的保密性，考试的组织管理困难重重。因此，目前技能科目的考核，几乎全由招生院校自行组织。大部分院校或以开放性问答代替技能测试，或以纸笔测试考查专业理论知识，无法对考生的专业技能与实操水平进行合理评价。因此，现阶段还不具备统一化、规模化、有序化开展技能测试的条件，技能测试尚未找到衡量技能水平的标尺。

(三) 区块链与职业教育高考的耦合性分析

区块链的核心技术有五项，即分布式账本、共识机制、时间戳、非对称加密算法、智能合约。分布式账本技术以分布式结构，在多个不同地方、多个节点记录、存储、维护与传输数据，形成多节点互为备份、共同维护的分布式系统，能有效记录与跟踪职业教育高考多元化的生源在不同时间、不同地域参与的教育相关活动，具有不可篡改性，体现职业教育高考的公平、公开与公正的特性。共识机制则依靠每一区块由一节点写入的数据信息，对认证原则达成共识，当达成共识成员的数量超过51%时，数据判定为真实可靠。共识机制有利于学校、企业、教育机构等各个职业教育利益相关者参与职业教育高考之中，有利于完成学习成果的自动执行转换，体现职业教育高考的开放性与职业性。时间戳是以时序的链式区块结构存储数据，并实现任何两区块之间的密码学方式关联，具有可验证性与可追溯性，能够全程追踪、记录与监督职业教育高考考生的在线学习过程与学习成果，做到能验证、能查询、能追溯。非对称加密算法采用加密用公钥、解密用私钥的方法对用户信息进行保密，确保职业教育高考的安全性。智能合约指用户能够在区块链脚本代码系统中构建数字化合约，一旦条件符合合约内容，系统将自动触发、执行规则与程序，这一功能有利于在职业教育高考中构建信任度高的教育服务体系。

第四节 基于区块链的职业教育高考体系构建

我国对中职学生升入高职院校的考试招生办法的探索，最早始于20世纪80年代。1999年大学扩招后，高等教育规模大幅度扩展，高等职业教育入学招生制度的建立愈来愈引起教育界与社会的重视。江苏、浙江、山东等省都进行了自主招生试点改革，有学者归纳总结为"七种类十二方式"。2019年国务院印发的《国家职业教育改革实施方案》提出"文化素质+职业技能"的考试招生办法，是基于各试点实践探索成果与经验的总结，是从顶层设计层面为职业教育高考制度指明了方向，更是对职业教育改革的重要部署。纵观各种对职业教育高考的理论研究与实践探索，考试制度是职业教育高考中最关键、最重要的环节。当前，"文化素质+职业技能"的办法已受到教育学者及社会的广泛认可，但还存在一些瓶颈，如文化考试的内容难确定、技能测试的标准难统一等，尚未形成统一、独立、完善的职业教育高考考试制度。区块链技术的发展，或许能为职业教育高考考试制度突破瓶颈提供新的思路与启示。

职业教育高考是高考制度的改革。改革需要成本，且存在风险，职业教育高考的多重面向使其涉及面极广，因而相应的成本与风险就极高。因此，职业教育高考制度在遵循"文化素质+职业技能"的原则下，循序渐进地进行。本研究提出了"公共基础+专业理论""成长档案+技能信息"的设想，基于区块链技术，设计招、考、录全生命周期的职业教育高考管理平台，覆盖招生管理、测试、录取全流程，将招生方式、命题依据、考核过程、录取过程等全过程上链，将职业教育高考过程中涉及的对象（主考者、应考者以及考试招生工作的参与者等）在区块链平台上留痕操作，构建基于区块链的职业教育高考体系。

（一）构建职业教育高考招生管理体系

管理制度是职业教育高考体系构建的核心。职业教育高考管理制度的完备性与科学性，不仅关系考生的前程、家庭的切身利益，而且影响现代职业教育的高质量发展。因此，设计全面合理的职业教育高考管理制度，对职业教育高考制度的确立至关重要。

职业教育高考作为新生的考试制度，需要设立全国统一管理的职业教育高考组织机构。国家层面，教育部统一组织调度，由基础教育司、职业教育与成人教育司共同牵头成立高考委员会，下设文化测试管理部门、技能考核管理部门，将普通高考与职业教育高考纳入统一管理。对标普通高考，高考委员会负责统一命题、统一考试与统一投档录取。高考委员会做好顶层设计，

第六章 区块链视域下职业教育高考制度的构建

安排部署职业教育高考实施的方式方法，制定职业教育高考管理办法，对考试工作的组织领导、命题阅卷、考场管理、招生录取等全过程、全流程作出详细规定，确保职业教育高考有据可依，有章可循。职业教育的类型定位决定了职业教育高考的考试内容编制需由多元主体参与，其中包括政府、学校、企业行业等，这也是体现教育公平的需要。因此，高考委员会要积极吸引职业教育的利益相关者参与职业教育高考方案的设计与实施。高考委员会可聘请企业行业专家参与技术技能考试的命题、设计与开发，以保证职业教育高考的公平公正性。

利用区块链技术的实时共享性、加密安全性，构建政府、学校、企业行业联盟的公共区块链。在职业教育高考联盟架构中，分布式账本技术将学校、政府等多个机构作为不同角色定位相应的节点，在各自不同地方完成数据信息的共享，共同维护P2P分布式网络结构。同时，利用区块链具有的透明性，通过网络认证机制的运作，确保各用户节点在资源认证与审查中的真实性。各方通过外接端口与技术许可实现各自的信息发布与即时沟通，使多方共同商定职业教育高考的相关标准与规范，共同参与制定职业教育高考的相关决策，有效参与职业教育高考的管理。区块链的智能合约定期检查节点所存储资源的合约状态，对照每个电子合约的要素与触发条件，在全网内广播满足条件的资源信息，待用户达成共识后，自动完成交易。利用区块链的智能合约这一功能，高考委员会可将招生管理的制度写成代码置于区块链之中，当发生与电子合约相匹配的情况时，将自动完成交易。由此，职业教育高考管理能够实现时时、处处的全方位监督，自动甄别违规行为。

（二）构建职业教育高考招生测试体系

测试体系是职业教育高考体系构建的重点。职业教育的目标愿景是构建横向普职融通、纵向贯通的职业教育体系。职业教育高考作为实现这一目标的重要路径，同样也需遵循这一原则。因此，职业教育高考与普通高考的考试内容既有交叉融合，又有不同特色。基于区块链技术，依据生源种类，文化测试实行"公共基础+专业理论"的方式，技能测试实行"成长档案+技能信息"，来构建职业教育高考测试体系。

确立考试对象是测试制度构建的第一步。高考的生源主要分为普通高考考生、中职考生与社会考生。社会考生的年龄、学历、技能基础不一致、年龄结构跨度大，社会实践经历丰富，因此可采取注册入学的方式，提高毕业条件，宽进严出，提高人才培养质量。另外，百万扩招政策计划实施三年，暂时没有继续实行的政策出台。而前两类生源的考生年纪相仿、都在校园学习，具有共性，也是职业教育高考的主要生源，因此，本研究将前两类生源作为主要研究对象，探索测试入学的模式。

关于文化测试，应由高考委员会统一组织，在同一时间举行，体现高考的统一性、公正性和权威性。根据普通高考与职业教育高考两种类型，设定必考科目与选考科目数，供考生进行科目的选择（如表6-1所示）。普通高考与职业教育高考都采取"3+3"的模式，即公共基础课+专业理论课，总分一致。其中，两种类型高考的公共基础课，即语文、数学、外语三门采取统一命题，以考查考生的语言表达能力、逻辑思维能力、跨文化沟通能力等方面，这也是成长成才的必备素质。普通高考沿用原有在物理、化学、生物、地理、历史、政治等课程中选择三科这一模式，而职业教育高考中的中职考生，则在相应的19个专业大类中，每个大类凝练出最为核心、最为基础的三门专业理论课程作为考试科目。例如，如果职业教育高考考生选择电子与信息这一专业大类，设定的三门专业理论课建议为计算机应用基础、计算机网络技术、数据库技术三门课程。区块链技术将报名、考场安排、分数评定、成绩公布等考试流程全部按照时间顺序、以数据形式存储于区块，做到全程留痕，防止数据篡改，保证考试过程管理的真实、可靠与权威。

表6-1　高考文化科目设定

科目	普通高考（普通高中考生）	职业教育高考（中职考生）
公共基础课：语文、数学、外语	必选3项	必选3项
A类专业基础课：物理、化学、生物、地理、历史、政治	必选3项	/
B类专业基础课：信息技术、电子技术、机械技术、国际贸易等	/	必须3项（某一大类对应的三门专业课程）

第六章　区块链视域下职业教育高考制度的构建

关于技能测试，由于职业技能考核内容的难确定性、操作程序的复杂性、考试设备的不完善等缘由，职业教育高考的职业技能考核无法统一标准、大规模、有秩序地开展。鉴于此，可利用区块链的可追溯性特质，构建职业教育高考生源技能成长学分档案袋，记录考生"日常成长档案+个性化技能信息"综合性数据，作为技能考核的参考依据。日常成长档案主要包含个人基本信息、技能相关学习记录，如劳动教育课的学业成绩、劳动实践经历、企业实习记录、社区服务记录等方面；个性化技能信息主要包括技能竞赛经历、技能相关评优获奖情况、技能证书获取情况等。高考委员会统一制定纳入学分管理的范围与具体细则，使不同地域、不同类别、不同学校的学生都能够获取有效、一致的学分，作为职业教育高考的录取依据。

利用区块链的分布式账本技术，高考委员会里的教育机构节点与考生节点包含一致的副本数据。高考委员会的专门机构，即机构用户负责添加或者更新链上节点数据，如学生成绩、学生实践信息等，并共同商定制定统一的学分评定标准与规范，对学生的申请信息加以验证与评定。学生登录个人账户，上传学习成果证明，根据智能合约方式自动完成学习成果信息的确认与录入、通过共识机制交易自动匹配数据库所规定的相应学分赋予。如果出现学习成果转换需要时，学生发起成果转换的请求，按照既定的合约自动执行转换，完成学分的精准识别与公平转换，最后将结果写入区块链账本。区块链技术能够将海量数据高实时性、高真实性、细颗粒度地进行采集、转换与汇总，形成电子学分。区块链平台的所有信息与操作行为，基于共识机制，通过签名+授权方式保护个人隐私、确保安全性；基于同态加密的方法保障数据的真实性与可追溯性。

为加强普职融通，让普通高考考生进入职教类院校后也有一定学习基础，建议在普通高考的会考科目加上专业基础这门课程，其他高考科目不发生变化。专业基础主要考查职业教育专业大类及相关专业的内容框架介绍与职业面向、劳动知识（如劳动知识与技能教育，包括劳动相关政策法规、劳动安全常识、劳动合法权益维护等方面），一方面增进考生对职业教育专业选择的了解与认知，拓展其进入高等职业院校学习的机会；另一方面培育劳动精神，加强对劳动的认知与理解。

(三)构建职业教育高考招生录取体系

录取制度是职业教育高考制度体系构建的关键。依托区块链信息化平台,实行"平行志愿+统一投档+统一录取"的职业教育高考招录机制,录取尊重双向选择。

参加普通高考与职业教育高考的所有考生参照传统方式统一投档,省级管理部门根据考生分数与填报志愿,结合高中教育与中职教育发展的规模,统一划定投档线,作为录取标准。各招生单位制定录取细则,包括限选科目相关细则、技能信息最低要求等。如在录取依据方面,普通高考考生为以文化测试为主,以专业基础会考成绩为参照;而职业教育高考考生以"文化测试+技能考核"总成绩为参照。考生在填报志愿时按照从学校到专业的顺序,依照招生单位对所选科目的要求等条件进行填报。待高考成绩公布后,进行志愿填报与录取工作。

录取顺序在原有普通高考的五个批次基础上,增加一个批次,即提前批本科、第一批本科(一本)、第二批本科(二本)、第三批本科(三本)、高职高专录取(专科A类)、高职高专录取(专科B类)。因而,在提前批本科类增加专门针对职业学校学生的名额;将发展势头较好的应用型本科、职教本科纳入第一批与第二批本科进行招生;部分刚由高职院校升为职教本科的院校纳入第三批本科招生;将高职高专分为两类录取,A类为"双高"建设单位,B类为其他一般高职院校。各个批次的各个院校都设定针对普通高中与中职考生的入学指标,使两类考生能够既能选择普通教育分支进入大学,又能选择职业教育分支进入大学。

在报考环节,区块链技术的去中心化特性能够确保信息的准确性,通过区块链记录数据信息,一旦招生单位招生信息发生变更,所有节点的数据进行同步更新,即时传达至所有系统节点,使高校、高中、中职之间的信息实现高速流通,达到招生信息的透明共享;分布式核算与存储功能,能够准确记录考生的学历信息,确定报考资格,省去第三方网络信息平台对信息的审核与校对流程,不仅节约成本,而且更加安全稳定。在调剂补录环节,区块链技术在招生单位共享非隐私信息,使招生单位按照招考条件筛选考试信息,选拔符合要求的人才。在录取环节,区块链技术以点对点的信息传输方式进行录取，简化监管与校对流程，节约时间成本与经济成本，提高工作效率；运用区块链的节点认证、数据永久存档机制，保障招生信息的可监督性；通过区块链技术构建具有细粒度的横向和纵向权限管理的联盟链，形成招办、专家、师生共建的"多元评价，所愿录取"招生录取联盟体系。

最后，需要指出的是，职业教育高考制度体系的构建，迫切必要却又复杂艰巨，既要注重技能测试，凸显职业教育类型定位，又要对标普通高考，保证公允性；既要注重与普通高考的横向融通，又要体现职业教育体系内的层次选拔性。本研究提出基于区块链，来构建职业教育高考制度体系，是方法方式的创新，其中也有一些问题需要深入研究与解决，如在命题方面，如何保证职业教育高考与普通高考命题难度的一致性，使两种成绩实现等值；在志愿填报方面，如何加强职业教育高考应用结果，提升职业院校的吸引力等。职业教育高考制度的确立，需要政府、学校、企业行业、社会等多元参与、协同治理。职业教育高考的未来，能为更广泛的人群提供接受高等教育的机会，成为改善个人与家庭命运的希望，成为提高职业教育贡献度、促进职业教育现代化的通道。

第五节 基于区块链的职业教育高考测试制度构建

一、职业教育高考测试制度的建立逻辑

建立与完善职业教育高考这一重要的考试招生制度，需要追问两个问题：现阶段职业教育高考的特征如何，更倾向于大众性还是选拔性？现阶段职业教育高考最大的难点如何？廓清与剖析这两个问题与内在逻辑关系，有利于寻找与把握职业教育高考建立的症结所在。

1. 现阶段职业教育高考的大众性

早在2010年，《国家中长期教育改革和发展规划纲要（2010—2020年）》就明确提出"职业教育是面向人人，面向社会"。近年来，国家职业教育改革实践更加凸显了注重人的需要、打造人人可学的教育这一宗旨。从2019-2021三年的《政府工作报告》（以下简称"报告"）中足以可见：2019年的报告将退役

军人、下岗职工、农民工等社会生源纳入职业教育的生源池，使职业教育的覆盖面更大、辐射面更广；2020年，报告提出"加强面向市场的技能培训""今明两年职业技能培训3 500万人次以上，高职院校扩招200万人"；2021年，报告继续明确"开展大规模、多层次职业技能培训"，不仅指向职业教育在数量上呈现渐进增长态势，而且在质量上提出了更高、更严格的要求。在国家政策导向下，2019—2021三年累计扩招413.3万人，高等职业教育的群体涵盖了不同年龄段、不同职业群体，职业教育的面向更加广泛化与大众化。由此可见，职业教育高考作为职业教育的高考制度，其面向的人群数量之大、范围之广。

　　如前所述，职业教育高考是一种选拔性考试。所谓"选拔"，即挑选提拔。而竞争是选拔人才的必备条件，也是有效途径。《现代汉语词典》中将竞争的内涵解释为"为了自己方面的利益而跟人争胜"。竞争的范围与领域很广，而教育领域的竞争则为"教育竞争"。高职教育领域的教育竞争，主要源于高职教育入学人数供求不平衡，即高职院校的招生人数与实际报考考生数的数量比。当招生人数小于实际报考人数时，差异数值越大，入学人数越供不应求，竞争也就越激烈。因而，招生人数的有限性成为教育竞争存在的决定性因素。以江苏省统招计划完成情况为例：2022年高职（专科）批次计划114 860人，文科实际录取人数为高职（专科）院校35 085人，注册入学院校10 824人；理科高职（专科）院校44 250人，注册入学院校11 347人。因此，2022年，江苏高职院校的录取率为101 506/114 860＝88.37%。由此可见，相对于59.22%的本科录取率，江苏高职院校（专科）的入学竞争力较小，尚未形成供不应求的状态。

　　高职专科教育录取率的不断攀升，使职业教育不断扩容，是高职教育大众化、开放性的彰显。而专科层次之间教育竞争的弱化，说明职业教育高考选拔性特征的环境尚未形成。职业教育的选拔功能，需要在高职教育形成专科、本科乃至专业学位硕士、博士等多层次、阶梯式的培养模式。高职专科层次教育已形成很大规模，本科层次职业教育正稳步推进。目前，全国共有职业本科学校32所，2021年招生达到4.14万人。对于占据"半壁江山"的职业教育而言，这一数量与规模还远远达不到需求。因而，现阶段职业教育高考的特征，还停留于大众化阶段，与公平、科学、选拔性的愿景还有一定距离。

依据现阶段职业教育高考的大众化,以及本身作为高考制度应具有的公平性,需要构建一种既重视凸显类型教育的"技术技能",又能满足多样化生源结构的、统一性、标准化的考试模式。

2. 职业教育高考技能考核的复杂性

职业教育高考必须注重职业技能考核这一论断已然为学界乃至整个社会所认同。而职业技能考核的复杂性也成为制约职业教育高考制度建设的症结所在。

(1) 职业技能考核的内容难以统一

目前我国职教高考的组织实施主要为省级统筹。《中华人民共和国职业教育法》规定,"国务院教育行政部门负责职业教育工作的统筹规划、综合协调、宏观管理""县级以上地方各级人民政府应当加强对本行政区域内职业教育工作的领导、统筹协调和督导评估"。然而,这一职责划分容易导致职教高考相关的考试招生制度仅适用于本省内,不利于在全国范围内的统筹规划。职业院校与区域经济发展彼此制约却又互为促进,职业教育为地方经济提供人才支撑与技术保障,而区域经济又为职业院校提供物质资源与人才需求,促进职业院校的发展。众所周知,我国幅员辽阔,区域经济发展不平衡,东部沿海地区经济较为发达,而中西部地区发展缓慢,导致不同地区的职业院校办学条件也有所差异。办学条件差异包含师资队伍水平、实训室仪器设备等方面,导致对于相同专业相同课程,各个不同地域在教授的实践内容、实操技能等方面都存在差异。另外,职业院校的专业人才培养主要对接区域经济发展,因此其模式具有多样化的特征,即使是同一专业,不同学校在同一省域的课程设置也不尽相同。例如,江苏省的电子电工专业大类共包含19个专业,分为电子与电力电气两个方向,但是个别学校并未开设电子产品装配与调试课程,导致了技能测试的不公平性。最后,职教高考的命题直接决定着其信度与效度,各个省份的命题研究处于起步阶段,其能力与水平尚为有限,难以保障命题质量,而职业教育高考要凸显公平,就必须统一考试内容。职业技能考核内容的难以统一性,成为制掣职业教育高考制度确立的主要因素。

(2)职业技能考核的操作难以开展

考场建设是有效保障考试的重要物质基础。职教高考中的技能测试，具有短期性、集中性、规模性的特点，其中包括多种类的职业技能考试。技能考试往往需要以目标任务、现场操作、实景模拟等方式加以呈现，这就对考场环境与硬件设备要求较高，具体表现在以下几个方面。一是考场设置。职业技能测试强调对专业技能、实际操作能力等方面的考查，其考核要求考生在模拟情景中进行现场操作。考试主考单位要合理设置考点的地理位置、考区划分、场地数量等问题，针对地理范围大小与考生数量多少，规划考场数量与考点分布。二是实操设备。大多数专业的职业技能测试都需要一些硬件设备，如专业化工具、操作台等。例如机械类专业技能测试，就需要车床、铣床、焊接设备等。三是监考配置。职教高考技能测试需要标准化的场地与多种考试设备，也需要专业的监考人员、考务人员与现场监管设施。由于考场数量、考试设备的有限性，技能测试往往采用分批次的方式，这对考务人员、监考设备就提出了较高了要求。总之，职业技能考核不仅对硬件设备，如标准实训室、操作台等硬件设备有严格的要求，而且需要监考教师、现场设备保障人员等都有专业化的知识背景，加上职业技能考核作为高考考试，需要百万考生在统一时间、以统一标准参考，这使考试操作程序较为复杂。尤其是我国中西部不发达地区，因设备设施的不完善，尚不具备设立考场的条件，对考生的考试带来一系列困难，如长途跋涉赶考的经济压力、精神压力等方面。因此，就目前国情而言，职业技能考核无法实现大规模、标准化、有序性开展。

(3)职业技能考核的评价标准难以确立

根据2021年3月教育部最新发布的《职业教育专业目录(2021年)》，实行专业大类、专业类、专业的三级分类，共设置19个专业大类、97个专业类、1 349个专业，其中中职专业358个、高职专科专业744个、高职本科专业247个。专业类别数量巨大，对职教高考的命题与评分都带来了现实困境。一方面，不仅不同专业大类需要区别命题，而且同一专业大类的不同专业之间，由于其需要考查的工作任务不同，也应区别化命题，而这样就给每一专业命题带来庞大的出题设计工作量，考试成本也大大增加。另一方面，如果

第六章　区块链视域下职业教育高考制度的构建

按照专业大类组织考试，评分细则的制定也是个庞大且又复杂的工作。职业技能考核不像文化课与专业理论课考试具有统一的答案与成熟的考试评分准则，其需要考官依据专业知识进行主观判断。如果采用评分制，由于缺乏且难以制定统一明确的评分标准，会出现某些地区整体分数偏高或者偏低的问题，难以有效区分考生的技能操作水平，也无法凸显高考的公平性。

(二)基于区块链的职业教育高考测试制度构建

职业教育高考需要建立一种全国统一的、突出技能考核的考试制度，而由于受到基础设施等现实条件与环境的束缚，职业教育高考考试制度不能一蹴而就，需要渐进性变革。因此，本研究提出以区块链助力于职业教育高考，探索"公共基础+专业理论""成长档案+技能信息"的考试制度，设计职业教育高考考试管理平台，将命题依据、考核过程等全过程上链，构建基于区块链的职业教育高考考试制度体系。

1. 多元协同，制定职业教育高考工作机制

职业教育高考的功能之一是促进普职融通，只有将普通高考与职业教育高考纳入同一组织机构进行管理，才能使两者既要有所交叉又要有所区别。可由基础教育司、职业教育与成人教育司牵头成立高考委员会，统筹管理普通高考与职业教育高考。职业教育是跨界的教育，既具备传授知识的教育属性，又具备传授技能的职业属性。因此，职业教育要面向生产、管理、服务等工作岗位，以职业岗位设置专业与课程，为区域经济的企业行业培养技术技能型人才。职业教育高考考试制度作为筛选人才的工具，也应由利益相关的跨界的群体参与。高考委员会负责管理职业教育高考实施工作，包括考试内容的审定、考试命题专家的确定、考试流程的制定等。从各省应用型本科院校、高职院校遴选命题候选人组成命题专家组，制定具体的考试内容；从企业行业抽调专家代表参与考试内容的商定，提出命题意见与建议。利用区块链的分布式账本技术，将参与命题的专家、高校、政府等作为一个个节点，通过外接端口与技术许可实现信息发布与随时沟通，实现不同地域的数据信息即时共享，共同商定职业教育高考考试的内容，制定相关考试标准，有效参与职业教育高考考试的组织与管理。利用区块链技术，职业教育高考各利益相关主体能够明确分工，各司其职，形成多元协同的职业教育高考考试工

作机制。

2. "公共基础+专业理论"，考查文化素质

文化素质测试侧重对考生人文素养与专业素质的考查，宜对标普通高考模式，在同一时间，举行全国统一性的纸笔测试。普通高考经过多年的探索，其标准较为客观、操作程序规范，且公信力与权威性受到了社会公认，形成了一套成熟完善的考试流程与组织方式。职业教育高考与普通高考在统一的时间、同样标准化的考场进行统一考试，不仅体现考试的公平性，而且具有强烈的仪式感，对考生及社会层面具有隐形教育功能，客观上提高职业教育高考的公信力与认可度。

技术技能型人才的培养，不仅需要熟练掌握专业知识，具备精湛的操作技能，解决关键技术与工艺的操作性难题，更需要具有全球视野、复合型的知识结构，具有创新精神与创新能力。而创新需要以综合文化知识底蕴为基础，正如管理学之父彼得·德鲁克所言，创新需要基于知识，如此才是最重要的创新。对于选取何种科目考查综合文化知识，主要需考虑这一科目的教育通用价值。人们通常认为，语文、数学、外语的教育通用性最强，其次是自然科学、社会科学的具体学科。同时，语文、数学、外语也是工具科目，因此有必要将语文、数学、外语作为职业教育高考的公共基础考试科目。

20世纪70年代后英国出现的新职业主义以将职业教育纳入主流教育，以普职融通、构建全新职业教育为主要目标，提出了相应的策略，其中策略之一就是核心技能理论。核心技能理论强调向学生传授具有通用性、可迁移性的核心技能，而不局限于狭窄、过于专门化的技能。因此，职业教育高考专业理论考试科目的选定，是基于职业教育的专业大类。据2022年教育部发布的新版《职业教育专业简介》显示，职业教育划分为19个专业大类，97个专业类的1 349个专业。职业教育高考基于19个专业大类，每一大类凝练出最为基础、最为核心的三门科目作为考试科目。例如，如果考生选择装备制造大类，该课程设定三门专业理论核心课，对应考查机械制造基础、机械制图与计算机基础三门课程。

在文化素质测试中，以区块链作为底层技术，使考试管理与考试过程全程留痕。在区块链系统之中，每个新生的区块都会被打上时间戳，最后按照

第六章 区块链视域下职业教育高考制度的构建

生成时间的先后顺序连成区块链。考试过程也具有明显的时间性，利用区块链技术，将考试报名、举行考试，到分数评定、考分查询等整个流程的数据信息存储于每个区块，每个流程节点的区块通过 P2P 网络进行联系，形成去中心化的分布式时间戳系统。这一系统为多点分布的数据，如果要更改数据，则需要复杂且巨大的算力成本，个人难以实现，因而能够避免考生身份造假与考试管理中的数据篡改行为，保障考试过程的公平与权威。

3. "成长档案+技能信息"，突出职业技能

职业技能是职业教育高考最核心、最关键的内容，采取统一标准、统一内容最为公平合理。但是，职业技能测试的实践性特征，决定了职业教育高考考试的复杂性。现阶段我国国情，决定了职业教育高考技能测试无法在统一时间大规模开展。职业技能测试注重专业技能、动手实践能力等方面，是一个长期的量的积累过程。因此，利用区块链的可追溯、不可篡改特质，构建职业教育高考生源技能成长学分档案袋，记录考生"日常成长档案+个性化技能信息"数据，对学生技能素养进行综合评价，作为职业教育高考录取的参考依据。

日常成长档案主要涵盖个人基本信息、日常技能信息的相关记录。个人基本信息包括姓名、年龄、学历等基础性信息；日常技能信息包含劳动教育、职业技能竞赛信息、职业技能证书信息等。苏霍姆林斯基曾说："离开劳动，不可能有真正的教育。"劳动教育与职业教育有着天然的联系。劳动教育也是培育工匠精神、敬业精神等技术技能型人才必备品质的重要渠道。因此，技能信息档案需把劳动教育作为一项重要指标，包括劳动教育课程分数、企业行业劳动实践、政府机构志愿服务、劳动教育实践项目等，赋予各个项目相应分值，计入日常成长档案。自 2008 年全国首届职业院校技能大赛成功举办以来，其在职业教育人才培养中所起的促进作用日益彰显。在国家级技能大赛的带动下，省、市、校各层次的赛事逐步设立，并逐渐标准化、有序化。在各省、区、市的职业教育高考制度建设中，也有出台获得世界技能大赛、中国技能大赛与全国职业院校技能大赛等相关奖项的考生可免试入学的政策。因此，职业技能大赛获奖情况也应成为职业教育高考技能信息的重要组成部分，其中包括技能竞赛经历、技能评优获奖情况等。《国家职业教育改革实施

方案》中鼓励"职业院校学生在获得学历证书的同时积极取得多类职业技能等级证书",提出职业技能等级证书具有"反映职业活动和个人职业生涯发展所需要的综合能力"的性质,能够反映职业技能水平。职业技能等级证书作为职业技能水平评估的重要凭证,能够反映职业活动所需的综合能力,因此也应是技能学习记录档案中必不可少的内容。值得注意的是,职业教育高考委员会应统一制定纳入技能信息档案的范围、不同类别学分的转换标准与具体规则,使全国所有参加职业教育高考的学生都能够获取统一基准下的学分,并成为录取的重要依据。

利用区块链的分布式账本技术,考生在不同地方、不同节点记录与存储数据,且各个节点共同备份,有效跟踪与记录考生在不同时间与地区参与的教育活动,体现职业教育高考的公平性。区块链用户通过签名+授权的方式保护个人隐私,确保私密性与安全性。学生用户登录个人账户,上传学习成果证明,而高考委员会设置下属专门机构,负责对学生的申请信息进行审查、评定与验证。智能合约技术将学习成果的转化与兑换规则写入区块链,共识机制将每一区块每一节点的数据信息进行识别,当达成共识成员数超过51%时,数据被判定为真实有效数据。学生节点发起学习成果转换请求,按照既定合约内容,系统自动触发与执行程序,完成学分的识别、自动匹配与转换。区块链技术将海量数据即时、真实地加以采集、转换与汇总,形成职业教育高考技能信息的最终学分,成为职业教育高考技能信息。

职业教育高考考试制度的建立,是促进现代职业教育体系建立、推动职业教育现代化发展的关键环节。职业教育高考制度构建的可能性,正在受制于其考试内容与方法上的不可能性。跳出思维定势,利用区块链技术,将技能测试的不可能性变得可能、可操作,才能改善职业教育高考考试管理与组织工作中存在的困境,保障职业教育高考制度的构建,维护招生单位与考生的共同权益,从而为职业教育选拔优秀生源,优化职业教育体系。

第六节 面向区块链职教高考制度应用的挑战与应对

(一)面向区块链职教高考制度应用的挑战

运用区块链技术,构建一种新的职教高考制度体系,对完善现代职业教育体系、推动职业教育高质量发展有着重要作用。然而,在各相关利益主体尚未全面认识区块链技术的当前,将区块链应用于职教高考制度改革,必然面临一系列困境与挑战。

1. 文化制度层面之挑战

区块链作为技术方案,容易被人所理解与接受。但是作为一种制度机制,区块链尚处于刚起步阶段,人们尚未对其形成清晰认知。数千年来,人们已经习惯于传统的考试模式,习惯于考试管理中心化的格局。职教高考制度本来就是一种新生事物,而基于区块链的职教高考制度体系构建则是对传统考试形式的一种变革。变革是指由当前状态向目标状态的迁移,是对现存格局与现有状态的破坏。变革对于既得利益者而言,是习惯的被迫改变。在区块链技术下,对职教高考制度的考试管理机构而言,意味着对考生管理权的几近丧失。另外,传统制度的路径依赖性,也会不同程度阻碍区块链的应用,延缓区块链的发展。因此,与技术方案层面相比,区块链在文化制度层面的接受度更加困难。

2. 技术应用层面之挑战

区块链具有多节点存储的特征,因此对节点硬件要求较高。基于此,区块链技术的应用,在硬件层面会有较高的要求。将区块链应用于职教高考制度中,考生的基本信息、报名信息、考试过程等,都以图片或视频形式储存,与文字格式相比,需要更大的存储空间。因此,在硬件上的技术突破是区块链得以运用与推广的基础性条件。如何获取一种低成本、高效率、小体积的新型存储介质,成为区块链技术大范围推行的重要条件。区块链的全面应用,还需要扩大其普适性。区块链开发的职教高考考试应用程序必须操作简便易行、界面一目了然,这样,才能突破技术决定论的困境,被广大考生与社会所接受。另外，区块链作为一种制度机制，也会有失灵的时候，因此，在区块链失灵的场域，也要辅之以传统考试制度进行纠正，从而实现两者的扬长避短，而这也是一个具有挑战性的课题。

3. 伦理道德层面之挑战

技术问题的解决，不代表伦理道德问题的解决。基于区块链的职教高考制度体系，虽然能够实现考试的多方面治理，但也无法避免考生在参与考试管理过程中逆淘汰问题的发生可能性，从而导致其陷入伦理道德的冲突困境。例如，区块链的每一节点在进行信息传输时，均需要其他节点的共同验证才能达成共识，即考生上传本人成绩需要多数考生节点的确认，若部分考生出于某种特定目的联合起来抵制该考生成绩，否定其成绩的合法合理性，则完全可能成功。虽然随着考试规模的扩大化，这种情况发生概率极其微小，但是也不能完全排除这种可能性。

(二) 面向区块链职教高考制度应用的应对

1. 法律规制的约束

技术要受到控制，它就首先必须服从。法律作为天下之公器，应是驯服区块链的核心工具。只有靠法律的保障，运用法治思维，才能缓解区块链应用于职教高考制度的隐忧与挑战，使其在法制轨道上规范化运行。

一是要建立技术风险监管机制。技术中性论认为，技术是服务于使用者目的的、价值中性的工具手段，技术自身无价值属性。而技术价值论认为，"技术构成了一种新的文化体系，这种文化体系又构建了整个社会"。所以，技术规则渗透到社会生活的各个方面，技术成为一种自律的力量，按照自己的逻辑前进，支配、决定社会、文化的发展。因此，在应用区块链技术，促进职教高考制度从被动响应型向主动预见型变革与发展时，需明晰技术应用的潜在风险与隐患，明确技术的工具属性，并以此为基础，加强对技术潜在风险的监管。首先，建立健全事前审查机制，将算法风险扼杀于未然。在构建平台时，要求算法设计者明确提示算法风险，进行业务流程留痕式管理。其次，要制定算法标志。区块链考试应用平台在设计算法时，由于研发主体的价值判断不同、技术优势不同，会出现各种迥然不同的算法，导致各种算法质量出现参差不齐的情况，而确定同一算法标准是解决这一问题的重要举措。再次，要强化算法问责制度。由于各个平台之间在技术实力等方面的差异性，后期执行的效率高低不尽相同。因此，可建立算法问责制度，要求算法设计者采取各种措施有效控制运营商验证算法系统，按照预期规范运行。因此，政府应明晰算法设计者的行为边界，搭建算法问责制度的基本框架，并通过算法审查委员会等机构，对区块链考试程度的算法进行公正公开的审查。最后，要运用监管科技。技术具有自反性，能够成为防范技术风险的有效监管工具。而监管科技可对监管标准进行监控与转化，能够做到对风险信息的及时抓取，实现监管的实时化、动态化。

二是要完善个人数据的保护机制。首先，明晰权利主体的识别规制。私钥是区块链上各个节点展开交易的唯一凭证。而私钥又具有虚拟性，这一特性决定了用户主体的相对性，即难以辨别数据主体的权利行使效力。因此，可参考民法中的表见代理理论，当其收到私钥签名的数据时，无须验证行使数据自决权的真实主体，直接进行数据采集与处理，从而保障交易安全性。其次，制定数据删改义务的替代履行规则。《民法典》第1037条规定，自然人发现信息处理者违反法律、行政法规的规定或者双方的约定处理其个人信息的，有权请求数据处理者及时删除相关数据。但由于区块链具有不可篡改性，数据的更改与删除难以进行。因此，法律应允许以增加新数据的方法，完成对之前数据的纠正与删除。

三是构建智能合约制度。智能合约是一种新型的合同形态，是对传统合同法律制度的一种挑战，因此需要合同法从制度层面加以包容性对应。首先，要制定智能合约参考模板。智能合约参考模板是对合同设计环节进行监管、对智能合约交易风险进行事前防控的有效实践。在设计智能合约模板时，应区分柔性条款与刚性条款。柔性条款保证当事人的意志，维护交易的自由性；刚性条款实现交易的完全性，从而实现自由与安全的平衡。

四是建立动态实名制度。《区块链信息服务管理规定》第8条明确了区块链用户"实名制"。实名制有利于识别违法的行为个人，但在不违法前提下，全面采集个人信息对智能合约的运行并无益处，反而与个人数据保护之间存在冲突。因此，构建动态实名制度不失为一种科学的方法。动态实名制度要求对区块链用户进行最小化个人数据的录入，只有当用户行为出现异常或者交易记录出现问题时，才要求增加个人数据加以验证，以此避免交易效率与数据保护之间的冲突。

2. 自身技术的突破

区块链技术虽然具有去中心化、可追溯性、安全性等优势，但其发展与运用尚处于初级阶段，其技术成熟度有待进一步更新与提升。将区块链运用于职教高考制度中，基于区块链的数据库要记录教育主管部门、学校、考生等所有数据信息，这种爆发式的信息量增长，对数据库的存储硬件设备、数据的安全性等都提出了更为严格的要求。区块链技术在职教高考制度改革中，亟须关注数据库的海量存储、个人档案学分的兑换等复杂的行为信息。面对这些问题，可协同云存储、云计算等新型技术共同创新开发，以克服海量数据的计算瓶颈，确保解决存储质量容量、传输速度等多方面问题。

一是注重信息时代的数据隐私保护。面对职教高考考生的海量信息，如何保护其中的大规模过程性数据，保证学习轨迹等隐私不被泄露，成为一个关键性问题。区块链技术的匿名特征虽然能够保护个体隐私，但是若被滥用或误用，则可能对国家信息安全带来新的风险。而在教育领域，由于其自身的复杂性与差异性，使区块链技术应用面临许多挑战。目前还没有成熟可信且可行的教育评价区块链技术框架，如何正确使用区块链这一工具助力于职教高考改革，成为一个重要的研究课题。一方面，要积极探索新型的隐私保护技术，如采用安全多方计算等方法。另一方面，要在国家层面做好顶层设计，建立健全保障区块链技术健康运用的法律法规与制度体系，从而推动区块链技术健康、有序发展。

二是加强对区块链技术应用的研究。区块链作为底层技术，能为新一代互联网的发展提供新的空间与机遇。现阶段虽然有政策、技术发展等多方面的利好，但是基于区块链的职教高考制度构建无法一蹴而就。如果缺乏完备的公开监督机制，区块链在职教高考制度中的运用就会对教育公信力产生冲击。因此，教育界要与区块链专家进行通力合作，深入研究区块链技术在职教高考制度应用的难点、痛点与堵点，推动职教高考制度的改革与重构，为职教高考制度体系的构建提供切实可行的路径。

区块链技术凭借其技术特性，能够推动职教高考制度体系的构建，从而带动考试模式、考试组织形式等向智慧化转型。但在将区块链运用于职教高考制度时，要注意防范区块链自身存在的算法风险等威胁，以及区块链应用可能带来的挑战，从而规避风险，对其挑战进行针对性、系统性解决，使其在法治框架中有序发展。

第七章 职业教育高考制度的建设路径

第一节 打造良好文化,促进制度形成

文化—认知学者认为,理论化的思想对制度的建立与传播具有重大影响。彼得·伯格(Peter Ludwig Berger)和托马斯·卢克曼(Thomas Luckmann)认为,共同信仰的客观化是制度化的阶段之一,当决策者就某种价值形成共同信仰或一定程度的共识,就会基于此信仰或共识,作出较为统一的行动。"价值观是社会规则生成的重要因素,是破译人类社会秩序的无形密码,是构成社会秩序的绝对必要条件。"因此,制度的文化—认知性因素注重共同信仰的日益加深与固化。新制度即在思想的不断转化与传播之中,逐渐熟悉化、习惯化、客观化,进而逐渐沉淀。制度沉淀的过程,需要利益相关者的积极支持,也需要相关积极成果的生成。因此,职业教育高考制度也要经历日益熟悉化与客观化的过程,从而实现相应信念的沉淀与固化。

一、提升高职招生宣传质量,提高职教高考的认可度

目前,我国高职院校招生宣传主要分为两类:一是关于学校的基本情况与招生信息的宣传;二是依靠关系网络的生源游说。这两种招生宣传方式,都能够促进高职院校扩大生源规模,但是当前招生宣传以高职院校为主导,如何扩大招生平台、提高宣传效能、提升招生宣传手段,应成为亟须思考与

解决的问题。首先，高职院校应在各级政府与教育行政部门的指导与支持下，借助政府或其他社会组织平台，如积极参加职业教育活动周、职业教育成果展示会、职业教育博览会等，设立高职院校招生考试平台，加强高职院校的正面宣传，弘扬劳动光荣、技能宝贵等时代风尚。其次，各级政府部门要通过网络、宣讲、有奖问答等多种方式，将《国家职业教育改革实施方案》《关于推动现代职业教育高质量发展的意见》《深化新时代教育评价改革总体方案》等重大职业教育政策进行宣传与解读，让社会各界、人民群众了解职业教育、理解职教高考制度建设的重要意义，明确职业教育与高等教育、职教高考与普通高考的同等地位，从而形成社会各界了解、理解、支持职教高考制度构建的舆论氛围。最后，各级政府与教育行政部门要建章立制，引导企业行业、社会组织等主体对职教高考考试结果进行积极应用，将考试结果作为技术技能型人才招聘、晋升的主要参考依据，鼓励地方基层公务员招聘、事业单位招聘时将职教高考考试结果作为参考，多角度、多举措扩大职教高考考试应用的力度与范围。另外，要使职业院校学生与普通高等学校学生在就业落户、职称职位晋升等方面获得同等待遇。同时加大技术技能型人才的激励与支持力度，提高其社会地位，鼓励年轻人走技能成长成才之路，从而为全面建设社会主义现代化国家提供人才支撑。总之，高职院校要发动多方力量，扩大宣传力度，以提升宣传效能。值得关注的是，高职院校招生宣传一定要以真实性为底线，以科学认识高职教育为核心，充分利用多种平台与手段，从而保障高职考试招生宣传信息的科学性与有效性。

二、构建技能型社会文化，提高职教高考的社会地位

自古以来，受到"学而优则仕"等传统思想的影响，社会普遍倾向于认可普通教育，认为职业教育是"劳力者治于人"。20世纪90年代之前，我国也曾有过优等生以中专为首选，以普通高中为次要选择的时代。当时的职业技能认证体系、以稳定就业为基础的师徒制培养体系等，也促进了社会对劳动技术者的认可与支持。可见，社会环境、舆论氛围等外部条件能够严重影响职业教育的认可度。因此，国家倡导技能型社会是对职业教育的有力促进。

2021年4月，我国首次以党中央名义，召开了全国职业教育大会，会上

提出建设技能型社会。2021年7月31日中共中央办公厅、国务院办公厅印发《关于推动现代职业教育高质量发展的意见》，明确指出"到2025年，现代职业教育体系基本建成，技能型社会建设全面推进，到2035年，职业教育整体水平进入世界前列，技能型社会基本建成"的战略部署。

技能型社会作为学历社会的对立面，代表着人力资本的需求方向是技术技能，而并非学历文凭，其目的在于对社会与教育体系的文化进行重构，对教育体系等社会组织进行革新。而社会理念、社会舆论等因素，会对社会改革的进程产生影响。建设技能型社会，与构建职教高考制度是相辅相成的，将两者的文化进行统筹整合，能够促进职教高考制度的形成，也能促进整个社会对技能文化的广泛认同。建设技能型社会，能够营造尊重技术技能价值的社会环境，通过宣传劳模精神、工匠精神、大国工匠事迹，形成全民爱岗敬业、乐于奉献的社会主流工作风尚；建设技能型社会，能够树立技能宝贵、人人可成才的社会主义劳动者观念，促进社会对职业教育的文化认知；建设技能型社会，能够增强公众对技术技能共同认知情感的凝结。

技能型社会文化的形成，需要加大投入力度、完善相关制度。首先，国家要统筹规划职教高考的制度建设，以法律法规与政策制度作为支持，同时兼顾教育主管部门、高职院校、考生等多方相关主体的利益，建立经费保障机制，给予职教高考政策与经济支持。其次，国家要加大对职教高考基础设施的投入，要建设设备齐全、功能齐备的职业技能测试基地作为职教高考的标准化、专业性考场；要加强职业院校学生实习实训基地的建设力度，提高职业院校实训的硬件与软件设备。最后，要拓宽职业院校学生的就业前景，提升职业院校学生的就业竞争力，从而提升职业教育的吸引力。

总之，职教高考制度的文化，可与国家技能型社会这一理念与行动相联系起来。构建职教高考制度，也是技术技能型的学历体系、成长体系等体系的构建。技能型社会与职教高考的文化整合，能够互相促进，共同发展。

三、开展职教高考改革试点，逐步分享推广改革经验

新制度主义理论认为，制度的固化，主要需要建立执行此制度的正反馈过程。而正反馈的建立，需从高初始成本、学习效应、协同效应与适应性期

第七章　职业教育高考制度的建设路径

待四个方面构建。职教高考制度的构建，可通过试点先行来发挥学习效应与协同效应，从而从整体上形成职教高考的正反馈机制，助力于职教高考的制度化。

一套规则与结构的传播程度，决定了制度化的进程。职教高考的建立，是为现行的普通高考增加一个并立而行的制度。而高考改革涉及的利益主体众多，改革内容复杂，改革成本较高，应以试点先行、渐进推进的方式进行。职教高考亦可如此，选取若干省市进行先行先试，总结可复制、可推广的经验与成果，从而进行扩散。

2020年，教育部、山东省共同签署了《教育部　山东省人民政府关于整省推进提质培优建设职业教育创新发展高地的意见》，成为全国首个部省共建国家职业教育创新发展高地（以下简称部省共建职教高地）。到2020年底，已有山东省、甘肃省、江西省、江苏省、广东省先后成为部省共建职教高地的省份，部省共建职教高地已经"全面起势"。由此看来，起源于地方，服务于地方，成为职业教育制度供给的关键渠道。山东省作为首个职教高地所在地，其高职分类考试改革的做法，已经被推广到了甘肃、四川等省份。江西省于2021年12月发布《关于开展职业教育专业技能测试考试资源建设试点工作的通知》，探索职教专业技能测试的资源，成为全国可复制、可推广、可应用的职教高考与职业教育专升本考试的技能测试资源与标准。

职教高地等这些由试点到普遍的做法，助推了职教高考制度的形成。职教高地的改革成果，可向在全国进行分享，发挥引领示范作用；其他地区要认真研究领会高地地区的建设模式，成功吸取与移植经验，从而做到对创新成果的固化与增值。

第二节　创建协同机制，提高整合能力

职业教育的目标是促进技术与生命的共生、技术对心灵的滋养、技术对精神的涤荡，在高职教育阶段表现为技术与教育的融合、创新与应用。职业教育发展的过程，是技能型社会发展的过程，也是职业教育多方利益主体协

同共治的过程。职教高考制度是一项关系到职业教育发展的基础性、综合性制度。因此，职教高考制度的建立，需要在政府的统筹下，进行全局性谋划、系统性设计，凝聚多元力量，形成多方主体联动机制，整合多方资源，汇聚多方力量，协调稳定促发展。

一、强化政府统筹，加强顶层设计

其一，国家要统一思想，正确定位职教高考。当前，职业教育发展面向何处，如何建立健全应用型人才培养体系，如何促进普职融通等问题在社会上存在不同的思想碰撞。职教高考制度的构建，迫切需要国家自上而下地统一思想，制定思路清晰、方向明确的大政方针，对职教高考的功能进行明确定位。定位主要包括三个方面：一是明晰职教高考的基本职能，即满足不同类型与不同层次的高职院校招生需求，避免单一化趋势，从而体现多元化、多样化的发展趋势；二是明晰职教高考的基本性质为国家重要的教育考试制度，与普通高考同等重要、并立而行，是国家选拔高素质技术技能人才的基础性教育考试制度；三是职教高考能够促进中职与高职的有效衔接，是促进职业教育成为类型教育的关键性制度。

其二，要对职教高考的关键性问题进行系统规划与布局。双循环经济发展新格局下，产业升级对技术技能型人才在数量与质量上的需求链与高职教育在高层次技术技能型人才的供给链之间的矛盾日益突出，职教高考制度的构建，需要国家从宏观调控、财政支持、监督问责三个方面，做好全局谋划与系统性设计。职教高考政策是政府在某一历史时期，为实现人才选拔而协调教育内外部关系而制定的行动准则。在政策方面，国家应根据社会人才需求，设置专业目录、出台政策法规、制定考试规则等，尤其是关于普通教育与职业教育体系界定、职教高考选择机会和选择权利等关键性问题，对职教高考进行顶层设计，合理规划。考虑综合区域经济发展水平、教育综合资源分布、区域经济结构、教育经费投入等相关因素，制定考试制度与相关配套制度，确定考试组织形式、考试内容、招生录取等重要问题。要不断完善国家总体教育改革方案，如国家职业教育制度、全国职业技能鉴定制度、国家资历框架制度等，制定全国统一性的职教高考制度实施办法。在细化部署方面，国家要出台科学性、针对性的职教高考制度建设指导意见，规划满足发展需求的改革框架与具体计划。财政支持是确保职教高考制度稳步落地的重要政策支撑，能够保障高职院校在政府宏观调控下选拔与培养适合国家经济发展需要的高层次技术技能型人才，因此要进一步健全职教高考改革的财政支持与资源供给制度。此外，质量监控是政府进行社会监管的重要手段，其包括评价、督导、问责、改善等环节。建立职教高考改革的监督问责体制，通过对高职院校进行审核评估、质量评估等举措，监督职教高考的实施主体是否合规使用专项经费，是否科学高效运用政策行事，从而确保职教高考的实施质量。

其三，坚持自上而下的组织模式，发挥省级政府的作用。职教高考在实施过程中存在诸多困境，需要国家坚持顶层规划与分层决策相结合、自上而下的方式，构建国家系统规划、省级有序推进、地市具体实施的组织模式。国家层面制定全国统一性的职教高考管理制度、测试制度、录取制度，为推进职教高考改革明方向、制标准、定规则。省级政府立足本地发展实际，对国家政策进行细化与分解、制定具体实施方案与配套政策，将规定进行细节化、程序化，优化技能测试的考核办法，探索本区域职教高考的机制与流程，以增强政策的可操作性。在中央与省级政府的共同努力下，让堵点成为制度改革的发力点，使职教高考成为合适的人才选拔制度，促进两类高考双轨制的形成，也促进普通教育与职业教育并举格局的形成。

二、推动企业积极参与，完善技能考核体系

推行校企合作、促进产教融合是我国职业教育的基本发展原则，应渗透于职业教育活动的所有环节。因此，职教高考作为职业教育的人才选拔路径，也应需要企业行业的深度参与。政府、高职院校等应积极引导企业行业参与招生计划的制定、考生评价体系构建等环节，使职业技能考试内容依据社会产业技能需求而确定与调整，使录取的生源满足企业行业的人才需求。

其一，政府部门可通过政策供给或资金支持等方式，满足企业行业参与职教高考时自身的利益诉求，调动企业行业参与国家考试活动的积极性。中央政府应出台职教高考相关政策文件，明确企业行业参与职教高考的基本义

务，明确企业行业的权责范围，推动企业行业积极参与。出台具体实施细则，支持企业行业参与职教高考，既调动了企业行业参与职教高考的主动性与积极性，又保障了企业行业参与国家考试招生活动时有法可依、有章可循。

其二，招生主管部门与高职院校要与企业行业加强联系与沟通，建立良好伙伴关系。各类招生主管部门要加强与企业行业的联系，就职教高考的具体实施细则与企业行业进行深入交流与对话，保证企业行业参与职教高考的持续性与有效性。高职院校可以订单式人才培养等为桥梁，与企业行业签订人才培养协议，形成满足企业行业需求的人才培养、人才录用机制，保障企业获得高素质技术技能型人才，从而驱动企业行业有效参与职教高考。

其三，企业行业应在职业技能考核方面发挥重要作用。职业技能考试是职教高考制度构建的重中之重，因此，要突出职业技能考核，构建科学完善的职业技能考核机制。在职业技能考试前期筹划过程中，企业行业要依据本行业的发展态势，前瞻性地规划行业人才发展需求，并提出未来若干年行业不同发展阶段对人才素质、人才结构、人才规模等方面的明确、合理的需求预测，根据这一合理预测，参与技能评价标准的制定、测试内容的研制。同时，技能评价标准的研制，要以职业教育培养目标为基础，按照不同级别与类别，分别确定职业教育人才对应的技能门槛，进而设计各级各类职业教育的升学标准。测试内容的研制，要以技能评价标准为基础，确定考试目标、考试范围与考试题型。企业行业与高职院校、职业教育专家等组建多元化的命题团队，对技能测试的考试大纲与考试题目进行系统性设计，从而提升技能考试的信度与效度。

三、提升人才培养质量，增强自身吸引力

随着科学技术日新月异的发展，学科之间的边界越来越模糊。高职院校作为人才选拔与技术创新的核心载体，应发挥人才选拔与技术创新之间的关联效应，使人才选拔与技术创新形成良性互动关系，即技术创新与人才培养的深层次互动、校企合作的外延式互动、校校联盟的合作式互动。技术创新要求人才培养时将技术与知识转换为职业技能，并把职业技能作为人才选拔的资源与标准，形成以"知识+技能"为特色的职教高考人才选拔模式。

其一，高职院校要通过职教高考选拔优秀人才，就应与各个高职院校开展协作，构建"校校联盟"的合作机制，形成统一性的技能考试标准体系，在同省份乃至全国范围内形成科学完善的技能考试框架，搭建切实可行的考试操作平台。

其二、高职院校要确定科学的招生计划与录取方法。在招生方面，高职院校依据自身学校发展，确定招生专业、自主调控招生计划、自主实施录取技术。其中，招生专业与招生计划应基于高职院校自身办学特色、办学优势，以及适应市场需求等方面进行调配。录取时以公平公正、择优录取为基本原则，采取自主录取、提前录取、定向录取等多元模式。录取技术方面，应基于大数据服务平台与云录取平台，采用现代信息技术，从而满足招生录取的需求。在人才培养方面，高职院校应主动服务于区域经济发展，依托专业发展优势，通过产教融合、搭建实训平台等构建校企深度合作机制，共同研制人才培养方案、构建课程体系、实施教学实践项目、共建共管共用实训基地、共同组织与指导学生进行职业技能测试，强化学生技术技能与综合素养提升，让职业教育的学生有盼头、有奔头。

其三，高职院校要加强职业技能考试过程的规范性。职业技能考试以现场操作的形式进行考核，考场多设于高职院校。高职院校应加大在建立标准化考场、考务人员培训、操作考试的具体规则制定等方面的投入，从而加强技能考试的过程监管，保证考试的规范性与公平性。通过科学的技能测试，发挥其引领作用，引导中职学校强化技术技能导向，高质量开展技术技能教学，促进中职学生技术技能水平提升，从而实现以考促学、以考促教。

四、关注学生个体诉求，保障考生升学权利

职教高考制度是多方利益相关主体为提高人才培养质量、拓宽高职院校招生渠道、满足经济社会发展需求，在互动过程中产生的利益关系的产物。各利益主体掌握不同资源，具有不同的利益诉求。考生在职教高考制度构建中处于较少话语权、被动接受的地位，而职教高考制度建设的核心目标在于提升学生职业素养、保障考生尤其是中职生的升学权利。教育行政部门具有公权性质，理应以学生全面发展与教育体系良性运行为工作核心。因此，在

职教高考制度建设上，教育行政部门应多多关注资源掌握较少、话语权较少的考生，以平衡多方利益主体的不同诉求，实现整体利益的最大化。

其一，应建立由省级教育行政部门为领导，以高职院校、企业行业、考生家长代表共同参与的职教高考联合委员会。委员会中，各个主体具有平等的法律地位，具有平等的话语权，均能表达自己的意愿或意见建议。其中，省教育行政部门能够通过加强职业教育师资培养、完善中职学业考试机制等举措，为高职院校培养优秀生源。企业行业可以在考试标准制订、试题题库建设等方面提出有价值的建议。联合委员会应及时发布各个高校的招生信息，为考生争取更多高层次职业教育，如职教本科等的招生名额，以切实维护考生利益。以联合委员会为载体，各个利益主体发挥能动作用，探索招考分离、职业技能测试、考生资源库建设等职教高考相关工作，从而共同促进职教高考多元协同平衡、稳步有序发展。

其二，要改变家长、考生对职业教育的认知偏见。职教高考是高等职业教育的改革，目的在于满足社会发展对技术技能型人才需求的同时，满足学生个体发展的需求以及家长对学生未来发展的期待。然而，长期以来，"学而优则仕"的观念、职业教育录取处于末端层次的现状，造成了学生与家长对高等职业教育的认知偏差，也让高职院校的人才选拔陷入恶性循环。2020年4月10日，在中央财经委员会第七次会议上，习近平总书记强调要构建以国内大循环为主体、国内国际双循环相互促进的新发展格局。在这一全新发展阶段，促进职业教育高质量发展是建设制造强国、教育强国、科技强国的重要基础和根本诉求。而提高全社会对职业教育必要性与重要性的认识，能够从根本上改变学生、家长乃至全社会对职业教育认知的偏见。职教高考应基于不同考生的发展需求、不同家长的殷切期待，在制订、执行实施方案时，从考试环节到招生、录取环节，在知识考试与技能考核时，充分顾及考生的个性化与差异化，以学生职业技能的提升为目标，构建知识、技能、创新等多层次、多维度的人才选拔模式。满足学生个体发展与国家进步需要是职教高考制度构建的核心要义，充分彰显学生与家长的价值旨归是职教高考改革的应有之义。只有通过职教高考制度的改革与优化，才能在人才选拔过程中调动学生与家长的主观能动性，扭转社会对职业教育的偏见，形成全社会共同参与职业教育改革与发展的合力，促进职业教育高质量发展。在这样的环境下，考生才能主动提升知识能力与专业素养，积极参加职教高考，提升职业技能，明确职业发展方向，为技能型社会的发展贡献力量。

五、把握市场变化形势，构建与市场的伙伴关系

随着新一轮产业革命与技术变革的迅猛发展，以知识经济与科学技术为核心的社会发展正在改变着新时代的社会风貌。高职院校的人才培养与教育教学改革，也在深刻影响着社会经济的发展。市场经济下，不同经济主体的竞争根本上是人才的竞争。技术技能型人才除了具有知识属性与技能属性，还具有经济属性。因此，以市场需求为导向的技能型人才选拔模式也应成为职教高考制度的基本属性之一。满足市场经济发展而形成的制度安排，其根本是为了促进供需平衡，以实现收益最大化。技术迅速更迭，若技能型人才的培养与选拔不能满足于市场需求，若高职院校对市场敏感度不高、供给的技能型人才较为落后、对未来社会人才需求的预判性不足，就会使招生部门处于被动地位。不管是高职教育领域还是市场领域，竞争与效益是永恒的话题，只有准确把握市场形势，抓住发展机遇，才能在竞争中处于有利地位。因此，必须建立市场与职教高考之间的战略伙伴关系，促进彼此有机衔接、有效互动，才能突破当前的高职院校招生困境。

总之，职教高考制度是一个多元化、动态化、系统化的政策体系，制度涉及众多的体系结构，决定了我们要从整体性、系统性的视角看待、推进职教高考制度的改革。职教高考制度需要各个利益相关主体发挥各自能动性，构建协同共治机制，汇聚政府部门、职业学校、企业行业、社会等多元力量。

第三节 推进普职融通，拓宽生源进路

普职融通是我国现代国民教育体系改革的方向，也是完善国家资历框架、构建全民终身学习教育体系的重要举措。构建职教高考制度的目的在于解决高考招生制度问题，也是对文凭社会单一评价指标这种非正式制度的消解。

2022年4月新修订的《中华人民共和国职业教育法》中，将"普职分流"变为"普职协调发展"，这是对中考招生制度的政策调整行动，也使中职教育的定位与前景得到改变。而构建普职协调的招生制度，需贯穿于整个教育阶段，须以职业教育生源数量与质量为前提，而职教高考制度就是中职与高职之间的衔接制度。

一、加强普职协调文化建设，构建职业生涯教育体系

当前，职业教育仍然处于教育体系中较为边缘化的状态之下，职教改革应着力于构建普通教育与职业教育具有同等重要地位之上。2021年4月，教育部发布《关于做好2021年中等职业学校招生工作的通知》，强调中等职业学校的招生工作，要坚持普职比例大体相当，规范中职考试招生行为，要坚持把发展中职教育作为普及高中阶段教育和建设中国特色现代职业教育体系的重要基础，保持高中阶段教育职普比大体相当，职普比例较低的地区要重点扩大中等职业教育资源，要提高中等职业教育招生比例。该文件对普职比例的规定，不仅意味着普职分流的中学生数量大体相当，也意味着职业教育政策安排、经费投入、师资配备等方面的大体相当。首先，在义务教育阶段，要加强职业生涯的认知教育。通过劳动教育与职业生涯教育的融合，加强在劳动情感、职业价值观、工作态度等方面对学生的引导，在生成劳动技能、提高职业认知的同时，丰富学生的精神世界。引导学生在普职分流这一过程中选择适合自己的教育，使参加职教高考成为与参加普通高考并行的一种选择。其次，在中职教育阶段，要构建职业生涯教育一体化衔接的体系。中职教育中，要利用职业技术设备资源与设施，从职业教育的底层逻辑入手，为学生的职业启蒙、职业体验、职业技能训练等提供平台，从而形成各个教育学段一体化的职业生涯教育体系。

二、重构双轨并行教育评价体系，赋予学生合适的教育选择权

普职协调的真正价值，在于让不同的学生接受适合他们的教育方式，即让适合普通教育学习与思维方式的学生接受普通教育，让适合职业教育学习与思维方式的学生进入接受职业教育，做到根据个人特点选择教育类型。理

想的普职协调招生制度需达成以上目标，就要根据学生的个人思维特征进行划分，因此应重构双轨发展的教育评价体系，即并立而行的两种考试制度——职业教育中考高考，以及普通教育中考高考制度。这两种类型的评价体系，需综合考量学生与普通教育或职业教育的契合性，同时赋予大部分普职教育契合性类似的学生自由选择权。职业教育与普通教育的内在属性差异，使两者的评价方式也存在本质上的不同，这就要求构建双轨发展的教育评价体系。在这样的教育评价体系下，不仅能消解社会对文凭的过度关注，也能使社会更加理性地理解教育的价值与意义。也只有如此，才能使教育启发学生的天赋，发扬学生的优势，职业教育与普通教育协调发展、各放光彩。

三、扩大职教本科规模，拓宽学生升学途径

加快职业本科建设是职教本科制度建设的有力支撑。扩大职教本科的招生规模，扩充职教本科的数量，加快专业体系建设，鼓励普通高校中职业教育相关专业进行职业教育专业转型，有利于提高职教高考的吸引力。

一是加大职业本科院校建设力度。随着各省、区、市对职教高考制度的探索与实践，职教高考已成为高职院校招生的主要渠道。而职教高考的社会认可度与影响力还相对较低，大多数家长与考生把参加职教高考作为升本无望的无奈之举。究其根源，在于制度设计中缺乏高层次的升学通道。近年来，国家与部分省份开始探索本科职业教育，以加强现代职业教育体系中本科层次应用型人才培养。

截至 2023 年 7 月 21 日，获教育部正式批准的本科层次职业学校共 33 所，其中民办院校 22 所，公办院校 11 所。本科职业教育的布局与实施，进一步畅通了学生的高层次升学渠道，完善了职教高考制度。江苏省在《高等职业院校考试招生制度改革实施方案》中提出，自 2021 年起，将部分省属应用型本科高校和职业教育本科高校纳入高职提前招生，中职毕业生可参加对口升学考试，报考省内部分应用型本科院校。山东省从 2022 年开始实施"职教高考"制度，其本科招生计划由 1 万人增加到 7 万人左右，并且全面构建从中职、高职、职业教育本科和应用型本科到专业学位研究生人才培养体系，通过探索建立"职教高考"制度，实现职教、普教并行双车道。诸如此类的本科职业

教育方案，有利于打通职教本科的升学通道，吸引更多的生源参与职教高考，提升职教高考的认可度与吸引力。首先，要加大职业本科院校建设力度。通过多种途径扩大职教本科的办学规模，提高职业院校学生进入职教本科深造的机会。一是要扶持高水平的高职院校举办职业技术大学，开设办学特色突出、就业竞争力强、服务水平高的职业教育本科专业；二是可合并转设一批职业专科学校或独立学院举办本科层次职业教育；三是新建适应区域经济转型升级需要、对接国家发展战略的新职业技术大学，扶持高水平的高职院校创建职业技术大学；四是扶持有条件、高水平的高职院校建设本科专业。

二是要构建职教高考向应用型高校、综合型大学升学的制度。应用型高校是高职院校中办学方向与教育属性最为接近普通高等院校的，国家鼓励应用型高校开展职业本科教育，这也是对应用型高校具有办学条件与能力的肯定。允许中职毕业生参加职教高考，报考应用型高校，能够拓宽学生的升学路径。另外，很多普通高等院校均开设理工类专业，且部分专业具有很强的应用型。我国可出台相关政策，鼓励部分综合型大学的应用型专业依据职教高考结果录取中职毕业生，从而扩大职业本科教育的规模。最后，要扩大职业本科、应用型本科院校职教高考的招生比例，使职教高考成为高职院校和职业本科学校招生的主要渠道，切实拓宽学生选择途径，从而促进考生根据自身特点选择适合自己的高考模式。在高职院校提前招生扩大"3+2 专本贯通"招生计划的基础上，试点投放职业教育本科计划，以吸引更多考生参加职教高考，提高生源质量，同时在职教高考中扩大本科计划投放比例。通过统筹高等教育资源和招生计划，扩大职教高考规模，进一步拓宽职业教育学生成长成才的通道，培养造就更多适应时代需要的高技能人才。

总之，通过推进普职融通、扩大职教本科规模，保障职教高考制度的权威性与重要价值，能够增强中职学生的学习信心与动力，从根本上提高职业教育质量。

第四节　完善保障机制，推动制度实施

一、完善相关配套制度，建立制度保障机制

制度产生后，需要制度的有效建设才能达成制度目标。制度的产生，需要一个制度化的过程。制度化是将一系列社会范畴与现象从规则到行为规范化的过程，具有约束性与持续性。高考制度改革作为一项高利害性的改革，需要稳步推行。推进职教高考改革，实现职教高考的制度化，既是冲破重重助力的过程，又是制度要素通过不断建设而制度化的过程。配套制度作为职教高考制度的重要因素，对职教高考制度的产生与稳定起着重要的促进作用。

其一，将职教高考纳入考试立法内容。早在2002年，全国教育科学"十五"规划课题就已将"教育考试立法研究"列为重点项目。2004年3月3日，国务院印发《2003—2007年教育振兴行动计划》，提及完善中国特色教育法律法规体系，要求适时起草《教育考试法》。2020年，有全国人大代表提出了关于制定教育考试法的议案。然而，由于种种原因，教育考试法始终未能纳入国家立法议程。《民法典》出台后，随着法典化时代的到来，全国人大常委会2021年度立法工作计划明确对教育法典、行政基本法典等法典编纂作出统筹安排。考试立法能够从最权威的制度层面，保障公民的考试权与高校的招生权，能够体现考试的功能地位、规范考试组织者行为，保证考试的公平公正性，保障考试组织主体的权责分配。职教高考制度的构建，需要国家教育考试进行立法，对考试的类型范围、考试管辖主体的权责、考试标准的制定、考试的监督处理机制等方面作出规制性要求，以保障职教高考制度的标准化、规范化。

其二，要完善职业教育学分银行制度与国家资历框架制度。资历框架能够为学习成果认证提供标准体系，学分银行能够促进资历框架的构建。两者通过教育领域各类学科的标准开发、各种学习成果的认证与转化、职业技能

等级证书的规范设计,将普通教育与职业教育、职业培训与正规教育有效沟通衔接,推动职业教育与普通教育协调发展,实现学习者在学习领域与就业领域的自由转换。这两项制度能够规范技能考核、统一考试大纲,提升职教高考的公平公正,扩大职教高考的社会影响力。完善职业教育学分银行制度和国家资历框架制度,需从四方面入手。首先,加强国家层面的总体制度设计,基于理论研究与实践经验,出台行之有效的规章制度。如成立以国务院为领导的部际联席会议,制定适合国情的资格等级与资格类型标准。其次,加大各类领域教育融通渗透的等值性改革。职业教育学分银行制度与国家资历框架制度的构建是一个系统性、全面性工程,要完善不同领域的资格框架,在普通教育与职业教育之间进行融通渗透的等值性改革,确立职教高考成绩与普通高考成绩的等值关系。最后,要将非正式与非正规学习成果纳入国家资历框架和学分银行制度的构建范围。职教高考的生源比较多元化,其中有部分为社会人员,将非正式与非正规学习成果纳入学分银行,能够为招生录取提供科学、全面的认证依据。

其三,要以技能注重为引擎,建立特色化职教高考管理制度。职业技能考试的实践性特征决定了职教高考考试的复杂性。各参与主体应以技能注重为引擎,完善符合职业教育规律的考试招生标准和办法,建立特色化职教高考管理制度。

首先,教育行政部门要统筹管理普通高考制度与职教高考制度,严格执行分类考试、综合评估与多元化录取等考试招生模式;优化"文化素质+职业技能"结构比例和组织方式,为学生接受高职教育提供多元化的入学方式和学习方式。其次,国家加强"职教高考"考试制度和标准建设,出台《职业教育高考管理办法》,强化考试考核工作管理,减少不必要的中间环节,对考试的组织领导、试卷命题与印刷、考试形式与时间、试场管理、试场规则、监考守则、阅卷评分等全过程作出详细的规定,确保考试严谨有序、安全规范。尤其要建立严格的监督机制,加强命题、面试、招生录取环节的监察督导,对职教高考的实施进行全过程、全方位督查,加大对招录违法违规行为严肃查处的力度。

二、加大专项经费投入，建立完善的经费保障机制

增加技能考试的权重、凸显职业教育的实践性获得了大多数高职院校的认可，但是由于其对考场环境、考试设备、监考人员等方面的要求较高，实施成本较大，目前只有较少省份的高职院校采用技能考试的方式。因此，职教高考需要配套相应的资金投入，建立完善的经费保障机制。

其一，建立职教高考绿色通道交通制度。针对职教高考考试考场要求较高、考试程序相对复杂的实际，需建立完善的辅助性配套制度，尤其是针对偏远地区、农村地区的考生参加考试的成本较大，一些考生家庭难以承担。首先，我国现阶段的职业院校学生群体中，来自"老少边穷"地区的学生比例较高，县域职业学校数量众多，为方便众多中职学校的毕业生参加"职教高考"，我国应建立面向中职学校应届毕业生的"绿色通道"交通制度，由地方专项财政资金补贴，中职学校定时定点组织客运专车接送学生参加职教高考。

其二，建立职教高考补助制度。为应对我国职业学校中贫困生较多的情况，我国应建立职教高考补助制度，针对中职学校应届毕业生中需要前往异地赶考的贫困学生，由财政部门拨出专款进行补助，依据赶考路程远近设定不同的补助标准，减轻考生的赶考负担。此外，还有部分考生群体存在生活上的经济压力，他们需要助学贷款和奖助学措施才能继续求学升学，这就需要行政主管部门以及高职院校通过多渠道争取经费，寻求校企合作，制定相应的奖助优惠政策，以帮助此类群体学生顺利地完成学业。

其三，加大职教高考考场建设专项经费投入。健全职业教育高考改革的财政投入和资源匹配，确保改革工作的进程。职业能力测试和职业技能考试不仅需要足够的设施设备、题库建设，还需要充足的人力资源参与考试工作。因此，必须要加大职业教育高考改革的专项经费投入，用以购买充足的考试设备与材料，聘请专业的职业技能测试人员。同时，做好财政预算与分配，调整投入重点，优先支持重点领域，以重点突破带动全面发展。合理调整经费使用结构，精准配置改革经费与资源，做好预算、决算的评估监督，提升改革经费的使用效率。

三、加强利益主体组织模式改革，推进政行校企协同

职业教育涉及多方利益主体，要进一步提升企业行业在职教高考制度改革中的参与度与融入度，形成在政府主管部门指导下高等院校、企业行业共同参与考试命题、考试组织、招生录取等工作的组织模式。换言之，完善政府、企业行业等多元参与机制，让职业教育与其他社会组织机构保持高度关联、协同共融，以提高职教高考的适应性与实践性。

其一，强化政府部门的统筹职能。国家层面，出台职教高考相关具体实施意见，为推进全国统一性的职教高考制度指明方向；总结、推广职教高考示范省或特色省的优秀实践成果经验；加大职教高考宣传力度，转变现阶段民众对职业教育的认知偏差，引导社会对职教高考正确认识。省级层面，政府做好做实区域职教高考的组织管理工作，确保各个环节开展稳定有序，尤其是技能考核环节；指定专门机构负责职教高考方案的设计、落实考试和招生工作的各项条件保障和具体组织实施，统筹省域内职教高考的各项工作；搭建省级职教高考平台，促进高职院校、企业行业之间的联系、沟通与协调，汇总发布实施职业教育的学校及其专业设置、招生情况等信息，为学生与家长提供查询、报考等服务，实现多方数据互通，切实提高人才选拔的质量与效率。

其二，要以高职院校作为招生主阵地，鼓励企业行业等社会需求方深度嵌入职教高考各环节。首先，要激发高职院校内生动力，扩大高职院校在分类考试招生中的自主权。激发高职院校在职教高考改革中的内生动力，不断优化高职院校分类考试的考评方案、考试方式、考试内容和评价标准，使人才选拔工作更具标准性和科学性，推动高职院校高质量发展。其次，要深化校企合作产教融合，特别是在职业能力的实践测试和过程性评价中，企业行业要主动对接市场需求，对测评内容、方式提出可行方案，确保职教高考在考试评价上的职业性、技术性和情境性。如聘请企业中技术成熟且经验丰富的员工作为考官，参与现场技能评价打分环节；企业参与制定测评环节与步骤，提出实践层面的考试要求；邀请行业组织指导考试场地布置、设备调试等，确保各环节稳定安全地进行。同时，激发高职院校自治活力，鼓励高职教师依据课堂教学实际情况，对评价考核方案积极建言献策；成立高职院校

职教高考研究课题组,根据不同职业教育类型探索差异化、精准化、特色化的成绩评价考核模式。

总之,职教高考制度的实施,既离不开以学校为中心的施教主体的参与,也离不开以政府为主的管理和资源整合的联结主体的作用,更离不开作为职业教育实践主体的企业行业参与,因此,在实践过程中应当积极引导各参与主体的相互协作,围绕制度运行和实施的招生标准、文化和技能的配备比重、考核方式等进行多方论证和系统思考,让多元利益主体共同参与其中,确保制度运行的利益最大化。

四、健全监管督查体系,规范职教高考招考程序

高职院校在职教高考招生过程中要充分发挥纪检监察工作优势,提高监督,杜绝违规现象。首先,在招生考试期间,选派党性原则强、工作经验丰富的纪检监察干部进驻招考现场,全程参与命题、制卷、评委抽取、测试、评阅、录取等招考环节,检查招生工作纪律的执行情况。其次,设立投诉反映问题的监督电话,对考生及家长来信来电来访反映的情况做到有诉必应、有错必纠、有责必问、有案必查。最后,所有录取结果信息必须由现场监察人员审核通过,才能由招生办公室对外发布。省级招生管理部门要全程介入招生各环节,不能过度放权。明确省级招生管理部门是监管省级统考和各校专业考试招生工作的责任主体,要求省级教育行政部门和招生考试机构进一步加强对职教高考招生工作的指导和监督检查。同时,严厉打击组织或参与考试作弊等违规违法行为。学校和省级招生管理部门要严格开展新生入学资格审查和专业复测,发现弄虚作假、徇私舞弊的,一律取消入学资格、录取资格或学籍。

总之,完善职业教育高考改革的监督问责机制,降低改革成本,预防不必要的风险。在落实职业教育高考改革政策的同时建构与政策实施相同步的问责机制,确保"事有人管,事有人做",科学、有效地推动和督促政策实行过程。基于"以监督保进程,以评价促改进"的理念,确保国家在第一时间掌握建设进程,发现建设中的问题,总结先进的经验,不断调整和优化政策实施,确保改革目标的顺利实现。

参考文献

[1] 冯小红，刘义兵. 基于教育类型的职教高考制度研究[J]. 中国高教研究，2022(11)：103-108.

[2] 李金波. 深化高考综合改革构建"职教高考"的思考[J]. 中国高教研究，2022(11)：96-102.

[3] 张锋利，张立锋. 类型教育视域下职教高考制度内涵价值与实践策略[J]. 职教论坛，2022，38(10)：15-21.

[4] 陈顺利，吴根洲. 历史制度主义视野下的中国高职招生制度变迁[J]. 职教论坛，2022，38(10)：5-14.

[5] 纪占武. 技能型社会建设背景下"职教高考"制度建设审思[J]. 教育与职业，2022(19)：48-51.

[6] 魏荷琳，李红. 职教高考改革的现实问题、应然取向与实施策略[J]. 中国职业技术教育，2022(24)：31-37.

[7] 徐春妹. 实现中职多样化发展先要做好学业水平考试与职教高考"接轨"——对江苏省"技能学考"的调查分析[J]. 职业技术教育，2022，43(18)：15-20.

[8] 冯小红. "职教高考"制度的价值取向与实践路向[J]. 中国考试，2022(04)：10-16+25.

[9] 杜潇，杨满福. 我国"职教高考"政策比较研究——以华东地区相关政策为例[J]. 中国职业技术教育，2022(09)：11-15.

[10] 贺艳芳，王彬. 职业教育考试升学制度的瑞士经验及借鉴[J]. 职教论坛，2022，38(03)：110-117.

[11] 朱晨明，朱加民. 现代职业教育高质量发展背景下"职教高考"制度建设研究[J]. 教

育与职业，2022(06)：21-28.

[12] 宾恩林. 职教高考消解"双减"改革难题的内在机制与构建策略[J]. 职教论坛，2022，38(02)：38-45.

[13] 王笙年，徐国庆. 台湾地区职教高考制度：基本架构、优势及政策启示[J]. 职教论坛，2022，38(02)：46-52.

[14] 姜蓓佳，徐坚. 构建职教高考制度的动因、意义与行动[J]. 国家教育行政学院学报，2022(02)：54-62.

[15] 凌磊. 被赋予的多样性：我国"职教高考"制度的困境与出路[J]. 中国高教研究，2022(01)：63-68.

[16] 刘来兵，陈港. 建设高质量职业教育体系：动因、框架与路向[J]. 现代教育管理，2021(11)：106-112.

[17] 鄢彩玲. 关于建设我国"职教高考"制度的建议与思考——德国经验借鉴[J]. 高教探索，2021(08)：98-102+116.

[18] 吴根洲. 职教高考的适应性与选拔性[J]. 职教论坛，2021，37(06)：49-52.

[19] 李木洲. 职教高考的现实基础、理论定位与体系构建[J]. 职教论坛，2021，37(06)：44-48.

[20] 罗立祝. 构建职教高考制度的三个着力点[J]. 职教论坛，2021，37(06)：53-56.

[21] 陈虹羽，曾绍玮. 类型教育视角下职教高考制度建设的逻辑要求、难点及对策[J]. 教育与职业，2021(10)：13-20.

[22] 廖龙，王贝. 基于职业能力评价模型的"职教高考"体系构建[J]. 职业技术教育，2020，41(31)：24-28.

[23] 王笙年. 职教高考考试模式及其制度体系构建探讨[J]. 职教论坛，2020，36(07)：20-26.

[24] 祝蕾，楼世洲. "职教高考"制度设计的多重逻辑[J]. 中国职业技术教育，2020(16)：38-42+58.

[25] 徐国庆. 作为现代职业教育体系关键制度的职业教育高考[J]. 教育研究，2020，41(04)：95-106.

[26] 刘芳. 百万扩招下的"职教高考"制度构建研究[J]. 中国职业技术教育，2019(31)：25-29+87.

[27] 赵志群，黄方慧. "职教高考"制度建设背景下职业能力评价方法的研究[J]. 中国高教研究，2019(06)：100-104.

[28]孙延杰，韦卫，李祥. 教育评价改革引领职业教育高质量发展的逻辑理路与实践向度[J]. 职业技术教育，2022，43(21)：19-24.

[29]李政. 我国职业教育高考内容改革：分析框架与实施模型[J]. 职教论坛，2022，38(02)：31-37.

[30]邱懿，薛澜. 我国高等职业教育考试招生制度现状、问题与展望[J]. 中国考试，2021(05)：33-39+55.

[31]李政. 我国高职分类考试招生：价值意蕴、问题表征与改革路径[J]. 中国考试，2021(05)：40-47.

[32]贺星岳，邱旭光. 高职招生政策的演进逻辑与理念形成研究[J]. 中国职业技术教育，2020(31)：19-24.

[33]张仁杰. 分层与整合：职教高考政策的评估与反思[J]. 中国高教研究，2023(04)：48-54.

[34]柳靖，刘超，柳桢. 职教高考制度建设的关键领域：功能完善、省域统筹与生源引导[J]. 职业技术教育，2023，44(06)：15-19.

[35]谢鸿柔，姜蓓佳. 我国职教高考技能考试的组织实施问题研究[J]. 职教论坛，2023，39(03)：39-44.

[36]李淑娟. 职教高考制度建设的区域实践——以江苏、山东、河南三省为例[J]. 职业技术教育，2023，44(06)：20-25.

[37]张晓超，邵建东. 职教高考改革的现实困境、应然取向与优化路径[J]. 教育与职业，2023(02)：41-46.

[38]冯小红. 浅析中国式职教高考现代化[J]. 中国考试，2023(01)：21-25.

[39]肖纲领，熊亮州. 普职协调发展的价值意蕴、实践困境与推进路径[J]. 教育与职业，2022(22)：13-17.

[40]张红，徐梦佳，姚华儿. 谁在期待职教高考？——中高职一体化视角下基于不同利益主体的分析[J]. 中国职业技术教育，2022(31)：20-27.

[41]张奕，朱泽东. 技能型社会建设背景下职业教育高质量发展审思[J]. 职业技术教育，2022，43(16)：34-39.

[42]刘晓. 技能型社会构建与中等职业教育的发展定位——再论新时期中等职业教育要不要发展？如何发展？[J]. 中国职业技术教育，2022(04)：12-19.

[43]朱德全，杨磊. 职业教育高考制度的历史逻辑与伦理向度[J]. 高等教育研究，2022，43(05)：45-54.

参考文献

[44]柳靖，刘超.高考综合改革对"职教高考"制度建设的启示与借鉴——基于选拔分流功能视角[J].职教论坛，2023，39(04)：14-20.

[45]陈礼业，李政.招考一体还是招考分离：我国职教高考改革中的考试招生关系研究[J].职教论坛，2023，39(03)：45-52.

[46]姜蓓佳.构建与现行高考制度协同发展的职教高考制度[J].职教论坛，2023，39(03)：31-38.

[47]冯小红.职教新高考制度：本质、必然与选择[J].中国职业技术教育，2023(01)：14-21.

[48]姜蓓佳.省级统筹高职分类考试改革：意蕴、问题与对策[J].高等工程教育研究，2022(04)：176-181+200.

[49]吕玉曼，徐国庆.从强化到优化：职业教育类型属性确立的实践路径[J].现代教育管理，2022(02)：111-118.DOI：10.16697/j.1674-5485.2022.02.013.

[50]姜蓓佳，樊艺琳.职业教育升学的政策变迁：脉络、逻辑与镜鉴——以历史制度主义为视角[J].职教论坛，2021，37(09)：73-82.

[51]朱德全，熊晴.职业教育现代化发展的逻辑理路：价值与路向[J].云南师范大学学报(哲学社会科学版)，2021，53(05)：103-112.

[52]李鹏，石伟平.职业教育高考改革的政策逻辑、深层困境与实践路径[J].中国高教研究，2020(06)：98-103.

[53]唐文瑞."升学"还是"就业"？—职教高考扩招背景下中职生升学意愿影响机制的扎根理论研究[J].职业技术教育，2023，44(07)：52-59.

[54]任睿文，徐涵.以新加坡为例谈职业教育高质量发展的路径选择[J].教育与职业，2022(12)：66-72.

[55]徐林，王阿舒，罗江华.高职教育高质量发展的政策逻辑、关键挑战与路径展望——基于多源流理论的视角[J].中国职业技术教育，2021(25)：35-46.

[56]凌磊.我国职教高考制度的行动逻辑、面临问题与优化策略[J].大学教育科学，2023(04)：119-127.

[57]胡茂波，孟新杭，高芳.职教高考制度的价值属性、功能定位及实践样态[J].职业技术教育，2023，44(06)：8-14.

[58]姜蓓佳.统筹"三教"：职教高考的能为与可为[J].职业技术教育，2023，44(06)：1.

[59]梁晨，王屹，陈业森.动因·逻辑·遵循："职教高考"制度创建的三维审思[J].中

国职业技术教育，2023(04)：67-74.

[60]张君，林小红，耿雨歌，等.隐私计算+区块链：教育数据伦理研究的新视角[J].现代教育技术，2023，33(09)：27-36.

[61]余宇新，李煜鑫.区块链技术促进数字文化产业高质量发展的机制[J].上海经济研究，2023(08)：32-41.

[62]王争录，张博.元宇宙赋能信息素养教育：高质量信息素养教育实践[J].图书馆，2022(10)：51-56.

[63]冯修猛，范笑妤.区块链技术驱动教育评估现代化：现实图景、适用价值与实施进路[J].教育发展研究，2022，42(19)：69-74.

[64]黄超然，佟兴，张召，等.面向教育的区块链应用合约架构和数据隐私研究[J].华东师范大学学报(自然科学版)，2022(05)：61-72.

[65]胡伏湘，陈超群.高校科研诚信存在问题的改进探讨—基于区块链技术的视角[J].中国高校科技，2022(09)：23-27.

[66]张忠华，王冀鲁，朱向荣，等.基于区块链技术的学分银行系统的设计与实现—以北京外国语大学的"外语教育创新"项目为例[J].现代教育技术，2022，32(09)：100-108.

[67]胡创业.技能型社会视域下高职院校"区块链+产教融合型企业"耦合平台构建[J].职业技术教育，2022，43(23)：63-68.

[68]李晓柔.区块链驱动的高等学历继续教育治理模型研究[J].成人教育，2022，42(07)：12-19.

[69]杨鹏.区块链技术在教育资源整合中的应用探究[J].教育理论与实践，2022，42(18)：18-22.

[70]李莉，安奕，韦小满.试析区块链技术在教育评价改革中的应用[J].中国考试，2022(06)：24-31.

[71]肖玉朝.基于区块链技术的高职院校德技"学分银行"评价体系研究与实践[J].职业技术教育，2022，43(14)：75-79.

[72]陈燕，杨帅."区块链+未来高校"教育创新生态系统构建[J].现代教育技术，2022，32(04)：21-30.

[73]郑旭东，狄璇，岳婷燕.区块链赋能区域教育治理：逻辑、框架与路径[J].现代远程教育研究，2022，34(01)：31-39.

[74]钱晓辉，蒋彦龙，葛少卫.基于区块链技术的学科建设评价体系构建研究[J].学位

与研究生教育,2021(12):48-54.

[75]袁卫,徐恩煊.基于区块链技术的成人高等教育学分转换系统设计[J].成人教育,2021,41(12):84-88.

[76]兰丽娜,吴芬芬,石瑞生.国内"区块链+教育"研究的可视化分析——以160篇"区块链+教育"相关的核心期刊论文为样本文献[J].现代教育技术,2021,31(10):23-31.

[77]孙力.区块链+在线教育资源联盟信息保护机制研究与应用[J].信息网络安全,2021,21(09):32-39.

[78]袁磊,张淑鑫,雷敏,等.技术赋能教育高质量发展:人工智能、区块链和机器人应用前沿[J].开放教育研究,2021,27(04):4-16.

[79]董树功,张越,翟希东."区块链+职业教育":应用场域与运营保障策略[J].成人教育,2021,41(08):36-42.

[80]陈丽,梁秀波,杨小虎.基于多方协同的区块链技术人才培养体系的构建[J].高等工程教育研究,2021(04):54-58.

[81]吴凯.区块链赋能思想政治教育的技术逻辑、风险挑战与实践策略[J].思想教育研究,2021(06):43-48.

[82]袁亚兴.基于"互联网+"的职业教育学分银行支撑平台设计研究[J].中国电化教育,2021(04):84-90.

[83]刘光星."区块链+教育":耦合机理、风险挑战及法律规制[J].电化教育研究,2021,42(03):27-33+41.

[84]庄园.区块链变革教育的动因、经验和路径[J].高教探索,2021(02):47-52.

[85]张蕾,吴敏.基于区块链技术的终身教育体系模型[J].西北民族大学学报(哲学社会科学版),2020(06):123-131.

[86]刘梦君,许明雪,宗敏,等.区块链技术助力新高考改革:问题、措施与挑战[J].中国电化教育,2020(11):104-111.

[87]张浩,孙发勤.教育生态视角下高校区块链技术应用路径分析[J].黑龙江高教研究,2020,38(11):48-52.

[88]高凯,杨恩泽.区块链赋能:互联网时代高校思想政治教育困境破除与创新发展[J].黑龙江高教研究,2020,38(11):118-121.

[89]周继平,陈虹,叶正茂.基于区块链的教育资源共享平台开发及在学分银行建设中的应用[J].中国职业技术教育,2020(30):41-47.

[90]李梦卿,邢晓.区块链视角下高等职业教育产教融合创新模式研究[J].教育发展研究,2020,40(17):59-65.

[91]何书萍,俞莉莹.基于区块链高校网络学习共同体重构研究[J].高教探索,2020(09):58-63.

[92]朱益新,郑爱翔.基于区块链技术的新生代农民工终身职业技能培训体系构建研究[J].成人教育,2020,40(09):50-57.

[93]黄太进,刘三女牙,李卿.Educhain:基于区块链技术的终身教育记录跟踪方案[J].现代教育技术,2020,30(07):5-12.

[94]李倩舒.区块链助力社区教育发展的路径研究——基于常州市"互联网+社区教育"的现状调查[J].成人教育,2020,40(07):32-36.

[95]薛新龙,史薇,原珂,等.区块链技术在职业教育现代化进程中的应用场景探究——基于国外教育区块链项目的案例分析[J].中国电化教育,2020(07):58-63.

[96]曲一帆,秦冠英,孔坤,等.区块链技术对教育变革探究[J].中国电化教育,2020(07):51-57.

[97]张双志,张龙鹏.教育治理结构创新:区块链赋能视角[J].中国电化教育,2020(07):64-72.

[98]周美云,关成刚.契机还是危机:当"高等教育"遇到"区块链"[J].黑龙江高教研究,2020,38(06):6-10.

[99]王梦豪,曹蕾,罗皓月.基于区块链技术的职业教育体系应用研究[J].成人教育,2020,40(06):28-34.

[100]车吉鑫,卫文学,张洪瑞,等.区块链技术应用于教育系统的研究与设计[J].现代电子技术,2020,43(10):92-96.

[101]翟海燕."区块链+高等教育"变革对高等教育生态的重塑[J].高教探索,2020(04):36-40.

[102]贺媛婧,杨亚菲,袁亚兴.基于区块链技术的职业教育学分银行构建研究[J].中国职业技术教育,2020(10):71-78.

[103]李成军.应用区块链推动我国高职教育改革发展的思考[J].中国职业技术教育,2020(04):70-75.

[104]吴永和,程歌星,陈雅云,等.国内外"区块链+教育"之研究现状、热点分析与发展思考[J].远程教育杂志,2020,38(01):38-49.

[105]张召,金澈清,周傲英.基于区块链技术重构互联网时代的开放教育[J].现代远程

教育研究，2020，32（01）：33-40+50.

[106] 郑旭东，杨现民. 基于区块链技术的学生综合素质评价系统设计[J]. 现代远程教育研究，2020，32（01）：23-32.

[107] 李凤英. 融入区块链技术的网络学习空间：途径、价值与管理模式[J]. 远程教育杂志，2019，37（06）：72-80.

[108] 尹婷婷，曾宪玉. 基于区块链技术的数字教育资源共享建模及分析[J]. 数字图书馆论坛，2019（07）：54-60.

[109] 丁宝根，杨树旺，赵玉. "区块链+高等教育"变革的现实性、问题及建议[J]. 现代教育技术，2019，29（07）：45-51.

[110] 李旭东，曾艳英. 基于区块链技术的终身职业教育体系构建[J]. 职业技术教育，2018，39（34）：19-24.

[111] 刘丰源，赵建民，陈昊，等. 基于区块链的教育资源共享框架探究[J]. 现代教育技术，2018，28（11）：114-120.

[112] 史强. 区块链技术对未来我国高等教育的影响[J]. 高教探索，2018（10）：5-13.

[113] 李新，杨现民. 应用区块链技术构建开放教育资源新生态[J]. 中国远程教育，2018（06）：58-67+80.

[114] 杜华. 区块链技术对高等教育发展的价值重构与路径创新[J]. 现代教育技术，2017，27（10）：55-60.

[115] 金义富. 区块链+教育的需求分析与技术框架[J]. 中国电化教育，2017（09）：62-68.

[116] 许涛. "区块链+"教育的发展现状及其应用价值研究[J]. 远程教育杂志，2017，35（02）：19-28.

[117] 杨现民，李新，吴焕庆，等. 区块链技术在教育领域的应用模式与现实挑战[J]. 现代远程教育研究，2017（02）：34-45.

[118] 许涛. 区块链技术在教育教学中的应用与挑战[J]. 现代教育技术，2017，27（01）：108-114.

[119] 袁小鹏，苗思蕊，马蓉，等. 基于区块链的社会化考试成绩安全管理系统[J]. 兰州理工大学学报，2023，49（04）：88-94.

[120] 范颖茵. 区块链技术与高校图书馆社会化服务耦合动力机制研究[J]. 图书馆工作与研究，2022（07）：61-68.

[121] 程峣，刘国富，任常在，等. 基于区块链的交互实验平台资源远程共享仿真[J]. 计

算机仿真，2022，39（06）：233-237.

[122] 刘嘉微，马兆丰，王姝爽，等.基于区块链的隐私信用数据受限共享技术研究[J].信息网络安全，2022，22（05）：54-63.

[123] 聂云霞，罗宛清.基于区块链的区域档案资源协同治理：模式与路径[J].浙江档案，2022（02）：29-33.

[124] 刘海鸥，何旭涛，高悦，等.共建·共治·共享：区块链生态赋能双创空间多元联动协同发展研究[J].中国科技论坛，2022（01）：104-111.

[125] 方丽真.区块链技术在学籍档案管理中的应用研究[J].中国档案，2021（10）：72-73.

[126] 邱月华."区块链+会计"的目标、挑战与发展对策研究[J].会计之友，2021（18）：148-153.

[127] 王文君，冉栋刚，付庆玖，等.区块链视域下高校国有资产档案管理研究[J].北京档案，2021（07）：37-40.

[128] 李叶宏."术"以载"道"：基于区块链技术的科研诚信建设研究[J].自然辩证法研究，2021，37（03）：35-41.

[129] 戚学祥，黄新宇.国外区块链发展考察：逻辑、路径与启示[J].河海大学学报（哲学社会科学版），2020，22（06）：46-55+111.

[130] 魏洁云，赵节昌，贾军.探索产教深度融合协同育人之路——以"区块链技术"为契机的分析[J].中国高校科技，2020（05）：69-72.

[131] 罗孟儒，袁小一，崔永.基于"区块链"的高校数字教学资源共建共享[J].高校图书馆工作，2020，40（02）：34-38+50.

[132] 李丹，张明.区块链助力学术诚信重构[J].人民论坛，2020（05）：74-75.

[133] 曾诗钦，霍如，黄韬，等.区块链技术研究综述：原理、进展与应用[J].通信学报，2020，41（01）：134-151.

[134] 许振宇，吴金萍，霍玉蓉.区块链国内外研究热点及趋势分析[J].图书馆，2019（04）：92-99.

[135] 黄宇翔，梁志宏，张梦迪，等.面向学分银行的区块链学习成果管控模型[J].计算机工程，2019，45（05）：18-24.

[136] 张珊.区块链技术在电子档案管理中的适用性和应用展望[J].档案管理，2017（03）：18-19.

[137] 张珊.区块链技术在电子档案管理中的适用性和应用展望[J].档案管理，2017

(03)：18-19.

[138] 薛庆水，李凤英. 人工智能教育应用的安全风险与应对之策[J]. 远程教育杂志，2018，36(04)：88-94.

[139] 王利锋，王佳. 区块链技术赋能职业教育产教融合创新研究[J]. 教育与职业，2023(08)：54-59. DOI：10.13615/j.cnki.1004-3985.2023.08.005.

[140] Klaus Schwab. The Fourth Industrial Revo-lution(M)，Geneva：World Economic Forum，2016：7.

[141] Deloitte. Deloittes' 2019 Global BlochchainSurvey [EB/OL]. [2019-04-05]. https：//www 2. de-loitte. com/content/dam/Deloitte/se/Documents/risk/DI_ 2019—global—blockchain-survey. pdf.

[142] Satoshi Nakamoto. Bitcoin：A peer-to-peerelectroniccash system[EB/OL]. [2019-o1-20]. https：//bitcoin. rg/en / bitcoin-paper.

[143] Guang Chen et al . Exploring blockchaintechnology and its potential applications for education (J). Smart Learning Environments (2018) 5：1 https：// slejournal. springeropen. com/ articles/10. 1186/s40561-017-0050—x.

[144] ALEXANDER G, CAMILLERI A F. Blockchain in education [M]. Luxembourg：Publications Office of the European Union，2017.

[145] 姚前. 中国区块链发展报告(2019)[M]. 北京：社会科学文献出版社，2019：9-10.

[146] 国务院. 中共中央国务院印发《中国教育现代化2035》[N]. 人民日报，2019-02-24(1).

[147] 新华社. 习近平在中央政治局第十八次集体学习时强调把区块链作为核心技术自主创新重要突破口加快推动区块链技术和产业创新发展[N]. 人民日报，2019-10-26(1).

[148] 中华人民共和国国家互联网信息办公室. 区块链信息服务管理规定(国家互联网信息办公室令第3号)[Z]. 北京：中华人民共和国国家互联网信息办公室，2019：1.

[149] 新华社. 中华人民共和国国民经济和社会发展第十四个五年规划和2035年远景目标纲要[N]. 人民日报，2021-03-13(1，3-14).

[150] 刘文献. 众链：区块链大数据与众筹金融新世界[M]. 北京：电子工业出版社，2018：154.

[151] 郑磊，蒋榕烽. 区块链+时代：从区块链1.0到3.0[M]. 北京：化学工业出版社，2018：11.

[152]杨保华，陈昌.区块链原理、设计与应用[M].北京：机械工业出版社，2017：66.

[153]朱建明，高胜，段美姣，等.区块链技术与应用[M].北京：机械工业出版社，2017：253-30.

[154]高航，俞学励，王毛路.区块链与人工智能[M].北京：电子工业出版社，2018：304.

[155][美]菲尔·尚帕涅.区块链启示录[M].陈斌，胡繁，译.北京：机械工业出版社，2018：15.

[156]张倩.区块链技术对高校档案信息管理方式创新的可行性探究[J].档案与建设，2017(12)：2.

[157]颜阳，王斌，邹均.区块链+赋能数字经济[M].北京：机械工业出版社，2018：109.

[158]向凌云.区块链的逻辑[M].北京：中国商业出版社，2018：116.

[159]帅青红，段江，夏可.区块链+时代：区块链在金融领域的应用[M].四川：西南财经大学出版社，2018：225.

[160]邹钧，张海宁，唐屹，等.区块链技术指南[M].北京：机械工业出版社，2018.

[161]袁勇，王飞跃.区块链技术发展现状与展望[J].自动化学报，2016(4)：481-494.

[162]王思远，张华.区块链概论[M].北京：北京大学出版社，2021.

[163]姜蓓佳.职教高考制度构建研究[D].上海：华东师范大学，2022.

[164]袁潇.高等职业教育考试招生制度改革的策略研究[M].北京：清华大学出版社，2020.

[165]李小娃.我国高职院校考试招生制度改革研究[M].吉林：吉林人民出版社，2020：012.